JN024186

もう、あばれない、
かみつかない、
さけばない

発達障害がある人たちのストレスを和らげ
行動を改善するガイドブック

ボー・ヘイルスコフ・エルヴェン 著

宮本信也 監修

テーラー幸恵 訳

Bo Hejlskov Elvén
No fighting,
No biting,
No screaming

東京書籍

2006年に亡くなった
クリスター・マグヌッセンと
アンジェリカ・アルント
へ捧ぐ

● ● ●

Christer Magnusson and
Angellika Arndt
d.2006

本書について／凡例

本書は『No fighting, No biting, No screaming』（Jessica Kingsley Publishers, 2010）の日本語全訳である。
日本語による本文の記述は、原書の記述に即した訳文であるが、必要に応じて原書にない語句を補い、あるいは省略、またより正確な情報に更新・訂正をした場合がある。
本文中の（訳注： ）内は、監修者による注釈である。
また、（　　）内の記号★印と番号は脚注を示し、下部の罫線下に脚注本文を記載している。

なお、本書で用いられている一部の訳語について、差別的で不適切と感じられる可能性があります。編集にあたり最大限の配慮をしましたが、医学的専門的立場から掲載させていただいた場合もあります。監修者、翻訳者、出版社に差別等の意図は全くないことをご理解いただきたく、お願い申し上げます。

目次

第 **4** 章　ストレス因子：パニックになる理由とその図式

第 **5** 章　対立が起きたとき：うろたえない

第 **6** 章　未来を見つめて

はじめに

　挑戦的行動とは、殴る、かみつく、蹴る、さけぶなどの特定の行動を指すことが多いのですが、他にも支援スタッフや親を非常に不快にさせるさまざまな行動が含まれます。これらの行動をどう変えるかという書籍は、主に認知行動療法に関連するものが多く出ています。しかし、本書の趣旨は異なります。あなたが今読み始めたこの本は、発達障害のある人の日常生活を改善させるために、挑戦的行動をどう理解し、どう管理していくかを記したものです。

　発達障害のある子の親御さんは、よくこう言います。「最初は自分の親と同じやり方で育児やしつけをしてきたけれど、次第にそれが通用しないとわかりました」。それでも、ほとんどの親御さんは、さらにがんばってそのやり方を続けます。そして多くの場合、とうとう、これでは本当にどうにもならないと気づき、そこで初めて「もしかすると、この子はどこかおかしいのではないか」と思います。その後、児童精神科医や学校の心理カウンセラー、かかりつけの医師に相談をします。そこで診断につながることもあります。

　診断はしばしば転機となります。問題は育て方ではなく、子どもにあるのではないかという親の疑惑は確定します。ところが困ったことに、医師や心理士は診断をするだけで、子どもにどう接したらよいのかという手引きは渡してくれません。その結果、多くの親御さんは診断前とまったく同じやり方を続けます。言うまでもなく、それで問題は解決しません。親が何を勧めても、子どもは「いやだ！」と言い張ります。相変わらず、喧嘩腰になり、噛みつき、おもちゃを投げて、

叫びます。子どもの行動の理由がやっとわかったという親の安堵感は間もなく消え去り、戻ってくるのは無力感です。

　本書は、子どもの問題行動について「育て方が悪いのか、それともこの子には何かあるのか」と悩む親御さんのための手引きです。そして、発達障害のある人たちの支援スタッフにも役立つものです。従来の子育てのやり方は通用しないとわかっていても、他の方法を学んだ人はほとんどいないという点は親にもスタッフにも共通しています。そのため、本書では理論一辺倒ではなく、望ましい行動を促し、挑戦的な行動を管理する実践的な手法を記すことにしました。相手が納得できる方法と共に、せめぎ合いを避ける方法も紹介しています。いずれも目的は、読者の皆さんが親として、また支援スタッフとして自信と成功を感じられるようになること、そして、これが何よりも大切ですが、発達障害のある人に豊かな人生の可能性をもたらすことです。

　自閉症、注意欠如多動性障害（ADHD）、アスペルガー症候群、トゥレット症候群といった神経発達障害がある子どもの親御さんや支援スタッフが経験している困難をまだよく知らない方には、それを理解し、心を寄せやすくなる内容になっています。本書で述べる考え方は、ダウン症や知的障害のある人たちへの対応にも適用できます。もちろん、それぞれの症状はまったく違うように見えるので、同じ考え方が使えると言うと、大風呂敷を広げたように思われるかもしれません。しかし、関連する行動障害は非常に似ていることが多いのです。

　本書では、子どもに限らず、上記の診断を受けたすべての人の挑戦的行動にどう対応するかを述べています。対象は親だけではありません。施設、リハビリテーションの場、学校で仕事をしている人たち、さらにある程度までは、精神科分野で仕事をしている人たちも含まれます。

　以上を踏まえて、本書では、支援を必要とする人を「サービス・ユーザ（サービス利用者）」と呼ぶことにしました。状況によって、子ども、児童生徒、クライアント（相談者）、患者、参加者、住民を意味します。本書では、対象者の年齢やその人との関係を特定しない

呼び方を重視しています。「サービス・ユーザ」は、特別な教育支援を提供されているすべての人を指します。もちろん、家族のいる前でADHDの子を「サービス・ユーザ」と呼ぶのは適切ではないでしょう。それは承知していますが「サービス・ユーザ」という用語は、クライアントとか生徒という呼び名よりも、広い範囲の人を意味し、努力を注ぐべき対象は誰かということを明らかにしてくれます。支援スタッフはサービス・ユーザのためにいるのであって、その逆ではないのです。

　この本は心理学の教科書や学術論文として書かれたものではありません。そのため、参考文献や科学的論点に関してはほとんど触れていません。研究に言及したときには、わかりやすいように注釈をつけました。私は臨床家であり、実際に挑戦的行動のある人たちにかかわっています。それが本書の特徴となっています。理論や参考にできる調査研究は現場でもケースに応じて使っています。心理学的かつ哲学的理論に準じた人間観が私の仕事の土台です。必要だと思われる箇所では、理論の説明を加えました。

　本書で紹介する手法は複雑で、状況とサービス・ユーザに合わせた調整が要求されます。そのため、効果の有無は一概に測ることはできません。例えば、アスペルガー症候群の人と、知的障害のある自閉症の人は、どちらも自閉スペクトラム症（ASD）ですが、両者の状態像は大きく異なります。アスペルガーの人はエンジニアとして働いているかもしれません。もう一方の人は、話し言葉がなく、介護付きのグループホームで生活指導を受けているかもしれません。これから述べていく方法は理論を背景にしつつ、実際の経験と裏付けを基盤としています。もともとはイギリスで開発された方法で、特にアンディ・マクダネルがまとめたものです（Andy McDonnell 2010）。

　本書は理論、研究、実例で構成されています。実例は、ほぼすべて私の臨床記録に基づいており、実在の人たちと彼らの生活上の問題や困難を取り上げています。名前は、本人の許可を得た人以外、特定できないように変えました。

第1章では、挑戦的行動の主な特性と、基本的な人間観を解説します。第2章では、挑戦的行動への対応に関して、親御さんや支援スタッフの中に時折見られる先入観や、発達障害のある人と生活を共にする際の行動指針にまつわる誤解を検証します。第3章では、挑戦的行動を管理するための方法として、要求の調整を提案します。第4章では挑戦的行動の原因に触れ、心理学の視点からストレスを考察し、どうすれば挑戦的行動の発生を避けられるかを述べていきます。第5章では、せめぎ合いが起きたときの対処の仕方と状況を落ち着かせる方法として、情動のコントロールと、注意の転換を挙げます。最後に本書のまとめと将来への希望を第6章に記しました。

　本書で述べた考え方はすべてが私のアイデアではありません。セーレン・キルケゴールを始め、アーロン・アントノフスキー、アンディ・マクダネル、ロス・W・グリーンなどによるものも含まれています。第4章のストレスモデルは、トリーネ・ウースコフと共同開発しました。同僚の研究者たちとの議論では、さまざまな考えが生まれました。中でも、ハンネ・ヴァイの具体的なアプローチと鮮やかな知性は特別に大きな助けとなりました。本書で挙げた考え方と手法は、もちろんすべて実証済みです。複数の同僚が、そして、私が何年にもわたってアドバイスをしてきた関係者が実施し、結果を分かち合っています。さまざまな困難のある人たちのために、そして、彼らの生活を改善するために働いている皆さんに、私は多大な恩義を感じています。本当にありがとう。

　また、執筆を励ましてくれたオーサ・ニルソン、原稿を読んで意見を聞かせてくれたソフィー・ダウ、リーフ・グリフェルド、トード・ヤフステン、そして、文章表現の面でかけがえのない力となってくれたテレサ・エルヴンにも謝意を表します。

挑戦的行動：
定義と理論

Challenging Behaviour:
Definition and Theories

1．挑戦的行動とは？

　挑戦的行動には典型があると思われがちです。実際は法律に触れない行動と、窃盗や暴力など法に触れる行動があります。挑戦的行動の管理に関する講習会を開くと、参加者からさまざまな行動例が挙がります。不服従、拒絶、大声を上げる、対立する、殴る、蹴る、噛みつく、逃走する、自分の手を噛む、自分の頭を床に叩きつけるなどです。多くは教育や支援・介護の現場でかかわる側の意図と密接に関連すると思われるものです。もちろん、同じ行動でも、許容範囲あるいは正当とされるか、挑戦的と見なされるかは状況によって変わることがあります。

　　リーは14歳、中学2年生です。ある水曜日の午後、街にいると、少し年上の少年が近づいてきて「スマホを出せ。出さないとひどいめにあうぞ」と言いました。リーが断ると少年は殴りかかってきました。リーは殴り返しました。少年は驚いて倒れ、リーは逃げ去りました。

　別な状況なら、リーの行動は挑戦的行動と見なされるかもしれませ

ん。しかしこの場合は自己防衛だったと誰もが納得するはずです。相手を殴ったのは事実でも、リーが傷害罪に問われることはないでしょう。つまり、行動だけを見て、それが挑戦的行動かどうかは判断できないのです。状況を考慮しなければいけません。

　行動をどう管理し、どう理解するかを考えるとき、文脈は重要です。教育や介護の活動においてもそうです。知的障害や自閉症があるサービス・ユーザの行動の中には、私たちが受け入れているものでも、定型発達の子どもが多い学校ではなかなか受け入れられない行動があります。もう1つ、教育や介護に携わる人が忘れてはいけないことがあります。スタッフはサービス・ユーザにサービス（教育、支援、介護など）を提供することで賃金を得ています。すなわち、サービス・ユーザの行動とその文脈の責任はスタッフにあると言えます。行動を管理する責任があるなら、当然、管理の仕方を学ばなければなりません。

　「挑戦的」と見なされる行動は昔からありました。その定義表現は年月を経て変化し、社会で挑戦的行動を管理する規則や法律、また法的制度が生まれました。人間が集団で最善に生き延びていくためです。集団の中にいなければならないのなら、社会的行動を身につける力が必要です。結果的に私たちは「いいえ」よりも「はい」と言い、社会的な状況に参加するためには妥協も辞さない「従順さ」を示すことを自助力として育んできました。

　多くの場合、行動規範はその社会における共通認識に基づく約束ごとから始まっています。十戒が良い例です。十戒では、子の親に対する姿勢、コミュニティにおける隣人とのかかわり、財産の権利に関する対処を秩序立てて規則化しています。そして宗教の文脈が、規則を守る理由となっています。現代の法律と行動規範も十戒から遠いものではありません。ただ、複雑な社会に適用できるように、一層込み入ったものになっています。

　社会の規則や規範に従えない人は、いつの時代にもいました。いわゆる「社会不適応者」です。古代のことはわかりませんが、ヨーロッパ社会の発展に伴って、一般的な規則に従えない人たちの隔離が始まったこ

とはよく知られています。1801 年まで、行動障害や逸脱行為のある人は、犯罪行為、知的障害、認知症、統合失調症に関係なく、一様に施設に監禁されていました。1801 年以降、犯罪者は分けて収容されることになりました（訳注：当時、パリのサルペトリエール病院の主任医師だったピネルは、俗に言う「悪人（the bad）」と「狂人（the mad）」の違いを明らかにしています）が、精神疾患のある人と知的な障害のある人が分けられるようになったのは、それからおよそ 100 年後です。とは言え、いずれの人たちも 1980 年代に隔離中心の精神病院や知的障害者施設が閉鎖されるようになるまでは、社会から離れたところで暮らさざるを得ませんでした。

　現在は、規則や社会規範に従わないものの、診断は受けておらず、問題となる行動があっても法に触れるほど深刻ではないという人たちがいます。彼らを律するために、さまざまな指導方法が使われてきました。

　一般的に挑戦的行動のイメージは、知的障害のない、あるいは知的能力が比較的保たれている人の視点に基づいていることが多いです。17、18 世紀以来、哲学者デカルト、スピノザ、カントの思想に伴い、行動とは個人が積極的かつ合理的に選ぶものであり、罰は論理的に必然であると考えられるようになりました。そして、従来の指導法の多くが、この考え方に由来しています。行動が理性的で意図的である以上、行動の結果がはっきりしていれば、あるいは「挑戦的行動をとると罰と叱責がくだり、自分に不利になる」とわかれば、人間は異なる行動を選べるようになるはずだという考えです。

　もちろん、必ずしもそうではありません。スタッフや親には挑戦的に思えても、本人には問題がわかっていないことがよくあります。以下は広く認められているエマソンの挑戦的行動の定義です。

本人または他者の身体的安全を危険にさらしたり、本人が公的な場所やサービスを利用することを著しく制限されたり、拒否されたりするほどの強度、頻度、持続期間のある文化的に非常識な行動（Emerson 2001, p.3）。

この定義はかなり複雑で難解です。実際にどんな行動なのかには触れず、その行動によって本人にどんな結果が起こるのかを述べています。単に行動のタイプを特定するよりは良いと思いますが、十分ではありません。私は、まず、その行動が、他者に非力感、無力感を与えるかどうかで決定づけられると考えます。

　シャーロットは 16 歳、自閉症です。不安になったり落ち着かなくなると、自傷を始めます。特に頭や顔を痛めつけます。頬の傷から多量に出血することもあります。

　ニコラスは 32 歳、重度の知的障害があります。匂いの強いものが好きです。退屈になるとズボンの中に人差し指を入れて大便をとり、鼻の下に塗りつけます。そして大きく息を吸い、この上なく満足した表情を浮かべます。

　サレームは 19 歳、自閉症です。ズボンを脱ぐと必ず自室に行くように言われることに気づいてから、家に帰りたくなるとズボンを脱ぐ行動をとるようになりました。街中、森、病院、どこでもそうするのです。

　マイキーは 10 歳、ADHD（注意欠如多動性障害）です。活動レベルが非常に高く、学校ではよく廊下を走り回っています。先生方はマイキーが入学してからずっと、廊下を走ってはいけないと言い聞かせていますが、まったく効き目はありません。

　アグネスは 12 歳、重度の知的障害があります。車椅子で生活しています。機嫌が良く、自傷も他傷もありません。ただ、アグネスは一日中ずっと拍手をしているのです。スタッフは皆それに我慢できず、学校側はどうしたらよいのか相談しているところです。

上記の行動の共通点は、変えるのが難しいということです。変えることができない上、このような行動は見るのもつらく、耐えがたいので、スタッフはどうしたらよいかわからない非力感を覚えます。言い換えると、これらの行動はスタッフに対処が困難な状況をもたらします。

　「Studio-III メソッド」を開発したイギリス人の同僚、アンディ・マクダネルは、挑戦的行動とは「あなたをムカムカさせる」行動だと独自の定義を述べています。彼はスタッフの感情に焦点を当てています。
　私の定義と、本書で一貫して使う定義は、次の通りです。

挑戦的行動とは、周りの人に問題（対処困難）をもたらす行動である。

　知的障害、自閉症、ADHD、その他、発達に障害のある人たちが診断評価やセラピーを勧められるのは、本人が困っているからでしょうか。もちろん、周りが、おそらくこの子は困っているだろうとか、困っているに違いないと思うことはよくあります。しかし実際は、近しい関係にある人が、対処やかかわりに難しさを感じて評価を求めるのです。一般的に効果のあると言われるやり方ではうまくいかないと気づく、次に心理士や精神科医など行動の専門家に予約を入れ本人を連れていく、そして原因がわかる、という流れです。
　ある行動が問題かどうかは、単に周りの人が自分たちではどうしようもないと感じるかどうかで決まると、私は考えています。ポイントは次の通りです。

● もし、行動を起こした本人に責任を負わせるなら、その人を落ち込ませることになります。これは自己弁護的な意味合いのある方法です。「……してはいけない」という視点で本人の行動を変えようとするやり方です。サービス・ユーザについて「あの人は要求が多い」、「すぐに拒否する」、「敵対的だ」、「やる気がない」、「頑固だ」、などの言葉を使うことで本人に責任を押しつけている場合もあります。しかし責

任は、その行動を問題だと感じる周りの人たちが負うべきなのです。なぜなら、周りにいる人こそが、自らの行動を通して本人の行動を変えることができるからです。

- 状況を変える必要があるなら、責任はその行動を問題だと感じる人にあります。責任には力と可能性が伴います。自分以外のところに責任を転嫁しても、無力感が増すだけです。親として、またはスタッフとして、私たちは「問題を経験しているのは、行動を起こしている本人ではなく、自分たちなのだ」と気づかなければなりません。

- できれば、責任はその行動を変える動機がある人が負うべきです。「難しい行動だけれど、私はこれを仕事として賃金をもらっている」という自覚も動機付けになるはずです。一般的に「責任はサービス・ユーザにある」と思うと、解決しようという動機は乏しくなります。そして仕方なく問題を受け入れ、問題のあるまま過ごすことになります。一方、専門家に責任を置くと、問題が消える見込みは非常に高くなるでしょう。

- かかわる側がその行動に耐えられるようになる手法を探す必要があります。そうすれば認めがたい行動でも力ずくで応じずに済みます。強引な対応は確かに相手の行動に影響を及ぼします。ただし、良い影響になることはめったにありません。

- 行動が危険な場合は、その行動を変える方法を見つけなければなりません。危険でなければ、たとえ対応が難しくても容認できる行動かどうか、きちんと評価してください。その行動がサービス・ユーザにとって益となっているなら、私たちの感情で容認の是非を決めてはいけないのです。

2. それは危険な行動か、 それとも単に対処が難しい行動なのか

　本人にとって、あるいは他者にとって危険な行動があります。これらの行動には直ちに対応しなければなりません。次のような行動が危険行動に相当します。

- 殴る
- 蹴る
- 噛みつく
- 自分の頭を壁にぶつける
- 他者や自分に深い切り傷を負わせる

　また、それほど危険ではなくても、以下のように私たちが難しいと感じて反応してしまう行動は他にもたくさんあります。迅速な対応は必要ないものもありますが、行動を変える方法を検討しておきましょう。

- 反抗する
- からかう
- 自分の手を噛む
- 自分の腕に切り傷を作る

　反抗そのものは、危険ではありませんが、親やスタッフに非力感を与えます。直接的かつ強制的に反応してしまうと、対立は一層激しくなる恐れがあります。毎回その場で何とかしようとするのではなく、反抗や不従順には、たいてい長期的な計画に基づいた取り組みが効果的です。

　からかいには独特の論理があります。誰でも、好きな人に意図しないことを言ったことがあると思います。人が誰かをからかうときには、何らかの反応や、言い返しを期待します。知的障害や神経発達障害のある

人たちもそうです。ただ、次の2点が問題となります。

言葉のもつ意味合いが異なる

　例えば、私たちは「もう死にたい」と、軽々しく言いません。そんなことを口にすると、本当に死んでしまうかもしれないという気がするからです。他の人のことを話すときにタブーとされている侮辱表現も使いません。ところが、知的障害や神経発達障害があると、そのような言葉や表現を平気で使うことがあります。

言葉の影響がわかりにくい

　相手の顔の表情や気持ちがうまく読み取れないので、どうしても、より強い言葉を使ってしまいます。

　彼らが一般的なからかい表現よりも激しい言葉を使うのはそのためです。また、そのような言葉がけには相手の反応を誘発する意味が含まれていることがあります。反応が得られることは、本人にとって成功となります。すると、そのときに使った言葉は本人にとって良い言葉となり、繰り返し使われるようになります。親やスタッフが罰や何らかの結果を与えたり、対抗したりすると、荒い言葉は増強されます。必ずまたその言葉を聞くことになるでしょう。一方、私たちが我慢して反応しないでいると、その言葉を使わないようにしていくことができるようになるかもしれないのです。これはもちろん危険ではありません。

　クリスター・マグヌッセンの非常につらい話があります。彼は2006年、スウェーデンのウプサラの自室で身体拘束のために亡くなりました。クリスターは自分の手を噛むことがありました。グループホームのスタッフはそれにうまく対応できませんでした。知的障害や自閉症のある人たちは、難しい状況に置かれたとき、自分の手を噛むことがあります。状況をコントロールしようとしてそうするのです。手を噛むと自分に注目が集まりやすくなります。また、実際は危険な行動ではありません。私の知る限り、自分の手を噛んで死んだ人はいません。しかしクリ

スターのように、それを許されなかったことが原因で多くの人が亡くなっています。クリスターにとっては困難な状況への対処法が、スタッフには迷惑だったのです。

　さまざまな自傷行動にはこのように本人にとっての意味があると考えられます。現行の対処法を止められたら、その人にはもう他の方法がないかもしれません。そうなると、日常をうまく過ごせなくなったり、もっと悪い別な行動が生じるリスクがたいへん高くなります。

　　ジェシカの自傷行動が始まったのは10歳のときでした。刺激を求めてジェシカは自分の手を噛んだり、肘をテーブルやドアの縁にぶつけていました。不安になったときに、そうやって自分を落ち着かせていたのです。両親も学校の先生も、とても見ていられず、身体的にその行動を止めていました。親は自傷から娘を守ろうと金属製のギプスのようなものを作って、腕に装着させました。するとジェシカは壁に頭を打ちつけるようになりました。防護は一段と強められ、壁は柔らかいもので覆われ、クッションの数が増えました。その後、ジェシカはほとんどの時間をベッドにくくり付けられて過ごしていました。

　　私が介入したのは、ジェシカがグループホームに移ったばかりの頃でした。そのホームでは拘束を許可していませんでした。金属の腕カバーが外されたとき、ジェシカは恐怖でおののきました。自分の腕が怖かったのです。ジェシカは自宅で何とか拘束から逃れることがありましたが、そのたびに自分の身体を出血するまで叩いていました。

　このように、軽度の自傷行動を早期に止めた結果、危険な自傷行動が出るようになった事例を私はいくつか担当してきました。一旦拘束をすると、それを解くのは難しくなります。これについては後ほど述べていきます。

　とにかく、「その行動は危険かどうか、そしてなぜその行動が本人に必要なのか」をよく考えなければなりません。これがジェシカとクリスターの話から私たちが学ぶべき一番大切なことではないでしょうか。同

じ効果がある他の方法を紹介せずに、苦手な状況を乗り切る独自の方法を本人から奪い取ってはいけないのです。長期的にサービス・ユーザがもっと良い方法を見つけられるような手助けはできるはずです。

　自分の腕に切り傷をつくる行動にも、手を噛むのと同様の意味があります。これは知能障害のない人によく見られる行動ですが、背景は手を噛む行動と一緒で、対処方法も似ています。ノッティンガムでの研究調査では、精神科の患者の自傷行動を止めたところ、自殺率が上がったという結果が出ています。これを受けて、「安全な自傷」に関する研究がいくつか続けられています。これらの研究では、自傷行動を認め、本人に殺菌済みのカミソリと救急セットを与えて在宅看護を手配するとともに、生活の質が向上するかどうかを調査しています。

　自傷行動は、周りの人たちにとってつらいでしょう。しかし、行動そのものは危険ではありません。課題は、行動を止めることではなく、行動に耐えつつ、原因に対処していくことです。反抗、悪態、非危険行動には、やみくもに介入しても効果はありません。脳腫瘍の人の頭痛を治そうとするようなものです。一時的には落ち着いても、原因は存在し続け、問題は悪化します。

　これらの行動ではどんな原因が考えられるか、またその原因にどう対処できるかは、後ほど詳しく見ていきます。

3. 他の人のせいにする

　行動に太刀打ちできないと思ったとき、私たちにはあるメカニズムがはたらきます。他の人のせいにするのです。サービス・ユーザの問題を口にしたり、「あの人、まともに行動できないから」と言ったりします。あるいは、サービス・ユーザとかかわりのある別の人たちに原因を探し始めます。親は子どもの友だちや先生のせいに、そして先生や保育士は親のせいにすることが多々あります。

　他の人のせいにするとは、責任回避を意味するだけではありません。

サービス・ユーザに影響を与える可能性を失うことにもなるのです。自分は非力だと感じると、他の人を責めたくなります。しかし責任を転嫁すると、実際にすべての力を失うのです。子ども、親、子どもの友だち、先生、社会、責める対象は関係ありません。私たちは責任を引き受けて初めて、自分の影響力を活かせるようになるのです。

スタッフがサービス・ユーザの親について「あんな家族と暮らしていかなくちゃならないんだから、学校に適応できないのも無理ないね」とか「お母さんがあんなふうだもの、普通に育つわけがない」などと言うことがあります。私はそれを耳にするたびに、少し懐疑的になります。このスタッフは行動をどう管理していいのかわからないだけなのだ、と思います。

そういうとき、私はスタッフ全員に、そのサービス・ユーザの家族について考えていることを紙に書いてもらいます。紙は預かり、しばらく一緒に仕事をしていきます。その後もなお、紙に書いた考えが変わらなければ、その家族について福祉機関に報告する必要があります。家庭の問題はそこで対処してくれるでしょう。一方、そのサービス・ユーザへの対応が困難ではなくなった場合、紙は捨てます。合間に家族の話は一切しません。

この方法は、スタッフが「自分たちに変えられること」に焦点を当てるようになるという点でしばしば効果的です。実例としてポールの話があります。

> 私が初めて会ったとき、**ポール**は12歳でした。ポールには生まれつき心臓病があり、生後8カ月で手術を受けました。手術中に深刻な酸素不足が起こり、脳に障害が生じました。実際は12歳でも、発達年齢は1歳6カ月で、おむつを使用していました。周囲に対する理解は非常に困難でした。ポールは数々の深刻な問題を抱えていましたが、その中に、他者の感情に対する過敏性がありました。そばに嬉しそうな人がいると、ポールは殴りかかっていました。怒っている人にも殴りかかっていきました。悲しんでいる人、声の大きい人にも同様

でした。

　ポールはアルコール依存症の父親と暮らしていました。母親はポールが3歳のときに家を出て、それきり連絡はとれていません。ポールは特別支援学校で5人の同級生と学んでいましたが、10歳のとき、1対1で個別指導を受けることになりました。

　学校のスタッフの間では、いつも父親の話が出ていました。ポールは毎日、下校前に新しいおむつをつけてもらい、登校後、またスタッフに替えてもらっていました。朝のおむつがしょっちゅう汚れているので、スタッフは不審に思い、おむつに印をつけてみました。すると父親がおむつをまったく取り替えていないことが判明しました。ポールは下校時のおむつのまま登校していたのです。週明けでさえ、そうでした。

　ポールはタクシーで登下校をしていました。ポールが住んでいた集合住宅は車が入れない区域にあったため、帰りは父親が通りまで迎えに出ることになっていました。ポールには通りから家までの道順がわかりませんでした。入学して半年が経った頃、近所の人たちから、「ポールがお父さんの迎えを何時間も待っている」という通報が何件か寄せられました。それ以来、父親が来るまでタクシーはそこで待つことになりました。15分経っても父親が現れなければ、タクシーはポールを乗せたまま福祉機関へ向かうのです。ポールは少なくても週に1度は福祉機関で過ごしていました。

　学校ではポールへの指導の難しさがよく話題になっていました。先生方は次々に挫折し、担当を降りてしまいました。一方で、ポールの父親のことや、どうしたら福祉機関につらい生活に目を向けさせることができるか、という話に何時間も費やしていました。3年間で学校スタッフは、ポールに関して20もの報告書を作り、福祉機関へ提出しましたが、何の効果もありませんでした。

　私がこの件に介入して、まず提案したのは「父親の話はもうしない」でした。そして最終報告書を作るにあたり、ポールにどのようにかかわることができるかを話し合いました。さらに担当を1時間ご

とに交代することで、先生方が穏やかな気持ちでポールといられるようにしました。それまでは1人の先生が1日中受け持っていたのです。交代制にしてからは、先生方はポールに厳しくあたることはなくなりました。次のステップは、小部屋でポールに課題を与え、先生は部屋の外で座って待つというものでした。ポールは落ち着いて1回につき2、3分、課題に集中できるようになりました。課題の後には、ご褒美として自分のアルバムを見るというポールが好きなことを取り入れました。その結果、集中できる時間が長くなりました。

　しばらくすると、先生方はポールを好きになっていきました。ポールとのせめぎ合いが減り、本来のいたずらっ子のポールと気持ちが通じるように思えてきたからです。

　半年後、ポールの集中力はさらに増していました。また、周りの人たちの感情に振り回されない方法も見出していました。他の人たちがイライラしている中でも、深呼吸をすれば平静を保っていられるとわかったのです。こうしてポールは他の子どもたちと一緒に教室で過ごせるようになりました。

4. 理論と治療法の歴史

　さまざまなタイプの挑戦的行動が報告されるようになって以来、行動の理由を探る研究が続いています。19世紀には、森で何年も一人ぼっちで生きてきたと思われる子どもが数名、報告されました。彼らの行動は文化的に適応した人の行動より野生的に見えました。そのため、挑戦的行動も一般的な行動に比べて野性が強いのだと考えられ、子どもを文明化すれば行動も変わるはずだという意見が生まれました。これは19世紀のロマン主義的な自然観によるところが大きく、現在は学者のほとんどが、野生児と見なされた子どもたちには、実は知的な障害や自閉症があり、短期間森に置き去りにされていたところを発見されたのだろうと考えています。

その後、遺伝に関する記事が大量に出版されました。犯罪行為は遺伝であるという趣旨でした。これは「人類の遺伝的特徴の質は知的障害やその他の障害がある人が子どもをもたないことにかかっている」と主張する優生学を後押しすることになりました。その結果、スウェーデンでは多くの断種手術が行われ、1945年のドイツでは知的障害のある人たちが1人もいないという事態になりました。全員殺されたからです。

　これらの恐ろしい出来事を通して、「社会適応が困難だと見なされる行動は遺伝のせいだ」という考えは、次第に疑問視され、新たな説が求められるようになりました。

　1940年代の終わりに支持された説に共通していたのは「（少なくとも平均的な知能のある）すべての人は、生まれるときは皆同じであり、行動や性格は誕生後、さまざまな要因によって形成される」という考え方です。当時、ヨーロッパでは精神分析が足場を確固たるものにしていました。結果的には、社会的視点を重視する批判心理学も同じ考え方であったと言えます。精神分析では「人間には主に両親に関連したセクシュアリティの内的葛藤が数々あり、それをどう解決してきたかが行動に作用する」と考えます。一方、批判心理学では「資本主義社会における生活状況の影響によって行動が決まる」という視点に立ちます。アメリカでは「行動とは条件付けで学んだことの結果である」という行動主義が有力でした。

　私が大学生の頃、精神分析と行動主義は正反対だと見なされていました。しかし「人間は同じように生まれ、人生の早期にさまざまな要因に影響されて個性が形成される」という点では、どちらもよく似ています。第二次世界大戦後、挑戦的行動は次のように二分されるようになりました。

- **平均的知能がある人の場合**：挑戦的行動は愛着障害や不適切な養育によるもので、どのケースでも母親に責任がある。

- **知的障害がある人の場合**：母親のせいだけではないとされたものの、

原因を母親に求める傾向はあり、心理分析家のブルーノ・ベッテルハイムは、自閉症は「冷蔵庫マザー」によって発症すると唱えた。(訳注：自閉症の原因として初期（１９５０～１９６０年代）に提唱された仮説。自閉症児では子どもに対して冷たくかかわりをもたない母親が多いと見なされ、人生の早期から母子間の情緒的つながりがつくられないことを自閉症の原因とした。現在は明確に否定されている。) 1970 年頃からは、ほとんどの文献で、挑戦的行動は適切な行動に必要な能力の不足が原因であると記されている。

　以上の見解は治療や教育の方法にも影響を及ぼしました。1950 年代から平均的知能がある子どもには遊戯療法や心理療法が使われるようになりました。同時に愛着障害を改善させる方法も模索されていました。中でも一番知られているのが、不安な子どもを落ち着くまで抱く「抱っこ法」です。抱っこを通して、親が不安の責任を負っていることを子どもに示すのです。あきれるような方法はいくつも出てきました。「再誕生法」は、その最たるものです。この方法では、子どもを敷物で巻き、２、３分そのままにします。子どもは再び生まれるようにそこからにじり出ることによって、新しい人生を始められるというのです。子どもが抵抗しても、怒りには解放効果があるので良い兆候だと言われました。再誕生法は後にキャンディス・ニューメーカーの事例のような悲劇をもたらすことになります。

　　養子に出された**キャンディス・ニューメーカー**には、いくつか挑戦的行動がありました。火遊びをしながら、金魚を殺したこともあります。養父母は 2 名の愛着療法のセラピストに相談し、再誕生法と抱っこ法を勧められました。2001 年、10 歳のキャンディスは、養母とセラピストと再誕生法のセッションに参加しました。キャンディスは敷物に巻かれ、それを大人が上から押さえつけました。キャンディスは脱出しようとしましたが、できずに窒息死しました。セラピストのコーネル・ワトキンスとジュリー・ポンダーには 16 年の、養父母には短期の懲役が科せられました（Mercer, Sarner, Rosa 2006）。

幸い、このような療法は現在一般的ではありません。それでも、挑戦的行動の原因は不適切な子育てであるという考えは今でもよくあります。自閉症やADHDの子の親御さんの多くが、子どもの祖父母に「私たちに半年まかせてくれれば、他の子とまったく同じになるのに」などと言われています。学校でも保育園でも子育てのやり方を問う人がいます。子どもに診断がついていてもそうなのです。

　知的障害の場合は、挑戦的行動が養育のせいにされることはあまりありません。しかし、対処法としては一般的なしつけをもとにしたやり方が用いられてきました。知的障害のある人は子どもと見なされたため、子ども向けの方法が選ばれたのです。強い叱責、罰、結果的思考（「こうしたらこうなる」と、行動の結果生じることを示し、望ましい結果となるように意思決定や行動を調整させる方法）が広く使われてきました。

　私は2年ほど、ある施設で自閉症の人たちを介助するスタッフの相談を担当したことがあります。そこは、昔の大きな介護施設の一部を利用した施設で、同じ敷地にはオープンしたての老人ホーム がありました。知的障害のある高齢者のためのホームでした。スタッフがいろいろ話してくれたのですが、ホームでは1つ問題を抱えていました。施設に住んでいる高齢の女性たちがホームへの引っ越しをいやがり、どうしても部屋から出ないというのです。

　いろいろな対策が講じられました。元の担当者が付き添う、ホームをおいしい匂いでいっぱいにする、楽しい音楽をかけて外まで聞こえるようにするなど。ところが、どれもうまくいきませんでした。

　彼女たちがなぜその建物へ入りたがらなかったのか、それには理由がありました。1970年代、そこは彼女たちが住んでいた隔離棟だったのです。当時、中には監禁用のゴムがついた独房がありました。反抗したり暴れたりすると、罰としてそこに入れられ、短くても24時間は出してもらえませんでした。さらに催吐薬まで使われていました。挑戦的行動をとったら気分の悪いことになるとわかれば、そういう行動をしなくなるだろうと信じられていたのです。1週間ずっと監禁され、毎日催吐薬を飲まされていたケースもありました。男性用にも同じような隔離棟

がありました。

　また、以下は、別なスタッフから聞いた話です。彼女が働いている棟に、60 代の女性がいました。その人はいつも片足を折り曲げて座っていました。ふくらはぎが腿の後ろに当たるほど曲げているので心地悪そうに見えましたが、長年ずっとそうやって座っていたため、他の座り方ができなくなっていました。若い頃、何度も施設から逃げ出そうとして、そのたびに逃走防止として何カ月も片足を曲げて縛られ、それが何年も続いていたのです。

　その後、どういうわけか挑戦的行動に対する姿勢は変わっていきました。社会全体の考え方の変化が特に関与していたと思われます。

　私は 1972 年に小学校に入学しました。伝統的な学校でした。担任はイェンセン先生でした。下の名前は誰も知りませんでした。1 日の時間割はきっちりとしていました。休み時間には全員校庭に出ることになっていました。遊具などはなく、唯一の楽しみは真ん中に据えられた水飲み場にある噴水でした。水がかからないように、どの子も校庭の縁にいました。校庭は四角く区切られ、クラスごとに色分けされていました。毎朝、自分のクラスの四角に立ち、友だちと手をつないで賛美歌を 1 曲歌い、1 年生から順番に校舎に入っていきました。休み時間に喧嘩が始まると、担当の先生がやってきて喧嘩をした子を無理やり 2 階へ連れていきました。そこで校長先生と話すのです。校長先生は怒って大声で叱り、それで喧嘩はおしまいでした。

　とても近代的とは言えない学校でしたが、よく構造化されていて、することがはっきりしていました。支援が必要な子に特別な注意を払ってはいませんでしたが、問題を抱えている子をそのまま受け入れていました。集中し続けるのが難しい子の席は、窓の外が見える後ろのほうにありました。また、毎日するべきことは学校から提示されていたので、自分で何をするか決めるということはありませんでした。

　4 年生になるとき、私は転校することになりました。1975 年でした。すべてが劇的に変わりました。新しい先生はスヴェンと呼ばれ、オーバーオールをはいて、ひげもじゃで、パイプでタバコを吸っていまし

た。スヴェンは時間割を重視せず、子どもを校長室に送ったりしません
でした。喧嘩をしても叱るのではなく、子ども同士で話し合うほうがよ
いと考えていました。チームワークを大切にし、子どもによく意見を求
めていました。

　このような進展は私の学校に限ったことではなく、社会の全般的な傾
向でした。1970年代初頭から、学校でも職場でも、これまでにないほ
ど自己管理を重んじるようになっていきました。私の長女が1993年に
小学校に入ったとき、クラスは年齢がさまざまな子どもで編成されてい
ました。あらかじめ決まった時間割はなく、自分の責任で国語（ス
ウェーデン語）と算数を学び、少なくとも1人以上の友だちと組んで毎
月1つプロジェクトを仕上げることになっていました。他の子とうまく
いかないときには、どこが悪いのかを話し合って、解決するように言わ
れていました。娘は集中するのが苦手だったのですが、座席は教室の後
ろではなく前にありました。

　この流れはまだ続いています。現在の学校は、構成力、状況を理解す
る力、他者と自分の行動を評価する力を一層重視しています。子どもた
ちはそれに応えていかなければなりません。

　知能は正常範囲であっても学校生活や授業についていく力がない子ど
もたちについては、1970年代の後半になって、ようやく論じられるよ
うになりました。微細脳障害（MBD）などの概念がよく取り上げら
れ、親からダメージを受けたところを治すという名目で、かつてないほ
ど多くの子どもたちが治療施設へ入れられました。

　1980年代初頭にはアスペルガー症候群やDAMP（Deficits in Attention
Motor control and Perception：注意力と運動知覚の障害）などの概念が議論にの
ぼり、1990年代になるとアスペルガー症候群とADHDの診断が世界保
健機関（WHO）で承認され、国際疾病分類やアメリカ精神医学会
（APA）の診断マニュアルにも記述されました。

　つまり、知能は平均的で脳損傷がなくても障害が認められるように
なったということです。1950年から1990年代にかけては、平均的知能
のある人が挑戦的行動を示す原因はおそらく母親に、あるいは特にヨー

ロッパでは社会に、アメリカでは学習にあると思われていました。それが突然、考えられる理由として、コミュニケーション能力や集中力における先天性の問題が挙がったのです。

　以上のことを理解するには、まず診断の仕組みを把握しなければなりません。ほとんどの場合、医師は問題や障害を見出して初めて診断をくだします。精神科ではすべての診断に「日常生活に支障をきたしている」という基準があります。

　この基準がなければ、私たちはみんな強迫性障害（OCD）と診断されてしまうかもしれません。誰でも時には強迫的な行動をとるからです。あなたは仕事に行くとき、ドアに鍵をかけたかどうか3回チェックしたことはないでしょうか。旅行で家を空けるとき、アイロンのコードがコンセントに入ったままになっていないか見に行ったりしないでしょうか。アイロンを使ったのはずっと前でも確認したくなりませんか。

　大学生のとき、精神病理学の初めての講義で、コーヒーメーカーのスイッチを切ったかどうかを確かめるのは何度までなら病的と言えないか、話し合うように言われました。私にはスイッチに関する強迫的行動がないので、「自分の目でスイッチを切ったところを見たのに、また確かめるのは不自然だ」と考えました。一方、隣にいた女子学生は「たぶん10回を超えたらやりすぎね」と答えていました。正解は、もちろん「生活に支障がないなら、必要に応じて何度確認してもかまわない。ただし、仕事に行けないほど気になるのであれば話は別だ」です。

　強迫的な行動、幻覚、集中力の弱さ、柔軟性や社会性の問題で日常生活を管理できなくなっているなら、精神科の受診を勧められるでしょう。精神科医の仕事は、その人がなぜ日常生活を送れないのかを分析することです。そしてそれが診断書に記されます。診断には、前述の「日常生活に支障をきたしている」という明快な基準を満たしているかどうかが重要になりますが、誰かに勧められて受診したのなら、すでに生活に問題が生じていると言われているはずです。次に精神科医がすることは、理由探しです。その人の生活の在り方も影響します。

チャールズは 1930 年代に生まれました。1940 年代の初めに小学校に入学し、かなりうまく適応していました。少し特別な感じのする子で、他の子どもたちとはあまり遊ぼうとせず、家や農場にいるのが好きでした。汽車、車、トラクターに強い興味があり、幼い頃から工具を集めていました。義務教育が終わると機械類を扱う仕事につきました。普段は機材を修理し、秋には収穫用のコンバインを、冬には除雪機を運転していました。

若い頃に両親が亡くなったので、チャールズはずっと実家に住んでいました。親の農場を引き継ぎ、結婚は一度もしませんでした。近所では、車の修理などで困ったときには喜んで相談にのってくれる、頼りになる良い人として知られていました。ちょっと変わったところがあり、初めて会う人と接するのが苦手でしたが、2 年ほど会っていると次第に慣れていきました。

チャールズが亡くなったとき、家に入った人たちは、コレクションを見て息をのみました。チャールズは 20 世紀にバーコ社が生産した工具を全種類持っていたのです。それも各種類 1 個ずつではなく、何百個もありました。ドライバーは、3 ミリのが 224 個、4 ミリのが 263 個、5 ミリのは 320 個、金槌は 260 個、未使用の新しい鋸は 312 個もありました。

チャールズは良い人生を過ごしたと言えるでしょう。悩みもおそらく世間一般の人たちより少なかったと思います。日常生活に支障をきたす問題がなく、診断は不要でした。しかし今なら、たぶんアスペルガー症候群だと言われるのです。

1970 年代の終わりから 1980 年代全般にわたって、学校に適応できない特定の子どもたちが浮かび上がってきました。彼らの問題は自閉症の子どもたちが抱える問題を思わせるものでした。平均的な知能と、定型発達にかなり近い言語スキルがありながら自閉症のような行動を示す子どもたちには、高機能自閉症などの概念が当てはめられるようになりました。学校が児童生徒に自主的な管理を強く求めるようになった結果、

構成力や人とのかかわりに独特な問題がある子どもたちに影響が表れたのです。学校側と親はこのような子どもたちを精神科へ連れていくようになりました。そして精神科医の間では、自閉症の子どもはもっと大勢いるのではないかという話が出始めたのです。アスペルガー症候群の概念が再考され（最初の記述は1944年からドイツ語で書かれた論文にありました）、1992年には世界保健機関（WHO）とアメリカ精神医学会（APA）が、アスペルガー症候群、特定不能の広汎性発達障害（PDD-NOS）、注意欠如多動性障害（ADHD）の診断を認めることを決定しました。

この展開で挑戦的行動に対する考え方は一変されました。母親の育て方や接し方が悪いから挑戦的行動が出るようになったと思われていた子どもたちに診断がつくようになりました。保育園や学校では、子どもの行動を知能で区分できなくなりました。現在、自閉症と診断される人の大半が平均的な知能の持ち主です。当初は、自閉症やADHDと愛着障害が併存している子もいると思われていました。特別支援教育が必要なのは神経発達の障害があるからだと言われる一方、行動は愛着に関連していると考えられていました。

しかし、その視点では長期的に何の解決にもなりませんでした。現在、保育サービス機関の中には園児の半数以上が神経発達障害の診断を受けているところがあります。診断を受ける前に入園し、愛着障害を疑われた子が児童精神科を勧められ、ADHDなどの診断を受けるケースもあります。もちろん、診断で子どもの行動理由が変わるわけではありません。しかし、診断によって保育スタッフは、それまでとは違う理由を知ることになります。子どもと行動に対する考え方が変わるのです。

5. 新たな見解

以上のような新しい流れを受けて、精神神経医ロス・W・グリーンは挑戦的行動の理由をあらためて精査しました。グリーンの仕事の1つに、アメリカのメーン州の少年刑務所でのガイダンスとカウンセリングがあ

りました。当時の再犯率は 80％でした。刑務所では荒々しい環境の中、主に結果思考型の方法が使われていました。グリーンはまず行動の基本的な説明から始めました。彼の取り組みによって再犯率は約半分にまで減りました。人間に対するグリーンの見解は次の一文に表れています。

行動できる人は、行動するだろう。

キーワードは「できる」です。能力であって、自由意志ではありません。私は全体的に自由が過大評価されていると考えています。これに関しては後で述べていきます。

グリーンの視点では、もし誰かに挑戦的行動があるなら、その人への要求がおそらく高いのです。要求は支援スタッフから来ることもあれば、自分自身で課している場合もあります。また、文化的に深く浸透している要求もあります。バスの中では静かにするとか、授業中は少なくとも 20 分は着席しなければならない、などもその例です（Greene 1998）。

私の研究によると挑戦的行動を引き起こすと考えられる要求の中で最も多いものは、次の項目に対する要求です。

- 遂行機能
- コミュニケーションスキル
- 全体を見る力
- 忍耐
- 柔軟性
- 共感力
- 同意力
- 親切行動

遂行機能への要求

自分が何かをしたら、その結果どうなるか、誰でも考えるはずと思わ

れています。しかし、結果を考えずに行動してしまう人もいます。その
ために日常生活が困難になることもよくあります。

> 14 歳の**ヘンリー**は特別支援教育を受けることになり、転校しました。
> 前の学校では問題を起こすことが多く、他の子とかかわっても必ず最
> 後は喧嘩になりました。昨年は頻繁に学校を休んでいました。新しい
> 学校での初日、ヘンリーは同級生のオスカーと諍い（いさか）を起こしました。
> 2 人は拳で殴り合い、ヘンリーの目には青あざが、オスカーの額には
> 大きなこぶができました。先生が二人を落ち着かせ、ヘンリーに「ど
> ちらが先に手を出したの」と聞きました。ヘンリーは「オスカーだ。
> 僕が頭突きをしたら、殴り返してきたんだ」と答えました。

　ヘンリーは毎日の生活の中で、先を見越して考えません。オスカーが
殴ってきたのは、自分の行動がきっかけだったとわかっていません。私
のところに回ってくる相談書類の 90％以上に、「このサービス・ユーザ
は自分の行動結果を理解していない」という文が載っています。この件
についても後で詳しく見ていきます。

コミュニケーションスキルへの要求

　神経発達の障害がある人たちの多くが、コミュニケーションの問題を
抱えています。特に介助のニーズが高いサービス・ユーザの場合、言葉
の遅れがコミュニケーションを困難にしていることもあります。知能障
害のない人たちでも、コミュニケーションの中で暗示されていることを
なかなか理解できないという問題が見られます。

> **マニュエル**は 42 歳、自閉症です。若い頃からずっと暴力的でした。
> 現在、同年齢の 2 人の女性とグループホームで暮らしています。マ
> ニュエルの言語スキルは非常に限られており、発語は、コーヒー、お
> 菓子、クッキーの 3 語のみです。スタッフに何か伝えたいときも、
> この 3 語のいずれかを使います。ところが新しいスタッフが「だめ

です。今はコーヒー / お菓子 / クッキーの時間ではありません」と言うようになりました。マニュエルは「だめ」という言葉がいやで、不安になることがあります。「だめ」と言われて、暴れたときもありました。経験豊かなスタッフたちは、マニュエルが単語を言ってくるときは、たいてい、おしゃべりをしたいだけなのだと知っています。選べる単語が3語しかないのがどんなにたいへんなことかもよくわかっています。彼らはマニュエルが「コーヒー、コーヒー、コーヒー」と話しかけてくると、「そうね、マニュエル。コーヒーはおいしいよね」と答えます。マニュエルはそれで満足するのです。

全体を見る力への要求

少年鑑別所や少年院で犯罪行動のある若者のアセスメントでは、ロールシャッハテストで明らかなパターンが見つかっています。どの子も総じて対処力不全指標（CDI）が突出していたのです。彼らは自分がかかわっている状況を全体的に把握することが苦手です。把握しやすくするために、しばしば意識的に焦点を限定させていると考えられます。その結果、乏しい情報を頼りに行動することになります。経験がないスタッフには、それが不可解に思えるかもしれません。

タリクは16歳でアスペルガー症候群です。他の人に触れられるのが非常に苦手です。小学校で先生方に500回以上押さえつけられていたことも過敏さを一層強くしていました。タリクは電車で通学しますが、切符を買うことはめったにありません。

問題が起きたのは、ある日、検札係が電車に入ったときでした。タリクは検札係を見ると電車から降りてしまいました。検札係はタリクを追ってホームに出て、切符を見せるように言いました。ホームでは普通切符を見せたりしないと思ったタリクは、そう告げて踵を返し、立ち去ろうとしました。

検札係に後ろから肩をつかまれると、タリクは振り向いて検札係の腕に噛みつきました。検札係が2人現れ、警察が来るまでタリクを

押さえつけました。タリクはずっと地面に横になり「乱暴しないで、乱暴しないで」と叫んでいました。

　その後、タリクはなぜ検札係ではなく、自分だけが訴えられるのかわからないと話していました。「最初に手を出したのは検札係で、僕は自己防衛をしただけだ」。タリクは検札係を噛んではいけないことをまったく理解していません。「制服を着たあの人たちを見ると前よりも怖くなる」と言っています。

忍耐への要求

　待ち時間や忍耐を要する場面では衝突がよく起こります。発達障害のある人は、しばしば待つのが苦手で、そわそわしがちです。じっくりと取り組まなければならないことを最後までやり遂げるのが非常に難しい人もいます。課題に２、３分以上集中できない人もいます。

　　トムは特別支援学校の教師です。ある日、彼は他の先生と８人の児童を連れて森に遠足に行きました。楽しい遠足が終わった後、子どもたちは学校のミニバスで帰ることになっていました。ところが10人に対してミニバスには座席が８つしかありません。トムは２人の児童と次の迎えを待つことになりました。最初のバスが出るとき、３人は手を振って見送りました。その後、トムは２人にお菓子を１個ずつあげました。「上手に待っているから、これはご褒美だよ」。

　バスが来るまで、トムはお菓子で子どもたちの気をそらしつつ、待っていることを褒めて我慢の手助けをしました。責任を子どもに課さず、自分のものとしています。

柔軟性への要求

　日常生活では連続的にさまざまな調整が必要ですが、神経発達の障害によってそれがとても困難な人たちがいます。軌道変更が苦手で、他の人が何とか気を変えようとすると、かたくなに自分の考えにしがみつく

傾向もあります。

　マヤは9歳でADHDです。家のそばにある学校の通常学級に在籍しています。ほとんどの状況でマヤはうまく適応していますが、難しいときもあります。ある日、クラスで遠足がありました。近くの街の博物館に電車で出かけ、帰りは3時に駅に到着の予定でした。マヤの母親は駅まで迎えに行くことにしました。娘のストレスを少しでも減らそうと考えたのです。マヤにとっては遠足だけでもたいへんなことです。さらに駅からまた学校に戻るのは大きなストレスになります。他の子どもたちは学校に戻り、することをしてから各自帰宅する予定でした。

　遠足当日はあいにく朝から雨でした。最初のうちはすべて順調で、電車の旅も楽しいものでした。ところが駅から博物館まで歩く間に子どもたちはずぶ濡れになってしまいました。どの子も少しがっかりしており、先生方はなだめるのに苦労していました。それで時間を切り上げ、予定よりも早く帰ることになりました。しかし誰もマヤの母親に連絡することは思いつかず、マヤも時間がわかりませんでした。

　電車が駅に着いたとき、マヤの母親の姿はどこにもありません。マヤはとても不安になり、大きな声で「お母さんがいない」と言い始め、母親が来るまでみんな一緒に待ってほしいと頼みました。先生がそれは無理だと言うと、マヤは「先生が時間を守らないからこんなことになった」と叫びました。別な先生は自己防衛のため、マヤに「自分のことは自分でしないとだめだ。それに家の帰り道なら知っているだろう」と告げました。マヤはその先生の脛を蹴り、泣き叫びながら走り去って行きました。

　マヤは予定の変更に適応できません。不安モードになり、激しく反応してしまいます。先生が「自分のことは自分でしないと」と話し出したとき、マヤの不安は増大し、反応として挑戦的行動が出てしまいました。先生の要求に応えるだけの力がなかったからです。

共感力への要求

　他者の思いを予測できないのは自閉症の人たちに限ったことではありません。自閉症以外の神経発達障害や知的障害のある人たちにも困難です。相手の意図が読めない、あるいは他の人の立場で考えられないと、挑戦的に見える行動が出ることがあります。

　オスカーは 14 歳です。学校では特別支援学級で学んでいます。自分でもそれにけっこう満足しています。放課後、オスカーはたいてい新聞売り場に行き、成人雑誌を読んで過ごします。裸の女性を見るのが楽しいのです。

　ある日、いつものように成人雑誌を眺めていると、老婦人が傘でオスカーの頭をポンと叩きました。びっくりしたオスカーは彼女の背中を拳で殴りました。老婦人は倒れ、大怪我をしました。新聞売り場のオーナーが警察を呼び、オスカーは連行されました。しかしオスカーは、老婦人が先に始めたのに不公平だと思っていました。

　翌日、オスカーは担任の先生と話し合うことになりました。「どうしてあの人はきみを叩いたの？」と先生が聞くと「さっぱりわからない」とオスカーは答えました。「僕は立ち読みしていただけで、あの人に悪いことなんて何もしていない」。先生は悟らせるために「きみが成人雑誌を読んでいたからだとは思わない？」と尋ねました。オスカーはしばらく考えて「そうだ。きっとあの人は、『この女の子たちにあって私にないものって何だろう』って思っていたんだ」と答えました。

　オスカーにとって日々の生活管理がいかに難しいかは容易に想像できます。社会的状況ではわかりやすい助けが必要です。日常的な場面で他の人たちの行動を予測するのは至難と言えるでしょう。オスカーは同年代の子どもたちと頻繁に衝突しています。

　別の日、**オスカー**は自転車で公園に向かいました。途中、6 人の少年

が座ってビールを飲んでいました。以前もオスカーは彼らを何度か見かけており、かっこよくて刺激的だから一緒にいたら楽しいだろうなと思っていました。それで、通りかかるとき「やあ、ガールズ」と声をかけました。彼らはオスカーを追いかけ、袋叩きにしました。オスカーは後で「どうしてあんなことをしたんだろう。あの子たちはいつもガールズって呼び合っているのに」と質問しています。

オスカーの問題は、他の人たちの動機や目的、意図がほとんどわからないことです。彼は自分が理解し関連づけられるパターンで行動しています。子どもと大人には違いがあることもなかなかわかりません。オスカーの行動は独自の世界観や社会的知覚を体現したものです。ただし、それ自体は問題ではありません。

他にもさまざまな面で、共感スキルの乏しさが挑戦的行動に結びつくことがあります。サービス・ユーザの中には、決まり事などに対して特定のやり方を貫くことが非常に重要で、他の人の思惑を理解しない人たちがいます。

重度の ADHD がある**アイザック**は通常の小学校へ通っています。ある日、学年全体で出かける遠足がありました。大型の観光バスが何台もやってきて、校庭は児童でひしめき合い大騒ぎでした。先生方が、どの子がどのバスに乗るのかを指示していました。アイザックは騒がしさに、いてもたってもいられなくなり、特にはしゃいでいた近くの子どもたちを殴りたくなりました。アイザックの母親は「殴る代わりに大人のところに行きなさい」と日ごろ教えていました。アイザックは親友の母親のアニーを見つけました。アニーは他の親たちと一緒に子どもを見送るのを待っていました。アイザックはアニーのすぐ後ろに行き、そこで立っていました。高ぶっていた気持ちはすぐに収まり、リラックスしていつもの自分に戻ることができました。

一方、先生方はアイザックが突然いなくなったのでパニックになりました。おしゃべりをしていた親たちがふと見ると、アニーの後ろに

ぼんやりとした表情のアイザックがいました。どうしてアイザックがそれほど急に場を離れたのか、どうして名前を呼ばれても返事をしなかったのか、誰にもわかりませんでした。「言われた通りにしなさい」と担任の先生に叱られて、アイザックは自分が理不尽な扱いを受けたように感じ、強い怒りが湧いてきました。自分では、まったく言われた通りのことをしたと思っていたからです。

同意力への要求

「はい」と「いいえ」、どちらを言う傾向があるかは性格特性の1つであり、近年最も注目されている領域です。かつては投影型の性格診断テストがよく使われていたのに対し、現在では質問型が使われているのも関心が高まっている理由でしょう。質問型のテストで使われる問いの数は膨大です。最大の臨床性格テストであるミネソタ多面人格目録2（MMPI-2）では500以上の質問が、NEO-PI-R人格検査は臨床だけではなく雇用の場でも使われているテストですが、240の質問が用いられています。これらのテストが作成される際、ほとんどの人たちが質問の半数以上に「はい」と答えることがわかりました。「いいえ」よりも「はい」が多いのです。この結果はテストの開発で重視され、同じことを逆の言い方で尋ねる質問が多数入っています。「はい」と言う傾向（黙従傾向）が測れるようになり、これは他の検査結果が確実かどうかを評価する手がかりにもなっています。

　同意は重要なソーシャルスキルです。グループで何かをするとき、全員が同意し合っていれば、物事はより順調に進みます。進化論的にも生き残る確率がおそらく高くなります。同意の力は一般的にどの人にも備わっており遺伝要素があります。しかし知的障害や神経発達障害がある場合、同意力が明らかに弱い人は多いです。つまり、賛成したり、「はい」と言うのが他の人たちより難しいのです。

　私たちは日常生活で同意を求めるのが当然のようになっています。例えば「食事の時間だよ」と言うより、つい「そろそろ食べようか？」と聞いてしまいます。これはレトリックな質問です。私たちが期待するの

は議論や回答ではなく、相手が食べに来ることだけです。中には、同意ができないために「いやだ」と言う人もいます。その状況で自分にできることは「いやだ」と言うことしかないのです。しかし、それを聞いて私たちは腹を立てたりします。同意力が低いと不従順だと誤解されることが多いです。

エンドラは小さい頃から同意ができない子でした。朝、親がエンドラを起こし、その日着る衣類を持ってくると、エンドラはすぐに「いや」と言って自分で選んだ服を身につけました。気温や天気はお構いなしでした。真冬にミニスカートをはき「スカートをはいてるから」と言ってオーバーオールを拒否しました。両親は考えて2組の衣類を提示することにしました。「エンドラ、おはよう。今日はどっちを着る？」。これで問題は解決しました。

親切行動への要求

アメリカ人の学者、アイゼンとレヴィンは科学的な研究で、善行の傾向に影響を与える因子にはさまざまなものがあることを示しています。2人は、生活の中でちょっとがっかりすること、あるいはラッキーなことが起きたときに、いわゆる親切行動（surplus behavior）がどうなるかを調査し、1972年、本にまとめています。アメリカのある町の電話ボックスで、利用者の半数は釣り銭を余分に、もう半数は正規の額の釣り銭を受け取るように仕組みました。利用者が電話ボックスから出ると、歩いてきた若い女性が道に書類の束を落とします。利用者には何も知らされていません。設定は以上の通り単純です。実験の結果、余分な釣り銭をもらった人は女性が書類を拾うのを手伝い、もらわなかった人のほとんどは、手助けを申し出もせず通り過ぎていきました。適正なお釣りを受け取っただけでは、親切行動が起こらなかったのです。

定型発達の人たちもささやかな出来事にそれほど大きく左右されるのです。まして、発達障害のある人に残念なことが起こったら、そのインパクトはどれほどでしょう。余裕のある行動を期待できるでしょうか。

利他的な行動を求めることなどできるでしょうか（Isen, Levin 1972）。

「周りの人たちがサービス・ユーザの能力に合わない期待や要求を出すことが、挑戦的行動の引き金となっている」と考えると、それまでサービス・ユーザに負わせていた責任は、支援スタッフや親の側に移ります。これは悪いことではありません。影響力を得ることになるのですから。責任を担わない限り本当に影響を与えることはできません。

私たちはサービス・ユーザに見合った要求を出すことを学ばなければなりません。そのためにはサービス・ユーザ個人にどんな問題や困難があるのかを把握していなければなりません。さらに、自分自身の考え、サービス・ユーザの意向、数々の指導法の土台となっている概念を吟味していく必要があります。

6. 概念の背景

人間には自分自身と他者、そして行動に対する多様な概念があります。そしてそれらの概念は、私たちが日常生活で周りの人たちにどう対応するかに大きな影響を与えています。しかし残念ながら、現実とはかけ離れた概念も存在します。

知的障害や神経発達障害のある人たちに対する概念には、とりわけ誤ったものが多いです。彼らについて知られていることがあまりにも少ないからです。

介護スタッフ、作業療法士、教師、ソーシャルワーカー、心理士など、仕事を通して彼らと出会う人たちの中には、しっかりと専門の研修を受けている人もいますが、一般的な教育だけでは知的障害や神経発達障害の対応に必要なことはわかりません。挑戦的行動についてはなおさらです。

子どもの発達概論、認知発達ではピアジェの理論、精神・性的発達ではフロイトの理論などを学んでいる人が多いです。教育理論に詳しく、ヴィゴツキーが提唱した最近接発達領域やアントノフスキーの健康生成

論まで勉強した人もいます。しかし定型発達から離れたさまざまな状態について学んだことのある人はごく少数です。顔に唾を吐きかけられたらどうしたらよいかという指導を受けた人はめったにいません。私は心理学者になるために5年間大学で勉強しました。自分自身について、脳について、定型発達についてたくさん学びました。ある先生が「障害者についての講義」と呼んだ授業も3つ受けました。1つ目は聴覚障害、2つ目は視覚障害、3つ目は自閉症についてでした。

特別支援が必要な子の親御さんもおそらく同じだと思います。自閉症とは何かという講演や、自閉症の当事者が自分の生活について話すのを聞いたことがあるかもしれません。自閉症に関する講演では、たいてい、いわゆる三つ組の問題や診断ばかりが取り上げられます。我が子の行動障害への対応につながる具体的な話はまったくと言っていいほど出なかったでしょう。

一方で、回数は少なかったとしても、問題行動を示して対処され、そこから何かを学んだ経験は誰にでもあるものです。2歳の頃、寝るのを拒んだり、14歳の頃、スーパーでガムを万引きしたことなどがあるかもしれません。

挑戦的行動の管理に関しては、自分が子どもの頃に学んだことを頼りにするというリスクがあります。我が子にも同じ対処法を使う可能性があります。介護スタッフも自分の子どもに、特別支援が必要な子の親もきょうだいの子には、そうしているかもしれません。一般的にしつけと呼ばれる方法ですが、これは通常、定型発達の子には効果があります。しつけを土台にする唯一の問題点は、知的障害のある人には有効と言えないことです。神経発達障害のある人にはまったく無効です。

従来のしつけや規律が無効だったからこそ、神経発達障害の診断がついたとさえ言えるのです。親も保育園の先生方も、普通に使われている方法では思うように導くことができなかったのです。

子どもの年齢が上がるにつれ、養育や指導にはさまざまな方法が使われるようになります。効果が出ているうちは万事良好に思えますが、同じ方法でうまくいかなくなると、親や先生は子どもに原因があると考え

ます。子どもが適切に行動しないので日々の管理や指導が難しくなり、医師や学校カウンセラーに相談します。その結果、子どもには児童精神科で詳しく検査を受けるリスク（あるいはチャンス）が生じます。精神科医の仕事は、従来の方法がその子に通用しない理由を説明することです。説明は診断のときに行われます。他にどんな方法があるのかを教えてくれるのが良い診断です。

　ほとんどの児童精神科では、指導の仕方をわかりやすく紹介してくれます。特定の行動障害へのかかわり方を教えてくれるところもあります。ただし、重度の行動障害の理解や対応についてのガイダンスはまれにしかありません。

　つまり、行動障害は依然存在するのに従来の方法は効果がないというところで止まってしまいます。児童精神科で代替方法を教えてもらえなければ、この段階で、本当にどうしてよいのかわからなくなるリスクは非常に高くなります。それまでは一般的な子育てのやり方をしていた、でもそれはうまくいかなかった、その理由はわかった、でも新しい方法が見つからない。そうなると、私たちは元の効果のないやり方を続けてしまいます。ちょうど外国人に対する接し方がそうです。自分の言ったことが通じないとき、私たちはもっと大きな声で同じことを繰り返します。それでも通じなければ、さらに大きな声で話すかもしれません。そのように、子どもたちにも効果のないやり方をより強制的に使うのです。もっと結果思考を促し、もっと叱りつけ、もっと罰を与えようとします。しかし当然効果はなく、フラストレーションと行動障害は悪化するばかりです。親もスタッフも、子どもとの関係は一層ぎくしゃくしていくでしょう。この段階になると信頼の度合いは大幅に低くなります。子どもは親も先生も信用しなくなるかもしれません。大人よりも友だちを頼りにするようになるでしょう。犯罪行動やその他の深刻な行動問題が生じる恐れも出てきます。

　知的障害や神経発達障害がある子どもや若者と日常的にかかわる人は、一般的な指導法はあくまで定型発達の子どもたちに向けて開発されたものであることをよく覚えておいてください。彼らには適用できない

のです。従来の手法に由来する考え方や概念も同様です。

　私たちが正規の教育で得た知識にも、彼らには当てはまらないことがあります。発達理論は、ほぼすべて定型発達を前提にしています。例えば、ピアジェが認知の発達理論を書くにあたって観察したのは自分の子どもたちだけです。そのためピアジェの考えには、障害のある子には的外れな点があります。

　「人間は積極的に意味を見出そうとする」という見解もそうです。ピアジェによると、人間は常に自分の周りに因果関係を探し、それゆえ生活の中で意味付けをし、文脈を作り出していくのですが、定型発達の子どもはそうであっても、自閉症やADHD、知的障害のある子は同じではありません。子どもは意味付けをしていくものだという前提に立った教育理論は、特別支援教育においては、そのままでは適用できません。

　第二次世界大戦後は何十年にもわたって精神分析が主流でした。そのため、現在使われている手法の概念、またサービス・ユーザに対する考え方は精神分析的見解に基づいたものがあります。挑戦的行動に関しては、愛着や感情へのダメージがよく取り上げられます。「人間は皆等しく生まれるが、社会的状況の違いが発達に影響を与える」という考え方は長い間信じられていました。先にも述べた通り、挑戦的行動は社会的接触が損なわれた結果と見なされ、主に幼児期の不適切な養育が原因とされました。そして責められるのは、たいてい母親でした。

　その後20年の間に、このような考え方はさまざまな方向に変化してきました。現在、個人の能力と性格の少なくとも半分は遺伝要因で説明できると言われています。環境ももちろん重要な役割を担っていますが、それは母親のかかわりや幼児期に限ったことではありません。特定の性格の子どもには、十代のときの友だちがかなり大きな影響を及ぼし、また性格は一生涯発達し続けると考えられています（これに関しては、2002年出版のSteven Pinker著 The Blank Slate: The Modern Denial of Human Nature にわかりやすく記されています）。

　一方で精神分析的な考え方は今なお残っています。カタルシスという療法は精神分析ではとっくに使われなくなっているのに、その概念は文

化的遺産のように根付いています。カタルシスとは「人間は本能がいっぱいになるとそれを感情的な爆発と共に放出させたくなる」という考えです。第二次世界大戦後、カタルシスを基にした療法がいくつか開発されました。抱っこ法、ゲシュタルト療法、プライマル療法（絶叫療法・原初療法）なども含まれます。それらの療法が土台とする「真実」の中には、いつの間にか一般的な文化の中でも「真実」になってしまったものがあります。とりわけ、感情を吐き出すのは大切だという考えは多くの人に浸透しており、イライラしたら枕を殴るといいとよく言われます。しかし残念ながら、その効果は科学的にまったく立証されていません。

　他にも「真実」とされていることはまだあります。「周囲の人との衝突は自分でおさめるべきだ」、「争いは勝つ見込みがあるものだけ引き受ける」、「挑戦的行動のある子には一貫した姿勢が大事だ」。このような考えは、愛着理論が基になっています。愛着理論では、スタッフや大人を信頼できるようになることが原則で、スタッフや保護者はサービス・ユーザまたは子どもを不安から守ることで責任を全うするという方式を用います。大人はいつも強く、必ず勝ちます。大人が言うことはすべてその通りなのです。この考え方が現場ではどうなのか、また神経発達障害や知的障害に対する一般的な見解にどう関係しているかについては後ほど見ていきます。

　かつてヨーロッパから広まった見解の中には、何十万という人を断種に追いやった考え方がありました。ドイツでは1930年代と1940年代に知的障害の人たちが一斉に殺害されました。それは今もなお、障害者の人権に対する私たちの見方に影響を及ぼしています。

　カレンは30歳です。デンマークに住んでいます。重度の身体機能障害があり、車椅子で生活をしています。痙直性の麻痺があって話すことができませんが、視覚シンボルを使ったBLISSというシステムでコミュニケーションをとっています。18歳の誕生日を迎えたとき、カレンは初めて投票をするのを楽しみにしていました。いよいよ選挙

が始まり、投票用紙が送られてきました。カレンは母親と投票に出かけました。係員がどうやって投票するのかと尋ねてきました。母親は自分が付き添って手助けをすると説明しました。係員は「残念ですが、それはできません。娘さん1人でしなければならないのです。お母さんと一緒は認められません」と答えました。母親は「では、係員のどなたかにお願いできませんか」と聞きましたが、それも許可されていないとのことでした。カレンは投票できず、帰宅しました。

　カレンと母親は地元の関係当局に訴えを出し、次のような返事を受け取りました。「投票者は誰でも自分で投票しなければなりません。カレンさんには選挙権があるので、今後も投票用紙が送付されますが、投票所に行ってもおそらく引き返すことになるでしょう」。

それ以来、カレンは母親と郵送投票をしています。そのような方法があることを誰も知らなかったのでしょうか。

　知的障害や神経発達障害のある人にかかわるときには、サービス・ユーザの権利を奪わないように十分に注意しなければなりません。虐待の歴史は長く、人間は同じことを繰り返しやすいものです。介護にあたっている人の多くが、困難な状況（サービス・ユーザがその場から逃げたくなったときなど）が生じたら、暴力、拘束、ねじ伏せる技を使ってもかまわないと感じています。定型発達の人が逃げ出したくなっても、私たちは拘束したりしません。むしろ、自分の子どもには、戦うより逃げなさいと教えるでしょう。

　たとえ将来独立して生活できないとしても、子どもは必ず成長することを親は心に留めておかなければなりません。親として私たちは成人した子どもたちの権利を奪ってはいけないのです。責任が生じるからといって子どもの生殖機能を侵害するようなことをしてはいけないのです。社会が設けたシステムを利用し、自分ではどうしようもないところは他の人に代わってもらいましょう。そうしないと、的外れな「しつけ」を続け、子どもが過保護から離れる機会を制限してしまう恐れがあります。そのため私は、機能障害がある人たちが成人になったとき、親

戚が受託者や個人的なアシスタントになるのは不適切だと考えています。

　習慣的な誤った考えや方法を変えるには、まずそれを特定し、その起源をきちんと把握することが必要です。

まとめ

　挑戦的行動にはさまざまな定義が可能です。本書では「周囲の人たちが困る行動」と定義しています。行動への対処法を知らないと、周りの人たちは問題を抱え込むことになります。だからこそ特別な支援が必要な人たちにかかわる仕事をしている者は、責任をしっかりとれるように必要な方法を学び、それを発展させていかなければなりません。

　この見解は「行動できる人は、行動するだろう」という考え方に支えられています。挑戦的行動は、スタッフや親がサービス・ユーザに高すぎる要求を出した結果であることが多いのです。挑戦的行動を最小限にするには、遂行機能、同意力、コミュニケーションスキル、柔軟性などに対する要求を最小限にする必要があります。

　そのために私たちは自分の受けたしつけや教育の概念をいくつか変えていかなければなりません。知的障害、神経発達障害のある人たちは定型発達者とは異なります。一般的な発達理論や通常の子育て方法からは目を離すべきでしょう。

第2章

概念と誤解

Conceptions and Misconceptions

1. セルフコントロールの重要性

　私たち自身の行動とサービス・ユーザの行動には、さまざまな概念や誤解が影響しています。中でもおそらく最もよくある重大な誤解は、「親またはスタッフとして自分には支配権がある」または「支配できる」という考えです。そのような思い違いをしていると、支配できなくなったと感じたとたん、急いで支配力を取り戻そうとします。その結果、サービス・ユーザの身体を強くつかむ、接触を強制するなど、力ずくの対応につながる恐れがあります。

　実際は、他者に対する支配権など誰ももつことはできません。私たちは十分なセルフコントロールがあってこそ、いくらかでも誰かに身をゆだねることができるのです。もし、あなたが親として、あるいはスタッフとして、安心して主導していきたいと思うなら、サービス・ユーザが自分を十分にコントロールできるようにしていかなければなりません。

　例としてアンジェルの体験を紹介します。

　　アンジェルは 12 歳、ダウン症です。軽度の知的障害があり、特別支

援学校に通っています。社会的な場面に参加するのが苦手で、予想外の出来事があると落ち着かなくなります。準備ができていないことを先生や親に要求されたときにも不安になります。

　ある火曜日の午後、アンジェルは何人かの同級生と遊んでいました。騒がしかったので、女性の先生が静かにするようにと注意しました。アンジェルは応じず、笑いながら騒ぎ続けていました。先生がやってきて、アンジェルの肩をつかみ「今すぐやめなさい。うるさすぎます」と言いました。

　アンジェルは怯えた表情で後ずさりしました。先生が近づくとアンジェルは拳で殴りかかり、「あっちへ行って、あっちへ行って、ほっといて」と叫び、目をそらしました。

　「先生が話しているときには、ちゃんと顔を見なさい」と言いながら、先生は再びアンジェルをつかみました。アンジェルは先生を蹴り、やみくもに殴って逃げ出し、泣き始めました。先生はアンジェルをつかまえ、引きずって長椅子に座らせました。アンジェルは殴る蹴るを繰り返しました。他の先生が2人がかりで抱きかかえて、ようやくアンジェルは落ち着きました。それまで8分かかりました。その後、最初にかかわった先生が本を読んであげました。

　別の火曜日の午後、アンジェルはまた同級生と遊んでいました。やはり騒々しく、先生に注意されました。アンジェルは応じず、笑いながら騒ぎ続けました。先生がやってきて「今すぐやめなさい。うるさすぎます」と言いました。

　アンジェルは怯えた表情で後ずさりしました。先生は2、3歩下がって、長椅子に座りました。アンジェルから目を離し、本を見ました。アンジェルはその場でしばらくじっとしていました。そして自分をコントロールできるようになると、先生の隣に腰をかけました。2人はそれから本を読みました。

　短い時間でしたが、アンジェルはセルフコントロールができなくなりました。コントロール力を再び得るためにアンジェルがとった方法は、

先生から逃げることでした。誰かが接近してきたとき、特にストレスの高い状況ではセルフコントロールが難しくなります。先生の干渉はアンジェルにとって突然でした。アンジェルは状況を見て、急いで落ち着こうとしました。このようなとき、目をそらしたり、相手との距離をとったり、周囲から自分を遮断するなどして制限を減らし、落ち着きを取り戻そうとする人は多いです。

　アンジェルに起こった二つの状況の違いを見てみましょう。最初の状況で先生はまず自分が落ち着くにはアンジェルを支配しなければならないと考えました。先生はアンジェルを追いかけ、肩をつかみ、アイコンタクトを強要しました。アンジェルは自分をコントロールするチャンスを奪われ、先生を信頼して状況をゆだねる可能性をも失いました。この先生の姿勢は、アンジェルにはもちろん、他の先生方や児童にもストレスをもたらし、不要かつ違法な力の行使を招いただけでした。

　二度目の場合、先生はアンジェルにセルフコントロールの余裕を与えています。2、3歩下がり、椅子に座って目をそらし、本を通して状況からの出口を示しています。

　サービス・ユーザがセルフコントロールを取り戻そうとするときには、一般的に対処法として次のような行動が見られます。

- 拒否をする。要求に「はい」と答えたらどうなるか予想できないため「いやだ」と言う。

- 周囲の人たちから2、3歩離れる。ストレス下ではパーソナルスペースを確保したいという欲求が高まる。

- 殴りかかる、物を投げつける、叫ぶことで相手から距離を置く。他の人を寄せつけない。

- 周囲からの影響を最小限にするために精神的にシャットアウト（何も感じないように自分自身を周囲から遮断）する。

- 走り去る。

- 自分の手や腕を噛む。痛みに集中することで周囲からの制限を無視できるため。

- 自分の腕に切り傷を作る。

- 認められたいために脅したり、挑発したりする。

　本人にとって、これらの行動はすべてセルフコントロールの回復や維持を目的とした積極的なストラテジーです。しかし周りのスタッフは制御できないと感じるため、多くの場合、挑戦的行動と見なします。このときスタッフが、力ずくで、または対立的に反応すると、状況は危険かつ暴力的になります。そして責められるのは、たいていサービス・ユーザです。

　セルフコントロールに関する大事な要因に感情の度合いがあります。喜びのようなポジティブなものであれ、怒りのようなネガティブなものであれ、感情は適切に調整されるのが望ましいです。幼い子どもはとても情動的で、感情の起伏も大きいものです。嬉しいときにはこの上なく喜び、悲しいときにはひどく落ち込みます。感情がそれほど激しいと、自分をコントロールできなくなり、子どもは泣き叫んだりします。嬉しすぎて、誰かを噛まずにいられなくなる子もいます。幼稚園に通う子どもたちが落ち着いて過ごすようにと言われる意味もそこにあります。もし大人が一緒に乱暴な遊びをすると、子どもは圧倒感に襲われ、最後には泣いてしまうことがよくあります。図2－1は、セルフコントロールと情動の関係を示したものです。

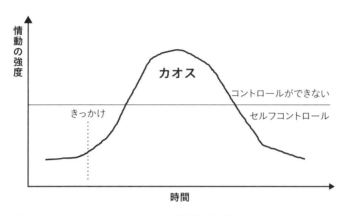

図2－1　セルフコントロールと情動の強度

　この図では、初めは感情の度合いが低く、サービス・ユーザはセルフ
コントロールが十分できる状態です。次に何かが起こります。誰かに帽
子を取られたなど、外部からのはたらきかけだったかもしれません。私
が担当していた女性は、住居を探していたときアパートの物件を２件紹
介されました。１件だったら良かったのですが、彼女にとって２件は多
すぎました。情動レベルが急速に上がり、セルフコントロールを失いそ
うになりながら、彼女は自分の腕を血が出るまでひっかいて乗り越えま
した。

　情動レベルが急上昇すると、セルフコントロールができなくなりま
す。そして、いわゆる「感情の爆発」と呼ばれる状態になります。しば
らくすると落ち着き、セルフコントロール力を取り戻します。私たちは
年齢が上がるとともに、自分の感情を調整しやすくなります。「成熟と
は感情を律する能力である」と定義している心理学者もいます。中でも
ダニエル・スターンは性格の発達と情動の調整について多くの著書を残
しています。「このサービス・ユーザは年齢相応の成熟に達していな
い」と認められるなら、その人の調整力が弱いのは当然だと思ってくだ
さい。そしてそれに応じて対処方法を変えていく必要があります。

　まず、サービス・ユーザのセルフコントロールに焦点を合わせること
が大切です。使用する手法も「サービス・ユーザが自分を調整できるこ

と」を目的としていなければなりません。サービス・ユーザは私たちに協力したいと願っています。そして協力するには、私たちを信頼し、ある程度ゆだねられるように自分をコントロールする必要があります。日常生活はスタッフがサービス・ユーザを支配する形ではなく、相互の協力で成り立つべきです。

　精神的な重荷とストレスが多い実際の状況で、このやり方がどのように作用するか、せめぎ合いを解消する方法と共に紹介します。サービス・ユーザのセルフコントロールを高める情緒的な対処法です。

　セルフコントロールを保つにはいくつかの要因があります。その1つが信頼です。信頼できる人と一緒にいると、私たちは落ち着きやすくなります。例えを挙げてみましょう。

　　あなたは今、分娩室に向かっています。夫が付き添っています。分娩室に着くと、入り口で助産師がこう言いました。「こんにちは。私と一緒にこちらにどうぞ。ご主人は『お父さんルーム』でお待ちください。棚に雑誌がありますから。トラックとかバイクとか男の人が好きそうな本がいろいろあります。裸の女性の写真が載った雑誌もありますよ。分娩室には男性カウンセラーがいます。手を握るのがすごく上手なんです。だからご主人は来なくてけっこうです」

　出産の最中に知らない男性に手を取られて「ああ、この人は手を握るのが上手だな」などと思うわけがありません。パートナーに付き添ってもらうのは、出産を経験させるためではありません。出産という大きな山を乗り越えるには信頼できる人が必要だからです。たとえ彼が途中で気を失いそうになったり、いるかいないかわからないような存在になったとしても、手を握るプロより単純なアマチュアのパートナーがいいのです。出産は女性にとって生涯で最もたいへんな経験の1つです。耐え抜くためには信頼できる人の付き添いがとても大切になります。

　障害のある人たちの領域では、教育、介護の両方で信頼が重要な因子になります。私たちは信頼という視点から対処法や指導法を評価できる

ようにならなくてはなりません。「この方法を使ってサービス・ユーザの信頼は強まるか、あるいは弱まるか」。このように問いかけていくと、私たちは非常に具体的に考えざるを得なくなります。サービス・ユーザは私たちに腹を立てているのでしょうか。不公平に扱われていると感じて怒っているのでしょうか。不公平感は信頼を弱めます。サービス・ユーザが不公平だと思うのは、私たちが指導モードになりすぎているからかもしれません。

　自分たちのやり方がサービス・ユーザのセルフコントロールを可能にしているかどうかを見極めなければならないと書きましたが、同様に、信頼を生み出しているかどうかも大切です。サービス・ユーザが私たちの介入に暴力的に反応するなら、おそらく信頼は生まれていません。下手な介入は信頼を損ねます。サービス・ユーザのセルフコントロール力を挫き、私たちがサービス・ユーザに良い影響を与える機会さえも台無しにしてしまいます。

2. 行動を変える方法

　既存の方法の背景にはさまざまな考え方があります。中には無意識に使われている方法もあります。そうしたやり方には、挑戦的行動を管理するためにきちんと学んだ手法ではなく、直感的な、あるいは子ども時代の経験に基づいた対応にすぎないものが多いです。実際に見ていきましょう。

叱責
　複数の科学的な研究調査によると、幼児の母親はスーパーで１分間に１回以上、子どもを叱っています。家庭ではそれよりも少ないものの、１時間に６、７回は叱っています。叱責が良い影響をもたらしたという研究結果は何ひとつ出ていないのに、親は子どもを叱ります。叱ると私たちは介入ができたように感じますが、それで子どもの行動が繰り返さ

れないとは限りません。叱責には注意をそらす効果があるかもしれません。やめなさいと言われると、確かに続けづらくはなります。

　しかし残念ながら、叱責には次のようなマイナス効果があることがわかっています。

● 　熱意が失せる。
　　たくさん叱られた人は何かに熱中するのが苦手です。長期的に見ればそれほど叱られていないことになるから大丈夫だと思いたいところですが、そうではないのです。悪循環に陥るという危険が相当にあるのです。熱意は自尊心に影響します。叱る人に対する信頼が低下して、やる気がなくなる場合もあります。学校で叱られてばかりいる子の成績が悪化するのはそのためです。

● 　集中力が弱くなる。
　　集中力の弱さは必ずしも叱責が原因だとは言えませんが、よく叱られる子どもの集中力は低いです。ADHD の子を叱ると、その子の最も弱い力を一層弱めることになります。

● 　忍耐力が弱くなる。
　　もともと我慢が苦手なサービス・ユーザを叱れば、待ち時間などが一段と苦痛になるのは言うまでもありません。

● 　うつや自尊心の低下が起こる。
　　私たちは子どもの頃、叱られたときにどんな気持ちがしたでしょう。それを思い出すと、うつや自尊心の低下は容易に想像がつくでしょう。叱られたり、責められたりすると、たいてい恥ずかしさでいっぱいになります。恥ずかしい気持ちが繰り返し起こると自尊心は小さくなっていきます。周りからダメな子だと思われていると感じることは、やがて悲惨な結果を招きかねません。

- 身体的な問題が起こる。

　叱られる頻度があまりにも高いと、身体的に治療を要するほどの不調が出る率が上がります。つまり叱責は害であり、正当化もできないということです。叱った結果、熱意や集中力が一段と下がり、そのことをさらに叱る人がいますが、体調不良になったことを叱るのは論外です。もともと私たちは、具合の悪い人を叱ろうとは思わないものです（Sigsgaard 2003, 2007）。

　叱りたくなるような状況が再度起こったら、叱る代わりに何をするべきかを教えてください。良い効果が出やすいです。一番望ましいのは、どうすればよかったのかを本人が理解できるようにしてあげることです。そのとき、あなた自身の怒りは取り除いておくのが重要です。怒っている人の言うことに耳を傾けたいとは思わないはずです。対立しかねない状態で怒ってしまうと、行動指導などできません。デンマークの心理学者、エーリク・シースゴールは1990年代に叱責の研究を重ねています。その中に、調査の対象となった定型発達の子どもの50％が自分がなぜ叱られたのかわからなかったという結果が出ています。叱る大人が怒っていたため、子どもは話に聞き入ることができなかったのです。まして神経発達障害や知的障害があると理解がどれだけ難しくなるかは言うまでもありません。

非難

　近年の研究によると平均的な知能がある大人と子どもでは非難されたときの影響が異なることがわかっています。この興味深い研究では、さまざまな年齢の参加者にコンピュータ上のカードの分類をしてもらいました。正しく分けることができたら「その通り」、間違えたときには「違う」という声がコンピュータから聞こえます。テストの目的は人間がフィードバックからどのように学習するかを調べることでした。

　「その通り」と「違う」、どちらを言われたときに最もよく学んだかを知るため、脳の血流も観察されました。

結果は年齢によって異なりました。15歳以下の子どもでは否定的な
フィードバック（「違う」の声）を受けたとき、思考反応がありません
でした。脳の活動増加は一切なく、テスト結果にも特別な影響は見られ
ませんでした。肯定的なフィードバック（「その通り」）があったときに
は、脳の活動が増え、テスト結果も直ちに良くなっていました。一方、
大人では逆のパターンが見られました。

　つまり子どもは、「あなたのしたことは正しい」と言われて学び、大
人は過ちから学ぶのです（van Duijvenvoorde *et al.* 2008.）。一見不思議な感
じがするかもしれませんが、実はそうなのです。人間は期待や予測との
「ずれ」から学びます。2001年9月27日に何をしたか覚えている人は
あまりいないでしょう。でも同じ年の9月11日については、はっきり
と覚えているのではないでしょうか。ニューヨークのワールドトレード
センターがテロリストに攻撃された日です。他の日とは違います。日常
の出来事と一致しないことが起きたため、私たちは記憶しているので
す。子どもは間違ったことをしても、そこに予測とのずれはありませ
ん。しょっちゅう間違ったことをしているからです。そのため否定的な
フィードバックには反応しません。ただ肩をすくめて、また続けるだけ
です。もし間違えるかどうかをいちいち気にしなければならないなら、
子どもは現在、実際に学んでいることを習得しないでしょう。彼らは、
うまくできないことを毎日何時間も、何カ月も、何年も、たいした効果
が見えないまま続けて、ようやく、突然できるようになります。そう
やって言葉を話せるようになり、楽器を弾けるようになり、文章を読め
るようになるのです。

　一方、大人は正しいことをするのに慣れています。日々の生活の断片
をうまくつなぎ合わせて生きています。仕事も得意です。失敗するとし
たら、慣れていないことに直面したときでしょう。結果的に大人は自分
の過ちから学びます。

　サービス・ユーザは正しいことをするのに慣れていません。だからこ
そ、私たちは「過ちから学ぶだろう」と思ってはいけないのです。「正
しくできたね」と言われるほうが、彼らはずっとよく学びます。非難を

指導法として使うのはもうやめましょう。非難をしても、自分はだめだという思いが強くなるだけです。褒めて、肯定的なフィードバックを与えてください。算数のノートに赤ペンで×を書くのではなく、できたところ全部に大きな○を書いてあげましょう。

罰

呼び方は違っていても、罰はたびたび使われています。教師や支援スタッフは、罰という用語の代わりに、よく「こうするとこうなる」という言い方をします。

ジョセフは 19 歳、自閉症です。液体に興味があり、特に水切りラックに洗剤や水を流して遊ぶのが好きです。ある日、ジョセフはトイレの床で排尿してしまいました。スタッフは話し合って、ジョセフにモップで拭かせることにしました。そうすれば床で排尿してはいけないと学ぶに違いないと思ったからです。ところがジョセフはモップかけが好きで、毎日床に排尿するようになりました。今ではトイレ以外の場所でも排尿しています。

エーリクは 12 歳、ADHD です。ある日、家の近くの店でお菓子を万引きしました。それを見た店員は警察を呼び、エーリクはパトカーで帰宅しました。母親は激怒し、罰として 2 週間行動を制限し、ゲームは一切禁止にしました。母親の考えではこれで万引きをしなくなるはずでした。しかしエーリクは「母はすごく不当で、不機嫌で、口うるさく、いつも邪魔をする」としか思っていません。

シビルは 56 歳で知的障害があります。ときどき機嫌が悪く、大声を出すことがあります。そのようなとき、スタッフは「落ち着かないとコーヒーを取り上げる」と脅し、実際に、頻繁にシビルの目前からコーヒーを下げています。

罰は何世紀にもわたって社会の一部になっています。どの文明でも罰が使われていました。古くはモーセの律法にある石打ちの刑、ローマ時代の奴隷船、ヴァイキング時代の罰金、そして現代にも罰金や懲役があります。古代は「目には目を、歯には歯を」の原則に従うことが多く、罰も行為に応じたものでした。

　一方、罰を与えても期待するほどの効き目はないことも何世紀も前から知られています。罰の目的は他にもあります。古代、北欧諸国の法律では犯罪を行った者は補償を求められ、被害者に対する支払いが最も一般的な罰でした。旧約聖書には問題を恒久的に解決する方法として重い罰が書かれています。死刑を受けた者は二度と犯罪を行えません。罰に相当する者には罰を与えなくてはいけないという言い分や、私たちが罰を下さなくても神が正しく罰してくれるだろうという考え方も昔からありました。

　罰が正当化され、その結果、挑戦的行動が増えることもあります。最近出版された雑誌の記事に、イスラエルのデイケアセンターの話がありました。保護者が子どもを迎えに来るのが遅すぎて、スタッフが困っているとのことでした。子どもが帰るまでスタッフも帰宅できません。そこで、遅刻した保護者には罰金を科すことにしました。ところが驚いたことに、遅れてくる保護者の数が2倍になったのです。罰金が遅刻を正当化したと言えるでしょう。お金を払えば遅れてもいいという考えです（Gneezy, Rustichini 2000）。

　特別支援教育や障害のある人たちにかかわる分野で、これは常時見られるパターンです。サービス・ユーザの中には、幼児の頃から何度も何度も罰を受け、それに適応してしまった人たちがいます。本人にとって罰を受けるのは当然のようになっていますが、行動に対する持続的な効果はまったくありません。イスラエルのデイケアの話からもわかるように、同じ罰を繰り返しても、問題となる行動はときどき生じます。罰を与える意味がないのは明らかです。

　この原理を私たち自身の生活で考えてみましょう。スピード違反は珍しくありません。時速160キロは速すぎますが、捕まって罰金を払って

も、自分の行動を悪かったと感じる人はあまりいません。ただ「捕まっていやだ」と思うだけです。私たちは駐車違反をすることもあります。この場合も、注意されたら、疎ましく思うのは自分の行動ではなく、交通巡視員に対してです。

　罰には1つだけ良い効果があります。「一般予防効果」です。社会が誰かを罰したとき、周りにいる人たち全員が影響を受け、違反行動をとるリスクが減ることを指します。例えば、あなたは法定速度が100キロの道路を120キロで運転しているとしましょう。しばらく行くと青いライトを点滅させた覆面パトカーが止まっています。BMWを運転していた若い人が捕まったようです。それを見たあなたは、どうするでしょう。アクセルをゆるめて5分くらい100キロで運転し、その後またスピードを出すでしょう。なぜそうするのでしょうか。警察が同じ道路に覆面パトカーを2台同時に出動させることはめったにありません。捕まらないようにするには、できるだけ早くパトカーから離れるのが最も理にかなった行為です。でも、あなたは逆にスピードを落としました。BMWを運転していた若い人に当てはまることは、自分にも当てはまると知っているからです。同じ行動をしたのに別な人が捕まって罰せられた、それがあなたの行動に影響を与えたのです。

　一般予防効果は「他の人に当てはまることは、自分にも当てはまる」と理解する力があって、初めて有効になります。また、罰の対象となる行動は、自分にもできる行動でなければなりません。そのため一般予防効果はスピード違反には有効ですが、殺人には無効です。パートナーを殺した罰が禁固6カ月だったら、犯人には何の効果もないでしょう。もちろん6カ月になったからといってパートナーを殺そうと思う人はいないでしょうが。

　知的障害や神経発達障害のある人たちに罰を用いることには次のような問題点があります。

● 　罰を受ける当人に効果がない。

● 行動と罰の間に一定の関係性（罰が注目の意味になってしまう、罰を受けれ
　ば行動してもよいなど）ができあがり、罰の対象となる行動が増える恐
　れがある。

● 周りの人たちにも知的障害や神経発達障害がある場合、予防効果がな
　い。

　予防効果がない理由は、知的障害や神経発達障害がある人たちには
「一般」という概念が乏しいからです。自分と「一般」がつながらない
のです。彼らの多くが「隣に座っている人に当てはまることは、自分に
も当てはまる」と理解するのが難しく、一般予防効果はありません。
　そのため、一般予防効果を期待して、例えば通常の学校で、発達障害
のある子に罰を与えるのは合理的とは言えません。

> **ヒューゴ**は ADHD です。通常の小学校に通っています。ある日、
> ヒューゴは水筒で窓ガラスを割りました。校長先生に呼ばれたヒュー
> ゴは、新しいガラスを弁償しなさいと言われました。校長先生にはこ
> れでヒューゴが二度とガラスを割らなくなるだろうという思いと共
> に、やはりガラスを割りそうな他の児童も学んでほしいという願いが
> ありました。

　罰を受けてもヒューゴはまたガラスを割るでしょう。一般的に、学校
で窓ガラスをわざと割る子はほとんどいません。ときどき割ってしまう
子は、ヒューゴが受けた罰が自分にも当てはまるとはよくわかっていな
いはずです。ここでも、罰の効果は的外れです。
　残念ながら、複数の研究では、長期的に見ると罰はむしろ犯罪行為に
つながることが多いという結果が出ています（Frank 1983, Gershoff 2002,
Solomon and Serres 1999）。これは非常に悩ましく、私たちの判断にも影響
する結果です。特別支援学校、入居施設、日常生活の支援の場、通常学

校の特別支援学級、療育機関、他、特別支援が必要な人たちのケアを目的とした施設で罰を行う意味はないのです。

結果思考

挑戦的行動を管理する上でよく使われているのが、一貫した結果思考です。デンマークの社会教育学者、イェンス・ベイは結果思考を基盤とした教育理論を展開しています。親の多くが一貫性は重要だと考えています。子どもが行動しないのは、おそらく親に一貫性がないからだという考え方はゆるぎないものになっています。テレビの子育て番組でも、最も効果的な方法として一貫した結果思考の指導方法に的を絞っています。特に「スーパーナニー（イギリスで放映されていた番組）」ではよく取り上げられていました。

私自身は親として一貫性はまったくありません。子どもたちには、それぞれに合った個別のルールを設けています。ルールには柔軟性をもたせ、状況に応じて変わることもありますが、それが問題になったことはありません。機能障害がない子どもの親御さんと話すと、同じことを言います。一貫した結果思考について誰よりも多く語るのは神経発達障害のある子の親御さんです。結果思考を土台にしても問題は改善されていないのに、親御さん方はずっとそのやり方を貫いています。

一般的な子育てにも一貫した結果思考は妥当だと思えません。まして福祉の分野ではまったく適用できないと私は考えています。理由は2つあります。

1つ目の例は「スーパーナニー」のエピソードです。ケビンという男の子が出ていました。ケビンは自分の行動を注意されるたびに母親を蹴ったり叩いたりしていました。さらに大声を出し、母親に罵詈雑言を浴びせていました。家族がスーパーナニーに助けを求めたところ、2つの新しい方法が紹介されました。

- ケビンが蹴ったり叩いたりせず、他のやり方で怒りを出した場合、母親は叱らない。一緒に呼吸のエクササイズをしてケビンを落ち着かせる。

- その後、母親はケビンを台所に呼び、怒って暴れたときの結果を話し合って決める。このようなケースではゲームの時間の削減がよく使われる。

　呼吸のエクササイズは非常に効果的でした。ケビンはこれまでで最も早く落ち着き、叫ぶのも罵詈雑言も、叩くのも蹴るのもやめました。その後、母親と台所に行き、結果について話し合うことになったのですが、ケビンは罰は不公平だと繰り返し訴え、再び母親を叩いたり蹴ったりし始めました。せっかく最初に優れた方法を使ったのに、次の良くない方法が逆効果をもたらしました。

　２つ目の例は、私が診断評価を行っていた青少年矯正施設での経験です。そこでは入所者が要求を拒否したり、激しい感情の爆発を起こした場合、いくつかの特権が取り消されるというはっきりとした結果思考が２年ほど使われていました。ゲーム、DVD、ステレオなどが自室から除かれる、テレビの禁止、喫煙の禁止などです。しかし、その結果、すぐに連鎖反応が始まり、エスカレートしていきました。特権をはく奪された人は男女にかかわらず、スタッフに怒りをぶつけていました。はく奪は不当だと考え、他の入所者と組んで、担当スタッフに反抗するようになりました。結果思考の結末は指導の破綻でした。

　それなのに、なぜ一貫した結果思考が教育や介護の場で大勢の人たちに支持されるのでしょう。そのわけを探ると、３つの学派に行きあたりました。

- イェンス・ベイの結果思考を用いた教育理論。この理論による指導法は依存症の若者への対応策として開発されました。サービス・ユーザが特定の行動の結末を知っていれば、行動の選択イコール結果の選択になるという考えです。これを当てはめると、マリファナを吸ったら退学になるのに、まだマリファナを吸い続けているなら、それは退学になりたいからということになります（Bay 2006）。

- 精神力動的手法。挑戦的行動は、サービス・ユーザの愛着問題（スタッフをすぐに受け入れられないなど）の結果であると見なします。アプローチとして、サービス・ユーザが要求を拒否したり、他の方法でも応じない場合、スタッフはとにかく応じるまで要求を続けます。そうするとサービス・ユーザの生活に予測性と明確さが生まれ、愛着障害が補われるというのです。サービス・ユーザは生活上の責任をスタッフが担ってくれると知り、安心感を得ると考えられています。

  これには追記もあります。「サービス・ユーザが要求を拒否したら、スタッフはサービス・ユーザがあきらめるまで要求を続ける。しばしば感情的な爆発を伴うが、これは良しとする。サービス・ユーザは精神の浄化を体験し、危機から脱して、豊かに成長するからである (Claésson, Idorn 2005)」。

- 理論のない教育方法。最近親になったばかりの人たちを対象にしています。子育て本として、たくさんの書籍が出ており、しつけに結果思考を使う目的は、次のように説明されています。「悪いことをしたときに、はっきりとした結果を示せば、次回は違う行動をとるはずです」。この種のほとんどの本は「こうして子どもは学ぶのです」と主張します。

　結果思考に基づいたイェンス・ベイの指導法を検討するには、まず人間が日常生活でどのように選択をするのかを知っておく必要があります。他の2つの方法はわかりやすいので先に簡単に記します。

　精神力動的手法では、結果思考が予測性をもたらすという見解に立っており、予測性が絶対的に有効な言葉として見なされています。しかし実際はどうでしょう。結果思考を用いる際、行動の結果は、スタッフや親だけではなく、サービス・ユーザ自身が予測できるものでなくてはなりません。ところが、サービス・ユーザは自分の行動と結果の因果関係を体験的に理解するとは限りません。これは理論のない教育方法にも通

じる疑問点です。

　乳児は、ガラガラ、びっくり箱、呼び出し音が鳴る電話など、「こうしたら、ああなる」という原因結果がはっきりとしたおもちゃを好みます。やがて1歳になる頃、子どもは居間にあるライトのスイッチに気づきます。スイッチを上げると電気がつき、下げると消える。何度も上げ下げを繰り返して遊び始めます。

　子どもにとってスイッチの上げ下げがおもしろいのは、離れたところから周りの世界に大きな変化を与えられるからです。それまで遊んでいたおもちゃがもたらしたのは、狭い範囲の変化でした。それが突然、遠いところから部屋全体を明るくしたり暗くしたりできるようになったのです。子どもは満足するまで何度も何度も電気をつけたり消したりします。イギリスのある研究によると、子どもは許可の有無にかかわらず、600から800回、スイッチを上げ下げします。これは発達や因果関係の理解を促すとっておきの方法です。スイッチ遊びを止めるなら、子どもの発達を遅らせることになるかもしれません。

　電気のスイッチを発見した後、子どもは同じようなものを探し始めます。どうやったら予測通りに周りを変えられるか？　子どもはいたるところでスイッチのボタンを見つけようとします。社会の中で因果関係のあるものを探し求めます。2、3歳になるとバスの停車ボタンに夢中になります。「大人がいっぱい乗った大型バスなのに、いつ止まるかは僕が決められるんだ！」。子どもは自分には周囲を変える力と可能性があるという実感を抱きます。

　ただ停車ボタンには、他の人が先に押すかもしれないという問題があります。中には、それが怖くて仕方がない子がいます。自分が乗っているバスを他の人が止まらせる、つまり、自分の生活に他の人が影響を及ぼすのです。子どもは、予見可能なやり方で周りを変えられるのは自分だけではなかった、他の人も同じやり方で周りを変え、自分に影響を与えられるのだと知ります。

　その後、子どもは別な因果関係を探すようになります。そして「違い」に関する質問が始まります。「どうして私の靴はピンクなの？」「ど

うして僕の髪は茶色なの？」「どうして今日のおかずは魚なの？」最初は何の脈絡もない質問が、やがてもっと自分の生活に密着したものに変っていきます。やがて7歳くらいになると、子どもは質問をしなくなります。大人は何でも知っているわけではないことがわかり、さらに自分で物事を知ったり解決したりできるようになるからです。子どもは日常生活の中で積極的に意味付けをしていきます。これは100年前にジャン・ピアジェが述べた通りです。

　12歳になると子どもは直接かかわりをもたないさまざまな因果関係でも自分なりに理解しながら周りの世界を組み立てていきます。なぜ自然環境にゴミを捨ててはいけないのか、なぜ交通規則を守らなければならないのか、などもわかります。子どもの発達の後期には、抽象的な物事をどれだけ理解できているか、また世界に対する視野がどれだけ広いかが鍵になります。このような理解力は「＊中枢性統合」と呼ばれます。（＊注：複数の部分（情報）から全体像（全体の意味）を理解する能力。自閉症ではこの能力が弱いと述べる研究者（クリス）もいる。）

　一方、以上のようなスキルが定型発達のようには伸びない子どもたちがいます。私が担当している自閉症の人たちの中には、実年齢は36歳でも、電気をつけたり消したりするのを面白がっている人がいます。他にも平均的な知能がありながら、因果関係の理解が育っていない子どもたちは多数います。

キルステンは36歳、ADHDです。アパートで一人暮らしをしています。自治体からヘルパーが来て家事を手伝っています。キルステンは計画を立てたり、スケジュールに予定を組み入れるのが苦手です。金銭管理も困難です。アパートのドアはそれぞれ小さな庭につながっています。キルステンはこう言っていました。「外に出るといつもちょっと不安になるんです。本当に自分の庭に出るのかどうかはっきりわからなくて」。

キルステンは因果関係を理解する力が非常に弱いため、結果をなかな

か予測できません。もう何年も、毎日数回はドアから出ているのに、そのつど同じ庭に出るかどうか不確かなのです。キルステンは自分でもおかしいと思うと言っています。庭は動かないことは頭ではわかっていても、小さな不安感は消えません。

ロイは14歳です。正式な診断は受けていませんが、行動上の問題が続いています。ある日、先生が教室に入ってきて「さあ、数学だ」と言いました。しばらくして先生はロイが教科書を開いていないことに気づき、理由を尋ねました。ロイは「だって、数学の教科書を出しなさいと言わなかったじゃないですか」と答えました。ロイは7年間、毎週4回数学の授業を受けてきましたが、必ず教科書を使うことを理解していませんでした。

このような困難のある人たちは、ピアジェが述べたような「積極的な意味付け」をしません。ピアジェは、自分の子どもたちが日常生活で絶えず因果関係を見つけようとしている様子に注目し、記述しています。それを読むと、ピアジェの子どもたちには神経発達障害も知的障害もまったくなかったことがわかります。私が臨床の場で出会う人たちは、明らかに積極的な意味付けをしていません。他の人にはすぐにわかる因果関係を見出しません。彼らが毎日の生活で大きな困難を抱えているのはそのためです。

幼年期に因果関係を探そうとしない子は、結果を理解する力が伸びません。それは全体的に先を見越す難しさにつながっています。さまざまな出来事や行動の結果に備えるには、複雑な関係を理解しなければなりません。私たちは自分の行いの結果を予測し、かなり備えているはずです。しかし結果を理解できなければ、他の人たちが何の苦労もなく予測する状況にすら備えることはないのです。

サイモンは17歳、アスペルガー症候群です。アーセナル・フットボール・クラブ（イギリスのプロサッカークラブ）に特別な興味があ

り、クラブのグッズをたくさん集めています。シャツ、マフラー、旗、試合表まであります。ホームスタジアムでの試合はほぼ毎回、アウェイの試合もときどき見に行っています。クラブの新しいシャツが発売になったとき、サイモンはもちろん欲しくてたまらず、母親に40ポンドをねだりました。母親は断りました。サイモンには物がありすぎると思っていたからです。行き詰まったサイモンにはたった1つの解決方法しか見えませんでした。彼はソフトエアガンを持って、一番近くのスーパーへ出かけました。そしてレジ係を脅して現金を求めました。レジ係は1000ポンドほど渡しました。サイモンはそこから40ポンドを取ると残りは返し、走って逃げました。

スーパーにいた客の1人が追いかけましたが、サイモンは気づかないようでした。300メートルほど走った後、サイモンはゆっくりと落ち着いた様子で歩き始めました。追いついた客は地面に落ちていた板でサイモンの頭を叩きました。サイモンは倒れ、客は彼の上に座って警察に電話をしました。

2週間後、サイモンは私にこう言いました。「僕があの人に何をしたっていうんですか。あの人は何も関係なかったのに。こんなところ（青少年矯正施設）にいたくないよ。僕は暴力なんかまったく使わなかった。ただ40ポンド取っただけだ。残りはレジの人に返したのに」

この件に関してサイモンにはいくつもの問題がありました。まず、結果を考えずに盗みを行ったことです。サイモンは自分が矯正施設にいることに本当に驚いていました。自分の行動に他の人たちが反応することも予測していませんでした。客が追いかけてくるなど思ってもいませんでした。

このような出来事は、サイモンの生活では珍しくはありません。自分の行動と他の人たちの反応が結びつかないので、それまでも争いがしょっちゅうありました。相手が殴り返してくると驚き、喧嘩をした友だちがどうして自分と一緒にいたがらないのかも理解していませんでし

た。他の子には予測可能な多くのことが、サイモンにはただ驚きでした。

　アスペルガー症候群だけではなく他の自閉スペクトラム症でも、先を見越すのは非常に困難です。わかりやすいスケジュールが毎日必要な人もいます。構造化を重視する TEACCH （自閉症とそれに関連するコミュニケーション障害のある子どもの治療と教育）プログラムでもスケジュールが基盤となっています。しかし自閉症の人たちが皆、スケジュールを頼りにしているわけではありません。中にはスケジュールをごまかす人もいます。

　　　アクセルは 42 歳、自閉症です。発語はほとんどありません。現在、グループホームで暮らし、毎日 24 時間、週に 7 日、スタッフが付き添っています。アクセルはスケジュールに沿って生活しています。歯磨き、入浴、グループホームの掃除などスケジュールは 24 時間にわたります。適切なスケジュールがあるからこそ、日常生活をうまく過ごすことができています。

　　　ただし、アクセルはコーヒーが好きで、毎日自分のスケジュールにコーヒーのマークを貼ろうとします。

　活動の順番を伝えるという目的の使い方はアクセルに不要かもしれません。自分でスケジュールを変えようとしているくらいです。アクセルにスケジュールが必要なのは、なじみのない出来事が排除されるからです。アクセルには見通しを立てることができません。何が起こるかわからないと不安になります。しかしスケジュールがあれば、安心していられます。思いがけないことが起きないからです。

　結果思考を重視する精神力動的手法は、日常生活で大人が一貫して子どもの予測性をサポートすることが土台になっています。具体的には、大人が要求を出したときには子どもの応答がどうであろうと、とにかく要求を貫き通すのです。これを続けていくと、やがて子どもは大人が状況の責任をとってくれると安心感を抱くようになると考えられています。そしてそれが人間関係を築く足掛かりになるというのです。問題が

大きければ大きいほど、より一貫した粘り強さが必要になります。

　前後関係の理解が弱い子どもにとって、大人が出す要求の多くは青天の霹靂です。「一旦要求を出したから」という理由で大人がしつこく同じ要求を続けるなら、子どもは日常生活で他に予測体験ができなくなるでしょう。突然の要求には完全に服従するしかなくなってしまいます。安心感を招くというより、暴力的とも言えるほど激しい不安が生じるのではないでしょうか。精神力動的手法を支持する心理士の中には、そのような不安は浄化につながるのでむしろ良いと見なす人もいます。この概念の是非については前述した通りで、本書では不要と考えます。別な原則を使っていきましょう。

あきらめるのに遅すぎることはない！

　私たちは誤って過剰な要求を出してしまうことがあります。私は1度自分の子どもたちに「喧嘩をやめないと、クリスマスプレゼントは1個もなしだ！」と言ったことがあります。もちろん、実際にはクリスマスプレゼントをあげました。もし発言を貫いたら、それは直接的な攻撃となり、子どもたちとの関係は深まらなかったでしょう。教育や介護の現場でもスタッフは時に同じことをしています。「静かにしなさい。喧嘩をやめないなら、遠足には行かない。家に帰ることになるよ」などと言う先生がいます。それが本当なら、喧嘩している子だけではなく、他の子どもたちも帰宅することになるのです。他の子どもたちはこれで何か学ぶでしょうか。ただ不公平だと思うのではないでしょうか。

　もし子どもが「これは不公平だ、罰だ」と思うときには、おそらく本当にそうなのです。これは私の原則です。私がどんなに口をすっぱくして説明しても、子どもの経験を変えることはできません。しつこい説明を続ければ、子どもは私を信頼しなくなります。大事なのはサービス・ユーザの経験であって、スタッフや親の説明ではありません。

　ダニエルは就学年齢に達したときに小学校に入学しました。それまで

は母親と家で過ごしていました。入学後まもなく、ダニエルは椅子を投げ始めました。先生がどんなに止めても、反応は荒々しく、ほとんど毎日、学校で家具を投げていました。2週間ほどで、ダニエルは退学になり、翌年特別支援学級に再入学することが決まりました。

　1年後、ダニエルは学校に戻りましたが、行動は改善されていませんでした。指示が多い場面や、不公平だと思ったときには乱暴な振る舞いをしていました。学習には大きな困難がありました。3年間、特別支援学級に通いましたが、読み書きや数えることすら学びませんでした。一方、力は強くなり、対立が生じると、前よりも暴力的になりました。

　3年後、ダニエルは通常学級に移籍することになりました。これは適切な判断ではありませんでした。ダニエルは教室外で過ごすことが多くなり、時には学校を出たりしました。家具を投げる行動はまだ続いていました。2カ月ほど経ったある日、いつものように教室から出されたダニエルは、大きな爆竹をクラスの子どもたちに投げつけて逃げ去りました。学校はダニエルの通学をもう認めようとしませんでした。

　地元の教育関係者はお手上げ状態でした。母親はダニエルを福祉施設に入れることには関心がなく、息子のニーズに合った学校を探してほしいと訴えました。その結果、知的障害のある子どもたちが通う特別支援学校を試してみることになりました。ダニエルに学習障害があるとは見なされていませんでしたが、学校ではスキルも知識も身につけることができなかったからです。

　後にダニエルは私たちにこう話しています。「2、3日経って体育があったんだ。サッカーをして、すごくおもしろかった。でも僕が他の子にタックルしたら、先生からレッドカードを渡された。腹が立ってたまらなくなって、またあれが始まるって感じた。頭がカーッとなって、ほんとにキレそうになった。そのとき先生が僕を見て『つらすぎたかい？　職員室に行こうか。クリームパンがあるよ』と言った。僕はもうびっくりした。誰かにそんなふうに言われたことがなかったか

ら。その先生はレッドカードを出されたのが、僕にはどんなにつらかったかわかってくれた。それで先生と一緒にクリームパンを食べに行ったんだ」。

　その日から、ダニエルは対応できないことが起こると、ときどき散歩に出るようになりました。先生が同行し、一緒にコーラを買い、座って話をするときもありました。ダニエルは家具を投げなくなりました。2年後、ダニエルは文字を読めるようになり、数も覚えました。現在、21歳のダニエルは大学で法律を勉強しています。ADHDと非定型自閉症の診断を受けています。

　自分を救った指導法をダニエルは「コーラ法」と呼んでいます。そして、先生が自分に目を留めて、要求に応じることができないと理解してくれたとき、初めて先生への信頼が芽生えたとも話しています。

　もし、先生がずっと厳しく接していたら、ダニエルは将来、弁護士ではなく、犯罪者と呼ばれるようになったかもしれません。「あの先生は僕の人生を救ってくれた」とダニエルは思っています。

3．結果思考とスケジュール

　結果思考に疑問を呈すると、怒って次のように言う人たちがいます。「サービス・ユーザのすることを全部無視しろと言うのですか？　何をしても見過ごすのですか？」

　もちろん、そんなことをしてはいけません。しかし、スケジュールと行動結果は区別する必要があります。スケジュールの効果を信じて使ってみようとするとき「サービス・ユーザがスケジュールに沿って動くように、従わなかったときの結果を設定しておかなければならない」と考えがちです。これは定型発達の子どもに対する考え方です。定型発達の子どもたちには効果があるでしょう。しかし、特別な支援が必要な人たちには当てはまりません。

スケジュールが良いのは本当です。セントラル・コヒーレンス（抽象概念や全体を理解する力）の弱さを補い、先の見通しが立ちやすくなり、安心感を与えます。何より、スケジュールを好むサービス・ユーザが多いことが一番のポイントです。スケジュールを使えば、結果を示して脅す必要がありません。個別の調整があれば、サービス・ユーザはさまざまなスケジュールに喜んで従うでしょう。

　結果を脅しとして使ってうまくいくことは、あるかもしれません。罰をスケジュールに組み込むような粗末な指導を受けてきたサービス・ユーザは脅されることを覚え、スケジュールに従わなかったらどんな結果になるだろうと知りたがるかもしれません。「静かにしないと遠足には行きません。家に帰ります」と言うのも、脅しを使ってある程度の効果が出る例です。子どもたちは騒ぐのをやめるでしょう。ただし、せいぜい 30 秒の間です。

　脅されていることにサービス・ユーザが気づくと問題が発生します。「そんな結果は予測できなかったし、不当だ」と思う人が多いのです。スタッフや親に対する信頼は低下し、その先、スケジュールにも従わなくなっていきます。脅されると、セルフコントロールを維持する力は、あっという間に衰退するからです。

　あくまでも私たちは、スケジュールに従いたいというサービス・ユーザの思いと、難しいときでもスケジュールを維持できる自分たちの能力をよりどころにしていくべきです。スケジュールに脅しを介入させてはいけません。脅しは避けましょう。脅しを伴う介入が長期にわたると信頼関係は消失します。

　「不快な結果から学ぶだろう」という視点で結果思考を使うなら、それは罰を使った手法です。罰は望ましい成果をもたらさないことは周知の通りです。罰を結果と呼んだところで効果が変わるわけがありません。スタッフや親御さんが「そうすれば、あの子は学ぶかもしれないから」と言ったとき、私はたいてい「そんなわけないじゃないですか」という意味も込めて「学ばないのは、おそらく学習障害の兆候でしょう」と答えます。

一般的には、子どもに屈するのは良い指導法ではありません。子どもの言いなりになるたびに、こんなことをしないで済むにはどうしたらよいだろうと考えるでしょう。その際、要求を断るリスクを天秤にかけるか、別な方法を試すかのどちらかを選ぶことになります。

　　ハリーは6歳で、軽度の知的障害があります。母親とお祭りに出かけたとき、小さな馬の置物があり、どうしてもそれが欲しくなりました。母親に「買って」と頼みましたが、「ダメ」と言われます。ハリーは大声で泣き叫び始めました。母親は慌ててその置物を買い、ハリーは叫ぶのをやめました。

　母親には、息子の欲しいものを買えば必ず場を収められるという自信はありません。今度は本物の馬を欲しがるかもしれません。一連の出来事をよく見直し、どんな行動をとるべきか計画を立てる必要があります。まず、ハリーが泣き叫ぶほどつらいのはなぜかを考えてみます。ここでは、お祭りの賑やかな環境がストレスになっています。そしてそのストレスのため、ハリーにはいつもより余裕がありません。また、母親は「お祭りでは何も買わない」という約束をしていませんでした。そのような理由から、泣き叫びが生起するリスクは通常よりはるかに高かったのです。
　行動計画としては次の3つが考えられます。

- 　今後はハリーをお祭りに連れていかない。

- 　次回ハリーとお祭りに行くときには、一切買い物をしないことを話しておく。

- 　次回ハリーとお祭りに行くときには、欲しいものがあっても泣き叫ばないでいられたら、お菓子を一袋もらえると話しておく。

どの計画を選んでも、母親はハリーに屈服せずに済むはずです。これらの計画は指導目的がはっきりとしており、状況の責任は子どもではなく指導する側にあります。行動計画を作るということは、指導責任を引き受けるということなのです。

合理的行動と「意図した」行動

「人間は先を見通して自分の行動をコントロールしている」という誤解がよくあります。自分はさまざまな行動のプラスマイナスを検討してから実際にとる行動を選んでいる、つまり、行動とは計画的かつ「意図的に」するものだと私たちは考えがちです。他の人の行動にイライラするのは、「しないという選択肢もあったのに、あの人はあえて、こんなことをしている」と思うからです。この考え方には、不利な結果を示して正しい行動を選ばせる指導法に通じるものがあります。

このような誤解には数々の哲学者の影響があります。18世紀の哲学者、イマヌエル・カントは「人間には自分の選択に対して責任がある。だから良くないことを選んだときには罰が必要だ」と言っています。そうすれば正しい行動を選びやすくなるはずだ、という考えです。これに対して、デンマークの哲学者、セーレン・キルケゴールは異議を唱えました。カントの生誕からおよそ100年後に現れたキルケゴールは、カントが言うほど人間は理性的ではないと考えました。そして、**人生は後ろ向きにしか理解できないが、前を向いてしか生きていけない**と断言しています。

キルケゴールによると、私たちは先を見て調整しながら行動しているわけではなく、直感でふるまっていることになります。振り返って初めて、どうしてあんなことをしたのかわかるのです。一方でキルケゴールは「自分には振り返る時間などまったくない。だからどうしてあんなことをしたのかわからないことが多い」とも述べています（Kierkegaard 1843）。

積極的な選択については、他の哲学者の思想にもたびたび見られます。特にデカルトにおいて顕著です。人間は理性的な生き物なので、結

果をコンピュータのように見積もり、判断して行動を選んでいる。この考えは後にカントが発展させました。1960年代にはサルトルが「人間は積極的に人生や行動を選んでいる。だからこそ行動には必ず個人的な責任が伴う」と述べています。デンマークのソーシャルワーカー、イェンス・ベイは「結果思考を用いた教授法（consequence pedagogy）」にこの思想を取り入れています。要約すると、結果が先にわかるなら、サービス・ユーザは行動を選ぶ際、積極的に結果を選ぶようになるということです。結果はわかりやすく、実現しやすいものにして選択を促します。

　この方法は、もともとデンマークで主に依存症のケアに使われていましたが、教育の場にも広がり、何十年にもわたって議論の的になっています。スウェーデンではメタドン（麻薬性鎮痛薬の一種）を用いたヘロイン中毒の治療法にも使われています。

　国際的には、特にアメリカの医師で哲学者のアントニオ・ダマシオが、キルケゴールの見解は間違いだとは言えないと述べています。ダマシオは、人間が感情を用いて自分の行動を選択していることを証明しました。

　難しい選択を迫られたとき、私たちの脳には選択の情報だけではなく、伴った感情も保存されます。新たに選択をしなければならないことが起こると、脳は記憶の中から似たような事例を探し、かつて最もポジティブな感情をもたらした方法で選択をします。ダマシオによると、感情豊かな生活は行動選択の基盤であり、生き延びる力にも影響します。ダマシオは、キルケゴールが言ったように、選択のほとんどは無意識になされていると主張しています。ただし、選択理由は必ずしも振り返らなければわからないものではないという点がキルケゴールとの違いです（Damasio 1994）。

　スウェーデンのルンド大学ではこのことに関してさらに詳しい研究を行っています。複数の若い男性に2枚ずつ若い女性の写真を見せ、きれいだと思うほうを選んでもらいます。そして選んだカードを見せながら、どうしてそれを選んだのかを尋ねます。その結果、男性は「髪が美

しいから」とか「目が印象的」など、必ず理由を説明していました。

　実は、その中には彼らが選ばなかった写真も入っていました。研究チームのリーダーは両手に２枚ずつ写真を持ち、手品のように１枚をすり替えていたのです。そして毎回「どうしてこの女性を選んだのですか？」という質問を続けました。すると実際は選ばなかった女性についても良い理由を挙げることが判明しました。選んだ女性とは正反対の印象の女性に対してもです。つまり、彼らは自分がどうして選んだのか、本当はわかっていなかったと言えるでしょう。この実験から、選択と理由説明はまったく別の機能であると考えられます。選ぶときには隠れた動機を自覚しません。選んだ理由を説明するときには、「自分が選んだ」という思いが基になっています。(Johansson 他、2007)。

　心理学の一派に、人間は自分の行動をどう理解し、どう説明するかを検証するナラティブ（ものがたり）心理学があります。この学派では、行動説明は結果から後付けされることが多いと述べています。例えば、高齢者は気分によって自分の人生に対する見方が変わると考えられています。気分が良いときには、喜びの多い良い人生だったと言い、悲しいときには、嘆きに満ちたつらい人生だったと話します。実際にどんな人生だったかはさておいて、そのときの気分に応じて記憶を選び出し、それをさまざまな因果関係の文脈でつなぎ合わせています。行動選択とその理由説明は、キルケゴールの言葉を借りるなら、次のように言えるでしょう。

人間は前を向いて行動し、後ろを向いて説明をする。

　すなわち、選択するときには、あまり意識的に考えず、そのときの感情で選び、後から納得できる理由をつけるのです。そしてそのときの状況に有意義な理由説明ができれば私たちは満足するわけです。例を２つ紹介しましょう。私たちは人生で大きな決断をするとき、しばしば、あまり考えずに決めてしまいます。生涯のパートナーを選ぶときも、長期的な見積もりなど立てず、まっしぐらに決める人は多いでしょう。中に

は、落ち着いて机に向かい、パートナーの候補者の長所・短所をリストにして考える人もいるかもしれません。しかし一般的に人生の伴侶選びは、感情的に行われます。一方、家や土地を買うときはまったく違います。不動産会社や銀行も「家の購入は生涯で最も重要な決断を要するものの１つ」と見なして売り出しています。ほとんどの人たちは、家は心ではなく頭で考えて買うものだと思っています。しかしダマシオの仮説と私たち自身の経験から、そうではないことがわかります。

　私とパートナーが初めて家を買おうと思ったとき、かなり高い条件がありました。まず、小さな家であること。できれば古く、海のそばにあること。私たちはたくさんの家を見て回り、最後に海の近くにあった見かけの悪い小さな家を選びました。スウェーデンのマルメ市の北にある狭い集落です。地元のレンガが使われた古い美しい住宅が通りに面して一列に並んでいました。引っ越す前に子どもたちと見に行ったとき、娘は「なんで一番ひどい家を買ったの？　きれいな家があんなにたくさんあるのに、不細工なのを買うなんて」と言いました。私たちの家は1970年代に改装されていました。当時の流行で家主はレンガを内側に使い、窓のサイズも変えて、屋根はアスベストのセメント張りに仕上げていました。伝統的な街並みの真ん中に、突如70年代の小さな家がタイムスリップして現れたような感じです。「どうして、あえてこの家を買ったのですか」という質問に私たちは「場所が良かったので」と答えています。実際は本当にそうなのかはわかりませんが、説明としては妥当だと思います。聞いた人たちも納得するようです。ただ、この家が一番いいと感じたから買ったのは確かです。

　不動産会社は独自のスタイルの家やアパートを建て、できるだけそれを早く、高く売ろうとします。焼き立てのシナモンパンの香りがする家は早く売れるそうです。なぜでしょう。それは理屈ではなく、心で選んでいるからです。私たちは気持ちがいいと感じるものを選びます。そしてそれが良い選び方なのです。

　フィニアス・ゲージは脳研究の古典的症例です。フィニアスは1840

年代、アメリカのニューイングランドで鉄道工事の現場監督として働いていました。職務は発破作業班の管理でした。山に穴をあけ、そこに火薬、導火線、砂を注ぎ、着火する前に火薬を押し込む作業です。

　ある日、フィニアスはいつものように火薬の担当者として発破の準備をしましたが、穴に砂を入れるのを忘れていました。それに気づかず、フィニアスは鉄の突き棒で火薬を奥に押し込んでしまいました。火薬は爆発し、突き棒はフィニアスの頬から頭頂まで貫通しました。

　それでもフィニアスは意識を失いませんでした。事故直後はまったく怪我がないと思われたほどでしたが、実際は片目が完全に損傷されていました。そして正しく選択する力も失っていることが、復職後まもなく判明しました。フィニアスは、もはや感情で選ぶことができなくなり、理屈に頼らざるを得なくなっていました。衝動的で誤った選択を重ねた人生を送ったフィニアスは極貧の中、亡くなりました。

　感情で何かを選ぶときには、選択肢のプラスマイナスを検討して決めるときより、ずっと微妙なことを汲み取っています。理性だけで選ぶには結果を確実に見定める必要がありますが、私たちの脳にその力はありません。微妙な違いを察知し、素早く選べるようにしているのは直感かもしれません。

　知的障害や神経発達障害があると感情で選択する力は十分に発達しません。それでも、前を向いて行動し、後ろを向いて理由を説明する人たちはいる、と私はよく話すのですが、定型発達者のようにできるわけではありません。例を見てみましょう。

　マックスは16歳です。1歳下の弟と両親とスウェーデンの小さな町に住んでいます。現在、中学3年生です。学校に行っていますが、友だちはいません。かたや弟にはたくさんの友だちがいます。弟の友だちが家に遊びに来るとマックスはしょっちゅう付きまとって仲間に入ろうとします。

　ある日曜日、マックスは父親とガレージを掃除していました。父親

が「そろそろ女の子と付き合ってもいい頃じゃないのか？」と言いました。マックスは１日中そのことを考え、ガールフレンドを探してみようと決めました。

　翌日の放課後、マックスはモールに出かけました。そこで見た女の子のグループの中にきれいだと思う子がいました。マックスは近寄り、その子の胸をつかみました。女の子は叫び、マックスの頬を思い切り叩きました。マックスは逃げ出しました。びっくりして怖くて、家までずっと走り続けました。

　火曜日の放課後、マックスは、またモールに行きました。そして前日よりも時間をかけて女の子たちを眺め、きれいなだけではなく、とても穏やかな感じの子を見つけました。黒いロングヘアで男の子のグループと一緒に立っていました。男の子から「サミラ」と呼ばれているのを聞き、マックスはきれいな名前だと思いました。

　マックスはその子に近寄り、胸をつかみました。その子は叫び声をあげ、男の子たちが「何をしたかわかってるのか」と詰め寄ってきました。マックスは何と答えてよいのかわからず、逃げ出しました。男の子たちは追いつき、殴り始めました。マックスが倒れると彼らは何度か蹴って「俺たちの妹に手を出したらどうなるかわかったな」と言いました。

　マックスは家に帰りました。全身が痛み、鼻血が出ていました。母親がどうしたのかと尋ねると、マックスは自転車で転んだと言いました。女の子のことなどは、普通親に話したりしないものだとマックスは知っていました。

　水曜日、学校が終わるとマックスはまたモールに出かけ、優しそうできれいな女の子を一層時間をかけて探していました。見つけたので近寄って胸をつかもうとしたとたん、警備員が話しかけてきました。「おい、何をしてるんだ？　昨日もおとといも女の子の胸を触っていたのはお前じゃないのか？」「そうです」とマックスは答えました。女の子は立ち去り、警備員はマックスについてくるように言いました。しばらくして警察が到着し、マックスは連行されました。

翌日、私はマックスにどうして女の子の胸を触ったのかと聞きました。マックスはただ女の子と付き合おうと思ったと答えました。何を考えていたのかと尋ねるとマックスはいろいろ話してくれましたが、最も興味深かったのは水曜日のことでした。「昨日もおとといもうまくいかなかった。だったら、今日はきっとうまくいくと思った」。

　ほとんどの子は、もしマックスと同じことをしても、最初に平手打ちをされた時点で「失敗だった」と思い、別な方法を試みるでしょう。マックスの中では、自分の行いと恥ずかしい気持ちが結びついていません。行動を変えなかったのはそのためです。翌日も同じことをし、３日目にもまた繰り返そうとしました。うまくいかないのは明白なのに、マックスにとっては新たな方法を探すよりも同じ行動を繰り返すほうが楽なのです。このような柔軟性のない行動の繰り返しは専門用語で「同一性保持」と呼ばれます。

　マックスはアスペルガー症候群の診断を受けています。感情体験からうまく学習できない特性は、アスペルガー症候群に限ったことではなく、知的障害やADHD、その他の神経発達障害のある人たちにも見られます。前回まったくうまくいかなかった行動を繰り返す傾向は共通しています。

　ここまでが「前を向いて行動する」です。もう１つのポイントは「後ろを向いて理由を説明する」ですが、この点でも神経発達障害あるいは知的障害の人たちには問題があります。文脈を理解する難しさと中枢性統合については前に述べた通りです。大きな文脈で原因と結果をつなげて理解できなければ、行動の理由付けは当然困難になります。また神経発達障害や知的障害がある人たちの多くは共感力が弱いため、「どんな理由を言えば信じてもらえるだろう」と推定するのも苦手です。他の人たちにとって、彼らの行動説明は信ぴょう性に乏しく、うそのように聞こえることも多いです。「どうしてうそをついているの？」と聞いても、彼らは「本当のことです」と言い張ります。しかし、私たちにもそういうことはないでしょうか。私は、本当に立地が良かったという理由

で今の家を買ったのかどうかわかりません。ただ、それはもっともらしい理由として他の人たちを納得させるのです。そして、そのような理由を挙げられるのは、他の人たちはどういうことなら信じるかをわかっているからなのです。

理由が説明できない反復行動を理解し、管理しようとするとき、私たちは「どうして？」と聞かないように心がけておく必要があります。聞いても満足のいく答えは返ってきません。また、答えを得ても誰の益にもなりません。

難しい選択をしなければならないとき、感情体験をどう使うかについては、わかりやすい例があります。自閉症の人たちの多くは、他の人たちよりも脳が大きいことが研究調査でわかっています。私の知り合いにオーゲ・シンクベックというアスペルガー症候群の男性がいます。彼は自伝でこう書いています（Sinkbæk 2002）。「正しい判断をするために、どれだけ考えなければならないか。それを思うと、脳が他の人たちよりも大きくて良かった」。実際にオーゲの頭は非常に大きいです。彼はまた、「自分の感情体験を活用するのが難しく、日々の生活では、起こりそうな結果を常に想定しなければならない。しかし、それがいつも当たるとは限らない」と語っています。

あらかじめ結果を推定して行動するという考えを進めると、イェンス・ベイの結果思考型指導法に行きつくでしょう。「行動を選ぶ＝結果を選ぶ」という前提です。しかし残念ながら、私たちが何かを選ぶとき、それは積極的な選択というより、感情的な選択です（つまり、意識して理論的に選ぶことなく「前を向いて生きている」のです。そこがベイの指導法に対する論点になるでしょう）。残念ながら感情的な選択は中枢性統合の弱い人たちにはうまく機能しません。彼らの多くは介護施設や特別支援教育の場に置かれています。結果思考は、定型発達の子どものしつけには、もしかしたら役に立つ場合があるかもしれませんが、介護や特別支援教育の領域では適切ではありません。結果思考型の指導法はリストから完全に排除しましょう。

ご褒美を使う方法と賄賂

　特別支援教育で結果思考型の指導を排除したら、「ご褒美はもう使えないのか」という疑問が生じます。ご褒美について、次の2点を考えてみましょう。

- ご褒美は教育ツールとして多くの指導者に広く使われている。ご褒美を活用する認知行動療法は科学的研究で効果が証明されている。ご褒美は必ず効くに違いない。

- 良くない行動にもご褒美を出してしまうのではないかという恐れがある。そのようなことは考えなくてもよいのか。

　ご褒美を使う指導法は、行動主義に由来します。簡単に言えば、強化したい行動を決め、その行動に心地よいことを結びつけるのです。例えば、宿題をしたらお菓子をあげます。宿題とお菓子を結びつけるので子どもは宿題をするのが大好きになるはずです。私は行動主義の理論に異議を唱えるつもりはありませんが、実際にご褒美を使った例として次のエピソードを考えてみてください。

　　マイクは12歳です。母親と暮らし、特別支援学校に通っています。マイクは登校途中に道路で他の人たちに唾を飛ばすようになりました。唾がかかったときの反応が人によって違うのが、マイクには面白くてたまりません。

　　担任のスティーブは困ったと思っていましたが、ある日、クラスで街に出かけたとき、マイクがお年寄りに唾を飛ばすのを見て、何とかしようと決意しました。スティーブはCAT-kit（感情コントロールの教材）の会話ツールを使い、2週間ほど指導を続けました。その後、散歩に出かけ、2人でかなりの距離を歩きました。学校に戻ったとき、スティーブは「よくやったね、マイク。誰にも唾をかけなかった

ね。先生は素晴らしいと思うよ。自分ではどう思う?」と話しかけました。マイクは「少し難しかった。でも、僕が唾をかけたらみんな悲しいのかもしれない」と答えました。スティーブは「そう思ったのは素晴らしい。じゃあ、座って一緒にココアでも飲もうか」と誘いました。

　しばらくして私が部屋に入ると2人はココアを飲んでいました。「マイク、ラッキーだね。どうしてココアを飲んでるの?」と聞くと、マイクはこう言ったのです。

「わからない。スティーブ先生は喉がかわいていたのかな」。

　このエピソードはささやかですが、いくつかの視点から見ると興味深いと言えます。ほとんどの12歳の子どもは、ココアが出たのは単にラッキーだったからなのか、あるいは散歩中に一度も唾を飛ばさなかったことに対するお祝いなのか、すぐにわかります。積極的に意味付けの力を使い、結果を導き出します。それでこそココアは指導ツールとなり、今後の発達を促すのです。

　ところがマイクの中枢性統合は弱く、因果関係がなかなか見えません。日常生活全般でもそうです。一つひとつにわかりやすい説明を要します。マイクは周りの人たちから、微笑み、褒め言葉、励ましの接触という形で多くのご褒美をもらっていますが、なぜもらったのかがわかりません。挑戦的行動が増えた理由にも、それがある程度関連しているかもしれません。

　別な視点からもこのエピソードの興味深さがうかがえます。マイクは、褒め言葉とココアの間につながりを見出しませんでした。良くない行動をしなかったから、良い結果が待っていたということがわからないのです。私たちは、そこを「きっとわかる」と期待してはいけません。「良くない行動にご褒美をあげれば、その行動が強化されてしまうから、そうならないようにしなければならない。子どもが好むものを使って気をそらしたりしてはいけない」というのはよくある誤解です。

　介護や特別支援教育の現場でご褒美を使う場合、以下の条件を満たし

ている必要があります。

● 関連を十分に説明する。マイクの例では、「ココアをもらえたのは誰にも唾をかけなかったからだよ」と伝える。

● ご褒美は必ず、望ましい行動が出た直後に出す（LaVigna and Willis 2002.）。

　学校ではこれらの条件を満たしているところが多いです。正しいことをしたらすぐに金色の星シールを渡すなど、さまざまなご褒美（＊トークン）システムが使われています。（＊注：シールやポイントなど、子どもが正しいことをしたときにもらえるご褒美をトークンと総称する。トークンを一定数集めるとさらに大きなご褒美がもらえるようにして、子どもに望ましい行動を指導する方法をトークンエコノミー法という。）

　一方、どうしたらご褒美をもらえるかがわかっている場合、ご褒美の効果は、定型発達のグループのほうが、特別な支援が必要なグループよりも低かったという研究結果があります。行動主義の専門家がこれを発見したのは皮肉なことでした。トークンエコノミーは絶対的に行動主義の指導法だと言いきれるだろうかと思います。

　私は、特別支援教育の場でのご褒美システムは、正規の行動主義におけるご褒美というより、むしろ賄賂や報酬のようなものだと考えています。呼び方を変えても効果の有無は変わりませんが、個人的にはそう考えるほうが理解しやすいのです。

　私は仕事でいろいろなことをしていますが、その中に講演会や講義があります。時にはかなり遠くまで出かけ、何日も家を空けることがあります。平日ならかまわないのですが、週末はパートナーのスーザンが休みなので、私は彼女と過ごしたいと願っています。土曜日の朝はキッチンでゆっくり話をしたり、庭で一緒にクロスワードパズルをしたいのです。

　ところが、平日は無理なので土曜日に講演をしてほしいと頼まれることがあります。そこで問題が生じます。私はぜひ講演をしたい。平日に講演を聴きに来られない人たちがいる。でも私は週末に仕事をしたくな

い。

　私は単純な方法でこの問題を解決しました。土曜日の講演には料金を
５割増しにしたのです。私にとっては動機付けになりますが、５割増し
は高すぎるので土曜日の依頼は制限されます。つまり、土曜日ではなく
平日に講演できるようになります。

　サービス・ユーザも同じように感じるのではないでしょうか。例え
ば、ある活動にずっと参加できなかったり、特定の行動をやめられない
ときには、参加のメリットや行動をやめる価値を見出していないのかも
しれません。原因と結果のつながりがわからず、動機付けとなる賄賂も
なければ、がんばって困難に向かう価値は見えてこないでしょう。賄賂
を賢く使っていきましょう。要点は以下の通りです。

- その人にとって動機付けとなる賄賂は何か？

- 賄賂が動機付けであることをどう明確にするか？

- 賄賂を即時あげるにはどうしたらよいか？

- 賄賂と望ましい行動のつながりをどう明確にするか？

　アレックスは 14 歳です。軽度の学習障害とアスペルガー症候群の他
にエーラス・ダンロス症候群という身体的な疾患があります。この疾
患は強い痛みをもたらし、靴も特注のものが必要です。ところがア
レックスは靴を作りに行くのが大嫌いです。新しい靴は足になじむま
で痛いのです。

　両親は動機付けに良いことを思いつきました。母親はこう言いまし
た。「さあ、アレックス、これから靴屋さんに行くわよ、そうしたら
車でコーラを飲める」。アレックスはコーラが好きなので喜んで車に
乗り込みました。靴屋に着くと、母親は「さあ、これから靴屋さんに
入るわよ。終わったら、車の引き出しにコーラが入っているから」と

言いました。このように動機付けが成功して、アレックスは協力的に靴屋に出かけることができました。

　これが2年ほど続きました。母親はかなりうまくいっていると思い、無意識にハードルを上げてしまいました。ある日、靴屋からの帰り道、母親はこう言いました。「ハイパーマート（大型スーパー）に寄るわね。そうしたらいつもの時間に晩ごはんが食べられるから」。するとアレックスは「じゃあ、レゴのキャッスルシリーズの120ポンド（約1万7000円）のを買ってもらわなくちゃ」と言いました。母親はそれならまっすぐ家に帰ったほうがいいと考えました。結局、買い物には後で母親が1人で行きました。アレックスは満足気でしたが、母親はやりきれない気持ちでした。

　その夜、母親は私に電話をかけて、こう言いました。「先生は賄賂を使っていいっておっしゃいましたよね。コーラ2本で靴屋さんに連れていけるって。今日はハイパーマートに連れていこうと思ったのに、調子に乗って、叩きのめされました。アレックスは120ポンドのレゴを欲しがったんですよ」

　アレックスの行動は実際素晴らしいです。コーラ1、2本で困難に対応しようとしたのですから。何もなかった日なら、おそらくコーラ1本でハイパーマートにも行けたかもしれません。しかし、その日はアレックスにとって靴の調整という負担の大きな1日でした。母親はそんな日に、さらに要求を出したのです。ハイパーマートに寄ればどれくらい疲れるか、アレックスは見積もりを立て、レゴのキャッスルを買ってくれるなら行くと考えました。

　アレックスは、どの程度の動機付けがあれば動くか、自分で見積もることができるようになっていました。これは著しい成長であり、生涯役に立つ素晴らしいスキルです。アスペルガー症候群のアレックスは、他の人たちを喜ばせるために、あるいは地域の一員になろうとして積極的に何かをすることはありません。そのような行動の効果をなかなか予測できないため、価値が見えないのです。しかし動機付けは可能です。動

機が伴えば、アレックスは難易度を見越して、それに相応するものを考えられるようになりました。私が土曜日の講演料を上げたのと同じことができるようになったのです。

良くない行動にご褒美を出してしまうのではないかという恐れ

知的障害や神経発達障害の人たちの場合、私はご褒美で簡単に良くない行動が強化されるとは思いません。簡単に強化されるのであれば、良い行動も強化され、挑戦的行動を示すサービス・ユーザの数は多くないはずです。このことに関して、アンディ・マクダネルが語っているヴィクターのエピソードを紹介しましょう。

> **ヴィクター**は10歳で知的障害と自閉症があります。動物に興味があり、特にアシカが大好きです。ある日、ヴィクターは先生2人と友だち3人と共に動物園を訪れていました。11時半に餌やりを見るためアシカのところに行きました。それは遠足のクライマックスでした。アシカは調教されており、さまざまな芸ができました。輪をくぐったり、ボール遊びなどもしていました。芸をするたびにアシカはイワシを半匹もらっていました。ヴィクターは大喜びで、前後にぴょんぴょん飛び跳ねながら、大きな声を出していました。20分ほど経って、係員がイワシの入っていたバケツをひっくり返し「餌がなくなりました。次の餌やりは2時です」と言いました。ヴィクターはそれを聞いて最初は嬉しそうでしたが、時間がよくわからないので、そのまま立ちつくし、餌やりをずっと待っていました。

このとき、付き添いの先生には次のような選択肢があります。

- 6人全員で2時まで待つ。これは簡単ではありません。どの子も待つのが苦手です。

- 2組に分かれる。1人の先生が他の3人の児童を連れていき、もう1

人の先生がヴィクターと一緒に待つ。しかしヴィクターは待つのが大の苦手です。すぐに良くない反応を示すでしょう。

- ヴィクターの手をつなぐように見せかけて、手首をつかみ、引っ張ってその場を離れる。ヴィクターは叫び始め、先生を蹴るでしょう。

- 「みんなでアイスクリームを食べに行こう」と言う。

　ヴィクターはアシカよりもアイスクリームが好きです。最後の提案は問題を解決するでしょう。しかし、多くの人は「これではヴィクターの良くない行動にご褒美を与えることになる」と考え、このような提案はなかなかできません。次回、ヴィクターはアシカから離れるときにアイスクリームを欲しがるようになる、ゾウから移動するときにもアイスクリームを欲しがる、しまいには動物園から出るためにもアイスクリームが要るようになる、そういうリスクがあるのではないか、ひょっとすると、翌日、学校でもアイスクリームがなければ先生に言われたことをしないのではないだろうか。

　しかし実際はこのようなリスクはありません。私たちの頭の中にあるだけです。アンディ・マクダネルは、これをカタストロフィ思考という思考障害の結果であると述べています。安易にご褒美を出せるなら、良い行動にもどんどんご褒美を出しているはずであり、結果的に日常の問題はなくなっているはずではないでしょうか（McDonnell, Waters, Jones 2002）。

　知的障害や神経発達障害のある子どもたちの場合、別なものを提示して関心をそらせると良くない行動を助長するのではないかと心配する必要はありません。むしろ挑戦的行動を避けるために注意をそらせるやり方はたくさんあります。あとは私たちが思い切ってできるかどうかです。この方法については後ほどまた述べます。

4. 行動の原因という概念

真意

「サービス・ユーザは、なぜさまざまな行動をとるのだろう」と考えるとき、私たちは自分の洞察力に頼りがちです。ある行動を目にして「もし自分がああいうことをするなら、その理由は何だろう」と模索します。

洞察力を用いるのは指導上、悪いことではありませんが、「私がかかわっているのは、特別な支援が必要な人である」と常に覚えておく必要があります。自分とは違う能力の持ち主であることを忘れないようにしてください。

ペーターは殺人未遂で懲役中です。19歳のときアパートを借り、支援スタッフの助けを受けながら暮らしていました。ペーターはアスペルガー症候群の診断を受けています。

支援スタッフは母親の承諾を受けた上で、ペーターの生活にルールを設けました。まず、飲酒をしない、そして1日2時間以上コンピュータゲームはしない。時間は厳守で、生活はかなり徹底して構造化されていました。

ある日、ペーターは怒っていました。1日に2時間以上ゲームができないことに苛立ち、スタッフともめたことは、それまでにも2、3度ありました。ルールを特に重視するスタッフが、ルールは絶対に変えられないとペーターに告げていました。夜になり、ペーターはスタッフの部屋に入り、スタッフの首を絞めました。ペーターが力の弱い子だったのは幸いでした。スタッフはペーターを振りほどき、警察を呼びました。

ペーターは司法精神医学に基づいたケアを受けることになり、アスペルガー症候群と挑戦的行動のある青少年を対象としたグループホームへの入所が決まりました。

その前にペーターは閉鎖的な精神科病棟に入れられました。適した

グループホームが見つかり次第、そこから移る予定でした。ペーター
は退屈で仕方がありませんでした。病棟はいつも静かでした。1人の
患者が荒れて走り回るときがありましたが、ペーターは黙っていまし
た。他の患者はひどく弱った状態で送られてきましたが、回復すると
すぐにもっと開放的な監房に移されていました。

　ペーターには身体的な痛みを感じにくいという特性があります。神
経発達障害のある人たちにはよくある特性です。ただ、ペーターの場
合、それが挑戦的に見える行動につながることがあります。病棟で退
屈なとき、ペーターは椅子に座って自分の爪をはがしていました。
まったく痛くなかったと本人は言っています。しかし、その行動のた
めに今後も精神科のケアが必要だと見なされ、グループホームに入る
ことはできなくなりました。「生活に耐えるために自分の爪をはがさ
なければならないなんて、私だったらどんなにひどい気持ちになるだ
ろう」とスタッフは思っていました。

　サービス・ユーザの立場に自分を置き、「もし私だったら、なぜあん
なことをするだろう」という洞察について、いくつかの例から考えてみ
ましょう。現実に対する見方を修正しやすくなります。私たちがかかわ
るのは、自分と同じような人ではなく、まったく違う見解をもった人た
ちなのです。

　ソフィーは 10 歳、アスペルガー症候群です。通常の小学校に通って
います。学校は田舎にあり、全校児童は 80 人です。ソフィーは他の
人の行動に自分を関連づけることがなかなかできません。例えば他の
子どもたちが教室を出るとき、行き先がわからないと、ソフィーは席
に座ったままでした。先生方が取り組んでくれたおかげで、今では他
の子どもたちと一緒に出ることができるようになりました。しかし教
室を出ても、みんなと同じ方向に行くとは限りません。家に電話をし
て「お母さん、どこにいるの？」と聞いたこともありました。ソフィー
は 1 人で立ちつくして母親の迎えを待っていたのです。午前 10 時

で、他の子どもたちは図工室に向かっていました。ソフィーはみんなが教室を出るのを見ていましたが、図工室ではなく、道路のほうに行きました。電話に出た母親は、今は図工の時間だから図工室に行かなければならないと説明しなければなりませんでした。

　ある日、気がつくとソフィーは教室に一人ぼっちでした。それまで何度もあったことです。外に出てみると、同級生たちが他の学年の子どもたちと長い列を作っていました。列の先頭には何人かの先生がいて、5人の児童が焚火でパンケーキを焼くのを手伝っていました。

　ソフィーはフライパンを持っていた友だちのペーターのそばに行きました。フライパンには長い柄がついていて、パンケーキが焼きあがるところでした。ソフィーは皿とフォークを見つけ、ペーターのフライパンからパンケーキを取り出しました。そして丁寧に「どうもありがとう、ペーター」と言うと、座って食べ始めました。

　その午後、先生はソフィーの母親と話をし、「どうしてソフィーは列に割り込みたかったのだと思いますか」と尋ねました。母親はこう答えました。「たぶんパンケーキが欲しかったんです」。

　友だちが何かをするとき、ソフィーにはその理由がわかりません。ソフィーはこのようなことについて本を書いています。デンマーク、スウェーデン、イギリスで出版されました。題名は「わたしのことがわかる？（"Do You Understand Me?" Brøsen 2008）」です。パンケーキのエピソードで、ソフィーはどうしてみんなが長い列を作っているのか理解できませんでした。焚火、パンケーキ、子どもの長い列、これらの関連がわかりませんでした。ソフィーは「同じクラスの子たちは、いろんな変わったことをするの」と言っています。

　ソフィーがパンケーキを取って食べたとき、彼女の真意は何だろう、私だったらどうだろう、と先生は急いで考えました。そして「周りを刺激して、コントロールしたかったからではないか」という結論を出しました。しかしそれは当たっていません。ソフィーの行動の理由はほとんどが非常に単純だからです。

ソフィーを始め、神経発達障害のある人たちの多くには、次の原則が適用できます。

その人の真意は、私たちの考えよりも、行動そのものに近い。

　他者の真意を理解するには、非常に高度な共感力が必要です。私たちはサービス・ユーザよりも物事の因果関係を理解する力に秀でているでしょう。自分の行動が他者にどう影響するのかもわかります。しかし、だからと言って、自分を基準にしてはいけないのです。

　神経発達障害や知的障害がある人も、周りを操作しようとすることはあります。私の経験では、それはスタッフや親を最も苛立たせる行動の1つです。相談でこの話が出たとき、私はたいてい「操作されるようになってどのくらいになりますか？」と尋ねます。ほとんどの場合、答えは1日、2日ではなく、少なくとも1週間以上です。教育やケアの現場で働くスタッフがサービス・ユーザに「操作されている」と認めることに対して、私は疑問を感じます。操作されるために賃金をもらっているわけではないでしょう。さまざまな方法を使って、サービス・ユーザの行動を導くのが仕事のはずです。

　スタッフをイライラさせるということは、サービス・ユーザの操作力が乏しい証拠です。人間関係では良い意味でコントロールができると、操作する側もされる側も満足し、操作という言葉自体が見えなくなります。しかしサービス・ユーザにその力はありません。

　クリスティーナは自閉症です。現在48歳で、他の2人のサービス・ユーザとグループホームで暮らしています。クリスティーナは自分のスタッフの当番を知りたがります。自分の担当が誰になるのか前もってわかるからです。スタッフが病欠のときには当番表通りにならないので怒ります。解決策として、事前に当番を知らせないことにすると、クリスティーナは前よりも落ち着いて日常生活を送ることができるようになりました。

それでもクリスティーナは担当を何とか探ろうとします。そのたびにスタッフは「今日はもう当番のことは話しません。でも大丈夫ですからね」と言い聞かせます。

　ある日、クリスティーナはスタッフの答えに納得せず「金曜日のお料理は誰がするの？」と尋ねました。情報を入手するための操作です。もちろんスタッフはお見通しで、質問には応じません。

　別な日、クリスティーナはどうしても外食をしたくなり、スタッフにこう言いました。「金曜日の夕食はみんなでレストランで食べるの」。スタッフが「誰と決めたの？」と聞くと「明日エバと決めるの」と答えました。これもまた、クリスティーナなりのスタッフ操作法ですが、あまりにぎこちないやり方です。

　これに腹を立てるとすれば、それは、クリスティーナが周囲を操作しようとしているからではありません。このようなことは私たちもします。ただ、あまりにも見え透いたやり方なのでイライラするのです。

　他者をうまく操作するには、その人の考え方に自分を置き換える力が必要です。相手の反応や誘発される行動を予測できなければなりません。十分な共感力がなければ、操作は非常に稚拙になり成功しません。

　うそも同じです。ある親御さんから「ADHD の息子が、うそばかりつく」と相談を受けたことがあります。どのくらいうそをつくのかと聞いてみると、1週間に数回とのことでした。息子さんは 14 歳でした。あなたは自分が 14 歳だったときのことを覚えているでしょうか。私はその頃、かなりうそをつきました。精神分析では十代の頃にうそをつくのはそれなりの理由があると考えます。十代は自分のアイデンティティを発達させ、自己と他者の区別をつける時期だからです（Tosone 2003）。

　しかし ADHD の子にとって、他の 14 歳の子どもたちと同じくらいうそをつくのは不可能に近いと言えます。たくさんうそをつくには、まず、うそをつくのが上手でなければなりません。そして、相手が何を知っているのか、うそを見破ることができるかどうかを見極める力も要ります。つまり、ここでも高い共感力が必要になります。ADHD の子

の共感力は高くはありません。自閉スペクトラム症や知的障害では、さらに低くなります。うそがすぐにばれてしまうのも当然です。

　神経発達障害の人が、ほどほどのうそをついたり、誰かを操作しようと試みるなら、その人は共感力を使おうとしているわけで、私はむしろ褒めるに値することだと思います。私はよくこう言います。「もし、きみが僕を操作しようとするなら、もっと上手にしなくちゃだめだよ。例えば、……」。そして例を挙げるのです。こうして共感性が育まれることもあります。

動機付け

　神経発達障害のあるサービス・ユーザにかかわるとき、「この人にはやる気がない」と思うことが多いでしょう。「新しいことをしたがらないから、担当するのが難しい」と言うスタッフもいるでしょう。特別支援学校には学習に対する意欲がない子がいます。何かの依存症になっている ADHD の十代の子は治療を受ける気がないかもしれません。

　サービス・ユーザのやる気のなさは、スタッフや親にとって問題です。しかし、本人には必ずしも問題だとは限りません。意欲を示さないのは、周りからの要求への対処であることが多いのです。「やる気を出したら、参加しなければならない。参加すればストレスになる」と考える人がいます。一方、これまで何度も失敗をしたため、積極的に何かに取り組んでも無駄だと感じ、それがやる気のなさにつながっているケースもあります。

　前にも書いた通り、担当しているサービス・ユーザが動こうとしないと、スタッフは自分を無力のように感じ、誰かを責めたくなります。そして問題を他の人のせいにすると、自分の影響力を発揮する可能性を失います。教育やケアの現場ではさらに力を失うことになりかねません。親のせいにすることについては前章で述べましたが、それと同じくらい頻繁に、私たちはサービス・ユーザのせいにしがちです。「あの人はやる気がないから」と考えるのもそうです。

　意欲の低下をサービス・ユーザの発達障害のせいにするのは問題で

す。教育やケアの仕事の責任をまるごとサービス・ユーザに投げること
になります。そのような責任を負えるとは思えない人にそうするのは、
非常に卑怯な行動と言えるでしょう。要支援の基準を満たしている人を
前に、自分の無力感を取り除く方法を見つけていないだけではなく、職
務の結果を正しく出せないことに対する言い訳探しをしているのと同じ
です。そしてこの姿勢こそが、非効率的な対処法の温床になっていま
す。責任を担うのは良いことというより、この分野で働く私たちにとっ
て絶対に必要なことなのです。適切な方法を編み出すためにもそれは不
可欠です。

　「あの人にはやる気がないから」と言って、自分の責任をサービス・
ユーザに押しつけると、私たちには次のような問題が生じます。

- 　自分の影響力を行使する可能性を失う。結果として力も失うことにな
  る。

- 　自分の無力感が増す。結果として、燃え尽きてしまうリスクも増す。

- 　適切な方法を開発する可能性が制限される。

- 　サービス・ユーザの発達上の問題を固定的に考えてしまう。サービ
  ス・ユーザに「このスタッフは役に立たない」という印象を植えつけ
  る恐れもある。

　「この人にはやる気がない」と感じるのは、自分のやり方が不十分だ
というサインだと思ってください。もっと良い方法を考えていく必要が
あります。スウェーデンの心理学者、ペル・レヴステットは、もしサー
ビス・ユーザに意欲が出れば、仕事の半分は終わったも同然であると述
べています。療育や心理療法の大部分はいかに本人のやる気を引きだす
かにかかっており、やる気に関する責任は常にスタッフの側にあるとさ
え主張しています。繰り返しますが、責任を自分で負ってこそ、私たち

はサービス・ユーザに影響を与えることができるのです。そして、それが仕事における力の再生につながるのです。サービス・ユーザのせいにするのは、現在のやり方を十分に行使していない証拠にしかなりません（Revstedt 2002）。

頑固さと柔軟性

親御さんやスタッフから「あの子 / サービス・ユーザは、すごく頑固で、一緒に何かをするのが難しい」という話をよく聞きます。これに対して私は通常、直ちに対処することにしています。「頑固」という考え方にはいくつかの問題があるからです。これはサービス・ユーザへの対応において非常に危険な概念なのです。

> ADHD の**アンジェリカ**は養護施設で暮らしながら、特別支援学校に通っていました。アンジェリカには好きなことがいろいろありました。特にドレスと音楽に興味があり、ストローで牛乳を飲むとき、ブクブクと泡を立てるのも好きでした。
>
> 2006 年のある日、アンジェリカは学校で他の子どもたちと座っておやつを食べていました。ストローで牛乳をブクブクと吹き始めると先生に「やめなさい」と言われました。「やめます」とアンジェリカは答えました。「もうちょっとしたら。今、終わるとこだから」。ADHD の子どもによくあることですが、アンジェリカにも強迫的なこだわりがあり、一旦ブクブクを始めたら、9 回しなければならないと決めていました。
>
> これに対して先生は強い姿勢を示しました。アンジェリカは先生に叱られると、前よりも速いスピードでブクブクを続けました。先生はグラスを取り上げました。アンジェリカは非常に腹を立て、先生の脛を蹴りました。先生はアンジェリカを押さえつけ、床にねじ伏せました。アンジェリカは先生を蹴り、唾を吐き、叩いていました。数人の先生がやってきました。15 分後、アンジェリカは落ち着き、泣き始めました。先生方はアンジェリカを放し、それでこの件は終わりました。

しかし同じことが、時には週に数回も起こりました。先生方はアンジェリカにストローを与えないことにしました。するとアンジェリカは直接グラスに口をつけてブクブクを始めました。先生方はそれを「頑固で、イライラさせる行動だ」と話し合い、「アンジェリカは状況を支配しようとしている」と見なしました。

　2006年のある火曜日、いつもと変わらない日でした。アンジェリカはまた牛乳をブクブクと吹き始めました。先生が止めると、アンジェリカは「あとちょっとでやめます」と答え、ブクブクを続けました。先生はグラスを取り上げ、アンジェリカは先生を蹴り、唾を吐き、叩きました。先生はアンジェリカを押さえ、落ち着くまで抱きしめました。しかし、その日、アンジェリカは泣き出しませんでした。声が聞こえず、顔色は青く、ぐったりしていました。先生は救急車を呼びましたが、アンジェリカは翌日病院で息を引き取りました。7歳でした。

　これは実話です。アンジェリカの姓はアルントです。彼女は2006年の5月に亡くなりました。2007年の3月、担任の先生は故殺罪（一時的な感情による殺人）の判決を受け、禁固60日を言い渡されました。学校側には10万ドルの罰金が科せられ、学校は閉鎖となりました (Harter 2007)。

　この先生がとったような拘束は、かなり一般的に行われています。スタッフが何かを要求する、サービス・ユーザがそれを拒む、スタッフは要求を続ける、サービス・ユーザは逃げようとする、スタッフは要求を続ける、サービス・ユーザはスタッフを殴ったり蹴ったりする。その後、サービス・ユーザは押さえつけられ、状況説明は「サービス・ユーザからのいわれのない暴力に対応した」となるのです。

　アンジェリカは頑固な子ではありませんでした。場を仕切ろうなどと思っていませんでした。ただ柔軟性が非常に弱い女の子でした。これが「頑固」という概念の2つ目の問題です。

　柔軟性の欠如は、自閉スペクトラム症の診断基準に含まれているだけ

ではなく、ADHDやトゥレット症候群、知的障害の人たちにもよくある特性です。特にダウン症の人たちに顕著です。ですから、私たちはもう「頑固」という概念を使わないことにしようではありませんか。柔軟性の弱さはサービス・ユーザであるための前提条件とさえ言われるのです（Autism: World Health Organization 1992, ADHD; Kadesjö 2001; intellectual disabilities: Wehmeyer 2001.）。

　柔軟性の弱さは、強迫的なこだわり行動に関連します。そして、私たちにも当てはまるところがあります。こだわり行動の経験は誰にでもあるはずです。10歳の頃、歩道の線を踏まないというルールを決めて歩いたりしませんでしたか。大人になっても、外出しようとして、コンロを消したかどうか確かめに戻るなど、ストレスの高い状況では強迫的な行動をとる人は大勢います。

　柔軟性の弱さは多くの人たちに見られる特性です。私たちは自分自身の柔軟性を問われる場面に遭遇することもあるのではないでしょうか。

　キャルは10歳です。診断を受けておらず、他の10歳の子どもと比較して何の問題もありません。いわゆる、まったく普通の子です。キャルはプレイステーションが大好きです。自分の部屋でプレイステーションをしていると、ときどき母親が入ってきて「もう、ごはんだからやめなさい」と言います。キャルは「すぐに行くから。ちょうど、このレベルが終わるところなんだ」と答えます。

　あなたは素敵なレストランにいます。注文したのは「牛肉のフィレ、ペッパーソース付き、野菜添え」。それに合う上等の赤ワインもあります。あなたは肉を一切れ口に入れ、ゆっくりと噛んで楽しみます。その後、ワインも口に含み、舌の上で転がすように味わいます。そのとき、ウェイターがやってきてこう言います。「申し訳ございませんが、すぐにお帰りいただかなければなりません。こちらのテーブルは別なお客様用ですので」。あなたはどんな気持ちがしますか。どう反応するでしょうか。身体的な不快感と共に怒りでいっぱいになるはず

です。

　私は長年ずっとグレーのウールのロングコートを着ていました。1978 年に父の上司からいただいたものでした。当時、数個の帽子を持っていましたが、そのコートは色といいスタイルといい、どの帽子にもぴったりでした。自分ではそれを着るとかなりハンサムに見えると思っていました。2005 年のクリスマスまで私はそのコートを愛用していました。一方、パートナーのスーザンは、そろそろコートの替え時だと考えていたようでした。クリスマスイブに、私はスーザンから大きなプレゼントをもらいました。喜んで包みを開けると、それは私のコートとは似ても似つかないジャケットでした。革のような素材で丈は短く、ずっとモダンな印象でした。まったく予想外だったので、私はちょっと戸惑いました。それが顔に出たようで、スーザンはこう言いました。「あのね、何か言うときには、10 分待ってからにしたほうがいいわよ。10 分待つと慣れるから」。そしてその通りでした。実際にジャケットを着て鏡を見てみると、いい感じでした。前のコートは見るからに古く、時代遅れでした。

　以上の３つのエピソードに出てくるのは、柔軟性に問題のない、ごく普通の人たちです。それでも、柔軟性が試されるような場面では皆、不安を感じるのです。まして、柔軟性が弱い人たちの不安はどれほど大きいでしょう。サービス・ユーザの多くは、柔軟性を求められても周囲が期待するようには対応しないでしょう。プレイステーションで遊んでいるとき食卓に行くのを拒否するのは、不安回避の一手段です。もしサービス・ユーザが不安を避ける方法を見つけたら私は嬉しいです。私の仕事はずいぶん楽になるはずです。問題はスタッフが「自分はこの人を管理できない」と感じることです。これについては先に述べました。
　「頑固」という視点から生じる３つ目の問題は、「この人が頑固だから困ったことになる」という考え方です。これでは責任をサービス・ユーザに負わせることになります。「この人が変わらないと、自分は仕事が

できない」と思うのは、サービス・ユーザやその人の意欲不足をあげつらうのと同じで、ずるい考え方です。繰り返しますが、指導やケアの仕事の責任をサービス・ユーザに押しつけてはいけないのです。私たちは自分で責任をとらなければいけません。そう考えると、私たちの視点はサービス・ユーザの意志ではなく、能力へとシフトします。すると要求やニーズの見直しができるため、サービス・ユーザに良い影響を与えられるようになるのです。責任を担うと、仕事の調整が可能になり、サービス・ユーザは柔軟性の足りなさを克服できるようになっていきます。実際にどうすればよいのかは、第3章を読んでください。

　柔軟性がないと大きな不安がつきまといます。私たちはそれを見落とすことがあります。準備ができていないことを要求されたとき不安が生じて、つい「いや」と言ってしまう人は多いのです。そのような場合の「いや」は、私たちが使う「いや」とは違い、しばしば「あと10分待って」という意味合いがあります。準備ができるようにしてあげると、たいていうまくいきます。

　柔軟性の欠如には不公平感もかかわっています。柔軟性が弱い人たちの多くは、その不公平感や被害意識のせいで、困った状況が未解決のままになっているような感覚にとらわれます。

　ヨシュアは16歳です。これまでずっと孤独でした。ところが2カ月ほど前、何人かの友だちができました。そして集まっては、年齢を偽って買ったビールを飲んでいました。ヨシュアは姉と両親と小さな町に住んでいます。父親は市政機関に属する建築家で、母親は医者として保健センターに勤務しています。以下の出来事が起こったのは父親がアメリカに出張しているときでした。

　その日、ヨシュアは夜に友だちと集まることにしていましたが、お金は持っていませんでした。そこでヨシュアは店に行き、ウオッカを1瓶つかむとそのまま走り去りました。町の中を200メートルほど走ってから、ゆっくり歩き始めました。

　あと少しで家に着く頃、パトカーが近づいてきました。警官が車の

窓を開け「ヨシュア、どうして店のウオッカを盗んで逃げたの？」と尋ねました。ヨシュアは何と答えてよいのかわからず「どうして僕だってわかったの？」と聞き返しました。警官は「みんな、きみのことを知ってるんだよ。ウオッカを盗むなら、別な町でしないとな」と言いました。

　ヨシュアは警察署に連行され、母親が迎えに来ました。母親は怒っていました。警察に迎えに行くのがどれだけ恥ずかしくて、いやだったか、母親は帰り道ずっとヨシュアに言い聞かせていました。途中、さきほどの店を通ったとき、ヨシュアは「お母さん、ウオッカ買ってくれる？　夜に友だちが来るんだ。お酒用意しておくって約束したから」と言いました。母親は激怒し、こう言いました。「お酒なんか、絶対に買うもんですか。それから、今夜は友だちに会わない。盗みをしたら、結果がついてくるのよ」。

　ヨシュアはそれから 2、3 日は静かにしていました。母親はまだ怒っていました。これ以上波風を立てないように気をつけていなければならないことをヨシュアは理解していました。1 週間後、もう大丈夫だと思ったヨシュアは、夜にまた友だちを誘いました。ヨシュアは 1 階に行き、母親に「20 ポンド貸してくれる？　夜に友だちが来るんだ。ポテトチップとソーダを買うって約束してるから」と頼みました。母親はヨシュアの言うことを信じません。「ビールを買うつもりなんでしょう。お金は貸さない。これからずっと貸しません。あなたはウオッカを盗んで、町中に知れ渡って家族みんなに恥をかかせたのよ。もうお金は一切貸さない。今夜友だちと会うのもだめです」。

　ヨシュアは不当だと思いました。ウオッカを盗んだ日、友だちに会わせてもらえなかったのだから、すでに罰を受けているし、まるまる 1 週間おとなしくしていたのにと考えました。ヨシュアは友だちに電話をしてビールを持ってくるよう頼みました。

　その夜、友だちはヨシュアの母親に見つからないように窓から入ってきました。母親は 1 階でドラマを見ていました。しかし 16 歳の男の子が 2 階の部屋に 5 人集まり、水タバコを吸ったりビールを飲ん

でいて気づかれないわけがありません。彼らはそこまで考えませんでした。母親は2階に上がり、荒々しくドアを開け、友だちを追い出し、大声でヨシュアを叱りました。ヨシュアも怒っていました。前のことはもう償ったのにお母さんは不公平だと思ったのです。母親は堪忍袋の緒が切れてヨシュアの頬を平手打ちしました。

　そんなことは初めてだったのでヨシュアは呆然としました。その後、ヨシュアは「おやすみ」と言ってベッドに入りました。母親は自分の部屋に行き、泣きながらヨシュアの父親に電話をしました。

　翌朝、ヨシュアが台所に下りていくと、母親は朝食をとっていました。ヨシュアはこう言いました。「ウオッカを盗んだのは認める。だから友だちに会わせてもらえなかった。でも友だちを呼んだ。そしたらお母さんは僕を殴った。これで引き分けだろ？」

　「引き分けなわけないじゃない」と言った母親にヨシュアは何をしたでしょう。ヨシュアの頭に浮かんだのはただ1つ、母親の頬を平手打ちすることでした。

　それから2、3日経って、私はヨシュアと少年鑑別所で面会しました。「どうしてここにいると思う？」と聞くとヨシュアはこう答えました。「よくわからないけど、親に殴られたからかな」。

　母親に平手打ちをされた翌朝、ヨシュアはまだ落ち着かず、漠然とした不安にさいなまれていました。そしてその不公平感を解消するために、精一杯のことをしました。ただ、それは母親にとってまったく予期しないことだったのです。

　ジョンは12歳、アスペルガー症候群とADHDがあり、特別支援学校に通っています。ある日、午前の休み時間に9歳の男の子がジョンの帽子を奪い、仲間のところに走り去りました。数分後、ジョンが何とか奪い返すまで、その子どもたちは帽子を投げ合って遊んでいました。

　昼休み、ジョンは野球のバットを持って外に出ました。そして帽子

を奪った子が砂場で遊んでいるのを見つけると、バットでその子の顔を思い切り殴りました。なぜそんなことをしたのかと聞かれてジョンは「ああすれば、もう帽子を取るのをやめるかもしれないから」と答えました。その子はおそらくもう取らないでしょうが。

　ジョンもヨシュアのように不公平感を解消しようとしました。不公平が解消されると不安が最小限になるからです。恨みをもちながら日常生活を送るのはつらいのです。もし誰かと衝突しても、問題が解決すれば恨みは残りません。また、ジョンとヨシュアは何かしてしまったとき、とにかく早く許してもらおうと焦ります。それは不公平な状態から逃れるためです。「あの子は何でもすぐに言い訳する。本当に悪いとは思っていなくて、ただ謝れば許してもらえると思っている」と言う親御さんやスタッフもいます。

　「行動できる人は、行動する」という視点で見ると、ジョンやヨシュアが自分の行動をコントロールしないのは、何かできないことがあるからです。それは不公平感に耐えることだろうと思います。彼らはまず自分の行動で不公平をなくしてから前に進もうとします。一方、身近な人たちには、彼らの行動を本人なりの不安対処法として受け入れる姿勢がありません。ジョンもヨシュアも実際は不安を減らそうとしてしたことなのです。

　もちろん、それは言い訳にはなりません。しかし彼らの行動が不安に対処するためだったと考えると、責任は身近な人たちにあると言えます。養育環境を見直すかどうかは、私たちにかかっているのです。精神病質や共感性の欠如だけを指摘する人もいるでしょうが、それでは子どもに責任を課すことになります。ジョンとヨシュアには、責任を負って自ら環境を改善させることなど、おそらくできません。責任は私たちにあると考えましょう。そうすれば、サービス・ユーザに不公平感が生じたとき、どうしたら不安を減らせるのかを検討できます。

　アンドリューは12歳、特別支援学校に通っています。ウィルという

親友がいて、休み時間には必ず一緒に遊びます。ある日、何かがきっかけで2人は休み時間に仲たがいをしてしまいました。先生が介入したときには喧嘩寸前でした。教室に戻る途中、先生はアンドリューがウィルにこう言っているのを聞きました。「席が隣で良かったよ。先生が見ていないとき、殴ってやるからな」。先生は学校で喧嘩や脅しをしてはいけないと言い聞かせました。アンドリューは「そんなの無理だ。だって休み時間のことはすごく不公平だったから」と言いました。

その結果アンドリューは、「算数の教科書を持って校長室に行きなさい。そこで勉強しなさい」と言われました。アンドリューはどうってことないと思いました。勉強が終わった後、これから何をするのかと校長先生に聞かれてアンドリューは「ウィルを叩きのめしに行く」と答えました。「それはいけないね。じゃあ、こういうのはどうかな。もし休み時間にウィルを殴らなかったら、きみはここに来て、チョコレートをもらう」と校長は提案しました。

アンドリューは提案を受け入れました。そして次の休み時間、ウィルとトラブルなく遊びました。結局2人は親友なのです。その後、アンドリューは校長室に行き、チョコレートをもらいました。校長が「これから何をするの」と尋ねると、アンドリューは「教室に行ってウィルを叩きのめす」と答えました。

それから2日間、アンドリューは校長室で自習をしました。そして休み時間ごとに約束のチョコレートをもらいました。しばらくするとまたウィルを叩きのめすことにこだわるのですが、休み時間になると仲良く遊んでいました。

2日後、ガイダンスのための面談がありました。アンドリューは校長室に呼び出されて「どうしたらウィルを殴りたいと思わなくなるかな」と聞かれました。アンドリューには解決策がありませんでした。校長は次のような方法を伝えました。まずウィルがクラスの人数分のクリームパンを買いに行き、1個そこで食べる。その後、アンドリューがクラス全員にクリームパンを配る。そのときウィルにはあげ

ない。「それでおあいこだ」。アンドリューは納得して、この方法はうまくいきました。アンドリューとウィルは仲良しのままです。不公平が解消できたからです。

　アンドリューは柔軟性が非常に弱く、仲たがいをしたときの不公平感は丸2日続きました。解決法は2つあります。天秤の軽いほうに重りを置く、あるいは重いほうから重りを取り除く。アンドリューは軽いほうにもっと重りを置いて問題を解決しようとしました。一方、校長は重いほうから重りを減らす方法をとりました。その結果、バランスは修復され、アンドリューは解放されました。このケースは、子どもが抱える困難を考慮し、指導方法を調整してニーズを満たした例です。

まとめ
———

　衝突せずに問題解決を行うには、サービス・ユーザと私たち自身の行動に対する概念をいくつか変える必要があります。概念には私たちの子ども時代から根を張っているものが多く、行動背景への一般的な誤解や、「人間は平等だから、どの人にも同じ方法を使うべきだ」という思いに基づいているものもあります。

　このような誤った概念はコントロールの問題に関連していることがあります。サービス・ユーザが私たちを信頼するには、まず彼らが自分自身をコントロールする必要があります。しかしそこを考えず、「どんな状況でも私たちには支配権がある」と思っていないでしょうか。挑戦的行動や指導方法についても同様です。「サービス・ユーザが私たちを操作しようとしている」、「一貫した方法や罰は不可欠だ、効果的だ」といった誤解があります。

　一般的な指導法の多くは、中枢性統合に障害があるサービス・ユーザに無効です。彼らの生活を改善するには特別な指導法が必要です。

第3章 要求の調整

Adjustment of Demand

　教育でも介護でも特別な支援の仕事とは、端的に言うと「できるだけ高い機能レベルに到達できるように、要求を持続的に調整し、さりげない操作を行うこと」です。一方、介護士や学校の先生、心理士の中には、自分の子ども時代の経験から「できるだけ高い機能レベルに到達できるように、適度の、または最小限のプレッシャーをかけること」と考える人もいます。これら2つの見解は実は正反対ではなく、私はむしろ同じだと思います。要求の調整には適度の、あるいは最小限のプレッシャーが含まれます。それによってサービス・ユーザは求められた行動をとるのが可能になります。ノーと言う権利は状況にかかわらず誰にでもあります。サービス・ユーザが自ら進んでイエスと言えるようになることがスタッフの任務なのです。

　要求の出し方が適切で、要求内容が過剰でなければ、サービス・ユーザはうまく実行するはずです。出し方や内容が不適切だと実行は困難になります。柔軟性が乏しいサービス・ユーザを担当する場合、要求の調整方法を知っておくことは必須です。自閉症の人たちには特に重要ですが、要求の調整は総じて効果的です。サービス・ユーザ本人はもちろん、親御さんやスタッフの日常生活も楽になるはずです。

ハッサンは12歳、養護施設で暮らしています。母親から性的虐待を受け、家で生活を続けるべきではないと判断され、入所しました。ハッサンはNLD（非言語性学習障害）と診断されています。

施設での仕事の1つに馬の水やりがあります。まず、塀で囲まれた牧草地に入り、水道の元栓を閉じます。次に牛舎に行き、そこの蛇口を開けます。その後、牧草地に戻り、元栓を開けます。水桶がいっぱいになったら、元栓と蛇口を順番に閉めます。最後にまた牧草地に行って、牛舎間の水道管が凍結しないように元栓を開けておきます。これはかなりの労働です。

12歳の子どもは皆そうですが、ハッサンにも怠けたくなるときがあります。ハッサンは、牛舎の蛇口を開けてから牧草地に行っても問題がないことに気づきました。水桶があふれる前に急いで止めに行けばいいのです。そうすれば牛舎と牧草地の2往復が省けます。

ある日、牛舎の蛇口を開けた後、ハッサンは農場のネコが何匹もの仔ネコといるのを見つけました。そして、座って仔ネコを抱いているうちに時間を忘れてしまいました。15分後、ハッサンは水が出しっぱなしになっているのを思い出し、慌てて蛇口を閉めました。それから牧草地に走っていくと、そこら中、水浸しでした。これがどんなにたいへんなことか、ハッサンは知っていました。ぐしょぐしょになった土を全部取り除き、水桶の周りに砂利を敷き詰めなければなりません。ハッサンは同じところをぐるぐると歩き回り、大きな声を上げ始めました。不安やストレスがあるときの行動です。

スタッフのロブがハッサンの声を聞き、牧草地までやってきました。牧草地は浸水し、ハッサンはストレスに圧倒されていました。ロブはハッサンから目をそらし、水桶の周りのものをいくつか手に取り、こう言いました。「スコップと手押し車を持ってきてくれるかな。そうしたら、一緒に直せるから」。ハッサンはその場で1分ほどうろうろとしていましたが、その後、歩き去り、スコップと一輪車を見つけて戻ってきました。

ロブは適切な要求を適切な形で出すことで、状況を解決に導きました。ハッサンは自分がずるいやり方をしたとわかっていました。それがごまかせないほど明らかで、余計な作業を招いたことも、ある程度認識していました。ただ、ずるいことをしたという事実にハッサンはどうしたらよいのかわかりませんでした。「ハッサンはもう十分つらい思いをした」とロブは考えました。それはロブの行動からうかがえます。ロブはハッサンの注意を、してしまった過ちから移し、ストレスと状況から脱出する機会を与えました。つまり、難なく従えるような要求を出したのです。

　もしロブがハッサンの過ちを指摘し、1人で後片付けをしなさいと命じたら、おそらく諍い（いさか）いが生じたでしょう。ハッサンと対立して、恥ずかしい思いをさせる代わりに、ロブは「するべきことに一緒に集中しよう」という姿勢を示しました。作業を始めて30分後にはすべて元通りになりました。ハッサンは水の処理について学んだはずです。さらに、ロブへの信頼も高まりました。全面的に良い解決法だったと言えるでしょう。

1. 要求の調整方法

　スコップと一輪車を持ってきなさいという要求は、さまざまな形で出せます。ロブが選んだ方法を私は「プレッシャーなしの要求」と呼んでいます。私たちが自由に使える方法は他にもまだあります。

構造化（関係する要素や情報を整理し、それらの関係性をわかりやすくすること）

　要求を調整する典型的な方法です。ただし、実際にどのような構造化が良いのかをよく理解しておく必要があります。そうでなければ、スタッフや親にとって楽な方向に偏りがちになってしまいます。構造化とは、サービス・ユーザの中枢性統合の弱さを補い、助けとなるべきものです。ですから、サービス・ユーザが構造化に対応できない場合は、決

して強制してはいけません。無理強いしなければならないようなら、それはスタッフ自身がその構造化に適応できていない証拠です。サービス・ユーザがやる気がないからでも、頑固だからでも、手ごわいからでもありません。

　構造化がなされていると先のことが予測できるようになります。サービス・ユーザは安心し、セルフコントロールを維持しやすくなります。

　　エロールは19歳です。通常の学校へ通っていましたが、15歳の頃、登校を拒否するようになり、家でコンピュータゲームをして過ごしていました。その後、青少年の精神科病棟に入院し、2カ月ほど経ってアスペルガー症候群と社会不安障害と診断されました。私が地元の専門家から連絡を受けたのはエロールが18歳のときでした。アスペルガー症候群の青少年を対象にした学校附属のグループホームに入れたいが、エロールの動機付けが課題になっているとのことでした。入所理由の1つは、母親の引っ越しでした。エロールが成年（スウェーデンでは18歳）になったため、母親は住宅手当を受け取れなくなり、当時住んでいたところの家賃が払えず、もっと小さな住居へ移ることになっていました。

　　まず私が行ったのは課題の変更でした。ただ説得するだけではエロールは動かないでしょう。私は福祉課と協力して確実に引っ越しができるようなスケジュールを組むことにしました。最初の準備として、エロールとグループホームについて2度話し合う予定を立てました。グループホームとはどんなところなのか、日課はどのようなものかを知らせました。次にグループホームの見学と最終的な引っ越しのスケジュールを決めました。入所後1週間は母親も一緒に宿泊すること、その後、母親は帰宅し、自分の引っ越し準備をすることも話しました。

　　私たちは次善策も立てました。上記の計画がうまくいかなかった場合、一段階下がって、再度進めることにしました。

　　実際は、すべて計画通りに進みました。エロールは引っ越しをいや

がりましたが、母親が移り住むところには自分の部屋がないと知って
グループホームへの入居を受け入れました。私たちが立てた計画にも
納得した様子を示し、スムーズに実行しました。見学を行い、母親と
宿泊する週までは問題ありませんでした。

　ところが母親が帰宅すると、エロールは少し驚いていました。母親
は家に帰ったとたん、エロールから「駅に迎えに来て」というメール
を受け取りました。母親は車で帰ったのですが、エロールは自宅に戻
るために電車に乗ったのです。エロールは、丸3年、外出していま
せんでした。それなのに1人で駅へ行き、切符を買い、電車で400
キロ移動し、運転して帰宅した母親と同時刻に駅に着いたのです。

　福祉課からすぐに私に電話がありました。担当者は、これまでの計
画が台無しになったと思い、がっかりしていました。私は彼女をなだ
め、一段階戻って、また計画を進めようと話し合い、1週間後に新た
な日を設けることにしました。母親は引っ越し準備を終えて家を空
け、私たちはエロールをグループホームに連れていきました。エロー
ルは非常に協力的で、今度はグループホームに留まりました。母親が
引っ越してから2週間後、元の家を訪れたエロールはそのとき、はっ
きりと、グループホームが自分の家なのだと理解しました。現在、エ
ロールは月に1度、母親のところで週末を過ごし、また1人で電車
に乗ってグループホームへ戻ってきます。

　この計画では母親の引っ越しが動機付けとなり、エロールはグループ
ホームへの入居を自然なこととして受け入れました。構造化ではこれが
非常に重要です。知的障害のある人は、構造化の裏の意味を知らなくて
もよいことがあります。構造化がなされているだけで十分かもしれませ
ん。一方、比較的高機能の人たちに構造化を用いて動機を高める場合
は、論理を要することが多いです。いやがるサービス・ユーザに動機付
けを行うことなく、構造化を強いるのは虐待と同じであり、人権侵害に
当たります。難しいことを手助けするために構造化を利用するのが良い
介入です。構造化は不安を鎮めますが、使い方によっては不安を促進さ

せてしまいます。

「一緒だよ」という経験

スウェーデンの作家、ヨナス・ガーデルは小説「ジェニー」の中で昔のジョークを引用しています。2つのトマトが道を渡っていたとき、突然トラックが来て1つがタイヤの下敷きになりました。もう一方のトマトは戻ってきてこう言いました。「さあ、ケチャップ、行こう」。

ガーデルは、違いを受け入れることを述べるためにこの話を織り込んでいます。「きみが今までとは違っていても、何かが起こって変わってしまったとしても、それは問題ではない。とにかく、僕はきみといたいんだ。僕ときみに変わりはないんだし、僕たちは一緒なんだから」。この解釈は素晴らしい見識に満ちています。さらに、私はもう1つ小さな真実も含んでいると思います。一緒に行ってくれる人がいれば、行きやすくなるのです。「さあ、ケチャップ、行こう」と言われれば、腰を上げやすくなりませんか。

「一緒だよ」を伝える方法として視覚支援も有効です。「行きませんか？」とか「行かなくちゃ」ではなく、抵抗しがたい誘いかけが「一緒に行こう」なのです。第1章で、同意が苦手な特性について述べましたが、視覚支援はその点も補う役目を果たします。

ガーデルのケチャップ効果は、日常生活で繰り返し起こる小さな場面で力を発揮します。

スウェーデン、マルメ市の学校では、子どもたちが休憩時間の後、なかなか教室に戻らないという問題を抱えていました。先生方はほとんど毎回、教室のそばに立ち、子どもたちの間で人気があって、かつ先生の言うことをよく聞く子を呼んでいました。その子を教室に入れると、他の子どもたちも続くからです。

このやり方は、先生と子どもたちの間に「私たちと彼ら」というような二分した雰囲気を作り出していました。子どもたちは、自ら進んで教室に入るわけではありません。先生方にとってこれは大きな不満

になっていました。

　私たちは別な方法を紹介しました。先生がサッカーをして遊んでいる子どもたちのところに行きます。そして 20 秒ほど待ってから、「さあ、中に入ろう」と言って歩き始めます。すると、子どもたちは全員、何のトラブルもなく後についてきました。「私たち」という実感も育まれ、先生方の不満は軽減されました。

「私たち」に自分が入っていると感じると、子どもたちは期待や指示に応えやすくなります。マルメの学校で私たちが行ったのは、リーダーシップの移行です。児童の下に先生がいるという序列を変えたのです。それによって、先生を操作するような子どもたちの姿勢はいくらかでも改善しました。これもまた、全面的に良い結果をもたらしました。

時間

　時間を用いて要求を調整する方法は、特別支援教育で普及しています。特に、次の活動への移行の際によく使われています。

　クリスティアンは 8 歳、ADHD です。外にいるのが好きで、庭でよく一人遊びをしています。食事の時間になっても家に入らないので、母親はいつも困っていました。入って食べなさいと命令するとしょっちゅう喧嘩になりました。

　やがて母親は解決策を見つけました。窓から「クリスティアン、あと 5 分」と呼びかけるのです。それから 2、3 分後、今度は、家に入って食事をするように言います。クリスティアンはすんなり家に入るようになりました。この方法は、寝る時間や祖母に会いに行くときなど、あらゆる場面で効果を発揮しています。クリスティアンは、次の行動に移る 2、3 分前に時間を知らせてもらうと楽なのです。その時点では、次に何をするのかは連絡不要です。

時間をどう使って要求を調整するのかは、サービス・ユーザによって

変わります。自閉症の場合、タイム・タイマー（残り時間が赤く表示される時計）など時間を知らせるツールの使用が普及しています。特別支援学校／学級では、ADHDの子どもたちに卵形のタイマーがよく使われています。ただし、対象となるサービス・ユーザが本当に時間を理解しているかを見極めるのが重要です。カウントダウンをはっきり告げないと終わりがわからない人もいます。

　時間を知らせるツールは、私自身にも非常に役立っています。講演やプレゼンテーションをするときには、コンピュータの画面に大きなデジタル時計を表示しておくと、エピソードや要点をどのくらい絞ったらよいのか見当がつきます。一方、時間のツールが役に立たない場合もあります。

　　前章で紹介した**ダニエル**は、今、法律を学びながら、ときどき、自分の障害について講演も行っています。ところが、時間の配分が大の苦手です。それを知った私の同僚がタイム・タイマーをあげました。小型で、残り時間が一目でわかり、実際に使ってみるととても便利です。講演会で、ダニエルはタイマーを持ち時間いっぱいの45分にセットしました。

　　講演を始めると、非常にうまくいきました。ところが40分経過したとき、ダニエルは明らかに緊張した様子で、どんどん早口になっていきました。2分ほどしてから、同僚はタイマーを取り去り、必要なだけ時間をかけてもいいよと伝えました。

　　ダニエルは話したいことはよくわかっていたのですが、1つも省くことができず、代わりに早口で話したのです。

　同様に、10歳の定型発達の子どもがプレイステーションで遊んでいるとき、タイマーでやめさせるのは困難です。タイマーが鳴ると、子どもはきっと「今、このレベルが終わるとこだから！」と言うでしょう。前に挙げたレストランでの場面でも同じことが言えます。ステーキとワインを味わった直後、誰かが来て「あと10分で閉店です」と言われた

らどうでしょう。自然に終了するのが望ましい状況というのがあります。そのような場面では、自然に終わらせてあげましょう。次の方法を参考にしてください。

最後までさせてあげる

　算数が嫌いな子どもの中には、単に問題が解けないのではなく、全問解かないと気が済まない子がいます。私もテレビで映画を見始めると、それが面白くなくても、パートナーが早く寝たいと言っても、テレビの前から動くことができません。最後まで見た後は、スムーズに動けるのです。

　この方法の良いところは、終わった後「さて、次は何をしようか」と言えることです。これで子どもは容易に次の活動に移れるようになります。レストランでの食事、テレビ、映画、外出、睡眠など、多くの状況にこれは当てはまります。プレイステーションをしている10歳の子どもにも効果的です。途中で切り上げるより、今のレベルを攻略してからやめるほうがずっと楽なのです。

　また、サービス・ユーザは、終えるタイミングを自分で決める活動よりも、自然な終わり方をする活動のほうが終了を納得しやすいのです。この件に関しては、移行について述べるときにまた触れていきます。自然な終わり方をする活動が選択肢にあるなら、そちらを選んでください。

　スケジュールにある活動は部分的に終わらせてもよいでしょう。担当スタッフには柔軟性が求められますが、学校やケアの現場ではサービス・ユーザが主体だと考えると、問題はないはずです。ただ、複数の子どもがいる家庭ではたいへんになるかもしれません。親にもわかりやすい、待ち時間を考慮したスケジュールを作る必要があります。

準備をさせてあげる

　本章冒頭で挙げた**ハッサン**は、母親に会いに行くのがつらくてたまりません。母親から性的虐待を受けていたため、現在は家から離れて暮

らしています。母親との面会は、監視付きで毎月4時間に制限され
ていますが、それでもハッサンには苦痛です。母親は養護施設で支給
された衣類をいやがり、それを脱がせて捨て、新しい服を与えます。
面会の日時を伝えると、ハッサンは大きなストレスを抱え込むので、
施設のスタッフは事前に知らせないことにしています。

　ある日曜日、ハッサンは実家に行くと知って激しくうろたえまし
た。古いジャケットを学校に置き忘れたからです。手元にあるのはグ
ループホームでもらった新品の素敵なジャケットです。それを着て母
親に会えば、また捨てられます。そのジャケットはハッサンが好きな
ブランドで、自分で選んだものでした。

　車で送迎をしているロブは、ハッサンのつらさをよく理解していま
した。もし母親がジャケットを捨てたら、また新しいのを買おうと話
し、最初はハッサンも納得しました。しかし、ハッサンは不安でし
た。そのジャケットはハッサンにとって特別で、強い愛着がありまし
た。その日の気温はマイナス15度でした。どうしてもジャケットが
必要です。車の中に置いて家に入れば、母親は「施設は防寒着も与え
ない」と罵るでしょう。これまで母親は何度も市や郡の理事会や社会
庁（医療保険や社会福祉制度を管轄するスウェーデンの行政機関）に
苦情を訴え、他にも話を聞いてくれそうなところを見つけては不満を
ぶつけていました。ハッサンは朝からすでに強いストレスと不安にさ
いなまれていました。

　約束の時刻に実家に着くには、施設を正午に出なければなりませ
ん。運転をするロブはそれを心得ていましたが、ストレス下にある
ハッサンには車に乗り込むのがどんなにたいへんなことかもわかって
いました。セルフコントロールができるように時間が必要なことも
知っていました。11時30分になったとき、ロブはこう言いました。
「僕は今から車に行くからね、ハッサンは準備ができたらおいで」。

　ハッサンはぐるぐると歩き回りながら大きな声を出し始めました。
不安が高まっているのは一目瞭然でした。ロブはハッサンが落ち着け
るように、その場を去り、車で待っていました。20分後、ハッサン

は落ち着き、ロブのところへやってきました。2人は予定通りに出発できました。

ハッサンは自分を落ち着かせ、セルフコントロールを保つのが苦手です。ロブはまずそこに着手する行動を起こしました。

コペンハーゲンの特別支援学校の校長先生が私にこう言ったことがあります。「今日は、子どもを押さえ込まざるを得ないことになると思います。遠足が終わって学校に戻るとき、必ずバスに乗ろうとしない子がいます。下校時間に間に合うように学校に着かなければならないので、これは私たちにとってたいへんなプレッシャーなんです。それで、たいてい、乗らない子をつかんで無理やりバスに乗せることになります」。

このやり方は良いとは思えません。私の経験から言うと、準備をして柔軟な姿勢でいれば、子どもは難なくバスに乗れます。ただし、先生にはプロとしての意識と、「子どもは、したくないからしないのではなく、うまくできないときもある」という事実を理解した姿勢が求められます。

クララは10歳です。自閉症と軽度の知的障害があります。知的障害のある子どものための特別支援学級に所属しています。児童数はクララを入れて6人です。クララは日常生活の変化や変更についていくのが非常に困難です。校庭にいるとき、先生に机に戻るように言われると、ブランコに座って気持ちの準備ができるまで待ちます。これは学校で有名になっており、スケジュールの一部にもなっているのですが、いつも45分かかります。

担任の先生は何とか解決できないかといろいろな策を試みてきました。無理やり教室に入れたこともありましたが、クララは不安でいっぱいになり、勉強に集中できなくなりました。何度か先生を叩いたりもしました。他の子どもをクララの席に座らせてみると、クララは気になって、一目散に教室に入ってきました。そして座っていた子を押しのけ、勉強しようとしましたが、やはり集中できず、何も学ぶこと

ができませんでした。

　私たちはクララ専用の机を設け、移行に必要な 45 分を設定することにしました。その結果、大きな進歩が見られるようになりました。クララは日々、落ち着き、安心して過ごしています。

　クララが机で勉強するのは、30 分ずつ、2 回です。移行に必要な時間は十分にとれます。家庭でも同じやり方を導入しました。前もってよく計画を立て、準備時間を確保するとクララの生活は快適になりました。もし大人が、自分たちに都合の良いスケジュールを強制するなら、クララには荒々しい挑戦的行動が出るでしょう。今のクララは穏やかで、のびのびと成長しています。

　レニーは 22 歳、自閉症です。生活スキルのセラピーを受けています。移行が苦手で、しばしば荒々しく反応してしまいます。例えば、スタッフが「今すぐ、予定表のところに行ってください」と言うと、たちまち家具を投げ始めます。スタッフは特に気にしていません。やがておさまると知っているので、レニーのやりたい通りにさせています。

　ある日、新しい女性スタッフが「レニー、準備ができたら、一緒に予定表のところに行きましょう」と声をかけました。レニーは座っていましたが、15 秒後には立ち上がり、予定表に向かって歩き出しました。他のスタッフもすぐにこの方法を採用したところ、レニーは家具を投げなくなりました。

　レニーには 15 秒の準備時間が必要でしたが、「今すぐ」という言葉に反応していました。自閉症のレニーは非常に具体的な考え方をします。「今すぐ」の意味も明確に理解しています。ただ、準備に必要な時間があると感じられないと、次の行動に移れません。移行の前に、まず現行の活動（この場合は、着席）の終了を感じたいのです。レニーは、ほんのわずかな時間で準備が整います。セルフコントロールも維持できま

す。しかしその時間が与えられなければ、移行に対処できません。

賄賂・報酬

ご褒美については先に述べた通りです。ご褒美というより、賄賂や報酬と呼びたい理由も記しました。それは、私たちが仕事に行くのは、たいてい報酬が欲しいからという理由に重なります。サービス・ユーザにとってスタッフと過ごす日常生活は労働に類似します。しかし、それで賃金をもらっているサービス・ユーザはほとんどいません。日常生活の中で、また特に難易度の高い要求には動機付けが必要だと思うなら、賄賂や報酬を検討してください。

賄賂を使うときには、「なぜそれをもらうのか」、「それをもらったら何をしなくてはならないのか」をサービス・ユーザが理解しているかどうかを必ず確認してください。また、サービス・ユーザが「これでは足りない」と思ったら、その思いを尊重することも伝えてください。その場合、私たちは、あくまで要求を通す（第2章のアレックスの母親が大型スーパーに寄ろうとしたエピソードを思い出してください）か、賄賂を増やすかのどちらかを選ぶことになります。この賄賂はサービス・ユーザの動機を高めるのが目的です。雇用に関する賃金交渉のようなものだと考えてください。スタッフや親には、賃金ドリフトやインフレの抑制にかかわる管理者と同じような責任が伴います。相手が求める賄賂や報酬が大きすぎるときには、ノーと言えなければなりません。

サミーは16歳、自閉症の子どものための特別支援学校に通っています。知能はほぼ平均値ですが、日常生活で能力を発揮する余裕がなかなかありません。ただし、特定のことに関してはうまく見積もりを立てることができます。好きなものはコーラです。

1月、サミーは学校から歯科に行くことになっていました。担任の先生は1人で行けるだろうと判断し、サミーをバスに乗せ、帰りの運賃を渡しました。

歯科での処置が終わると、サミーは近くの売店に行き、運賃でコー

ラを買いました。コーラがあれば歩けるから、バスに乗らなくてもいいと考えたのです。そして実際に歩き始めました。学校までは３時間かかりました。

サミーはいくつかの見積もりを立て、その中から選択することができます。その能力をサミーは育んでいる最中です。長い目で見ると、今回のことは機能レベルに大きな意味をもたらすでしょう。一方、先生方はサミーがバスに乗っていなかったので心配し、サミーが戻ったときにはすでに警察を呼んでいました。

ある日、サミーは突然、挑戦的行動をするようになりました。他の子どもたちが持っているタイマーでいたずらをしたら愉快だと思いついたのです。そのうち、全教室から突然タイマーの音が響くようになりました。子どもたちは活動時間が急に短くなった、長くなったと感じ、とても不安になりました。通常はタイマーが必要ない活動の最中にも鳴り出すことがありました。

先生方は対策を考え、まず、サミーと話し合いました。サミーは、みんなが大騒ぎするのを面白がっており、一種のゲームだと考えていました。話し合いの効果は何もありませんでした。その後、校長先生がサミーを呼び出し、こう言いました。「サミー、タイマーで遊ぶのはもう終わりにしなければならないよ。取引をしよう。もし５日間、タイマーで遊ばなかったら、学校にいる間、先生とコーラを１本買いに行ける。次の５日間もそうだ。コーラを８本買った後は、もうコーラがなくても、だいじょうぶだろう。どう思う？」

たぶんそうだとサミーは考えました。この計画は月曜日から始まり、金曜日にサミーは自分のお小遣いで最初のコーラを買いました。次の金曜日にも、また１本。８週間後、コーラを買いに行くのは終わりになりましたが、サミーはずっとタイマーで遊んでいません。

行動の動機付け

これも要求の出し方を調整する方法です。

ガスは 8 歳で、ADHD、トゥレット症候群、強迫性障害（OCD）と診断されています。自閉症の特性も見られます。とても賢い子です。水泳が好きで、特に屋内プールが大好きです。

　ただ、自分から泳ぎを切り上げて、プールから出るのが非常に困難です。水泳は自然に終わる活動ではないからです。自然に終わる活動なら、ガスは促されると問題なく次の活動に移ります。しかし、終わり方に満足できないと移行できません。

　両親と先生方はどうしたらよいのか模索していました。これまで試したのは以下のやり方です。

時間の活用、つまり卵形タイマーを 10 分にセットする。これはまったく効果がありませんでした。ガスはタイマーがセットされていることを忘れ、音が鳴ると、ただびっくりしただけでした。

プールが閉まる 1 時間前に泳ぎに行く。ところが係員が大音量で「皆さん、上がってください」と言うので、ガスは激しく動揺しました。

泳ぐ回数を制限する。「3 回、行って戻って、それからプールから上がるよ」と伝えましたが、問題が生じました。ガスはゆっくり泳ぎ出し、次に遊び始めたのです。そのうち何回往復したのかわからなくなり、言い合いになりました。

最後に良い解決法が見つかりました。「ガス、おいで。ロビーに行ってバナナを食べよう」と言うと、ガスは喜んでプールから上がりました。そしてシャワーを浴び、着替えをしてロビーに向かうとバナナをもらって食べました。

　バナナにはおもしろい特徴があります。食べてしまうと終わりがわかります。ガスは「それで、次は何するの？」と尋ねていました。

この方法を私は「行動の動機付け」と呼んでいます。ささやかな賄賂

を使い、自分では終了できない活動に終止符を打ったことで、ガスは難しかった移行がしやすくなりました。

　神経発達障害のある人たちの多くが、このやり方で活動の終了を試みています。例えば「ビーチを出る前に、アイスクリームを食べようか」などと問いかけるのです。自分にとって動機となること（アイスクリームを食べる）をスケジュールに組み込むと、活動の終わりが見えるだけではなく、次に移る余裕が生まれ、移行が可能になります。

移行の動機を高める補助

　行動の動機付けに共通する方法は、さまざまな場面で使えます。

> **イザベラ**は８歳、自閉症で非常に多動です。身体障害のある児童も在籍する大きな特別支援学校に通っています。
> 　登校初日、イザベラは車椅子の子どもたちをうらやましく思いました。クロムめっきのパイプがかっこよかった上、他の子に押してもらって移動していたからです。
> 　イザベラは移行がとても苦手です。朝は福祉タクシーから降りるのが難しく、午後は乗るのがたいへんでした。私たちは先生から相談を受け、移行行動を設定しました。学校はイザベラ用に車椅子を購入しました。これはタクシーへの乗り降りにだけ使います。イザベラは大喜びでした。車椅子をタクシーまで押してもらい、車椅子が車内に入ると自分の席に座りました。朝も車椅子に座りたくて、いそいそとタクシーから出てきます。そして自分の机に着くと機嫌よく車椅子から降ります。この車椅子は移動に使い、長く座るためのものではないとイザベラは理解しているからです。

　このエピソードでは移動行為そのものが、はっきりとした動機になっています。賄賂のような働きもしていますが、イザベラは困難だった移行ができるようになり、学校の始まりと終わりにも良いスケジュールができました。

ベンジャミンは 11 歳、特別支援学校に通っています。移行がなかなかできません。特に学校に着いたときタクシーから降りたがりません。担任の先生、リザは聡明で、良いアイデアを思いつきました。リザはタクシーに乗り込み、ベンジャミンの隣に座りました。そして「私はスパイダーマン」と言って右手を上げ、ポーズをとると「シューッ」と言いながら学校に向けました。そしてベンジャミンに「メインのドアを破ったぞ。次はきみの番だ」と言い、ドアに向かって走り出しました。ベンジャミンは後に続き、見えないクモの糸を出しながら「廊下をやったぞ」と言っていました。こうしてベンジャミンは先生と一緒に教室に入ることができました。

これは、移動行為が注意の転用となったケースです。ベンジャミンは自分で降車を決めました。タクシーに留まる以外のことに思いを向けることができたからです。

プレッシャーなしの要求

ライナスは 23 歳です。生活スキルのセラピーを受けています。仕事は好きではありません。

　精神障害の人の多くがそうであるように、ライナスも不眠症です。寝つきが悪く、眠りは浅く、しょっちゅう目が覚めてしまいます。そのため、朝起きるのが難しくなっています。

　グループホームのスタッフにとって、ライナスを起こしてセラピーに行かせるのは、一苦労でした。朝の 8 時に声をかけてみましたが、それで起きることはめったにありませんでした。10 分後にまた起こしに行きましたが、起きません。15 分後に行ったときには、ライナスの身体をつかんで起こしていました。ライナスは叫び声をあげ、反抗しました。スタッフの話では、2 回目で起きなければ、ずっと眠り続け、セラピーには行かないとのことでした。セラピーの欠席率は 75％でした。

ガイダンスを受けたスタッフは、新しい方法を試すことにしました。7時30分になったら「7時半です。9時にお仕事に行きます」と声をかけるのです。そして15分待ち、「7時45分です。9時にお仕事に行きます」とまた声をかけます。1回目と同じリズムで声のトーンも変えません。8時にもこれを繰り返します。言い方は同じです。プレッシャーもかけません。ライナスが9時前に起きなければ、起こすのをやめて眠らせておきます。

　これを実施して最初の2日はまったく変化がありませんでした。ライナスは午前中ずっと寝ていました。ところが3日目、ライナスは8時10分に起き上がりました。それ以来、仕事に間に合うように起きる日が多くなりました。プレッシャーを減らした結果、セラピーの出席率は25％から75％まで上がりました。

　スタッフは、状況からプレッシャーを取り除くことで、ライナスにセルフコントロールの可能性を与えました。プレッシャーを強める方法では、ライナスはベッドから出ませんでした。プレッシャーが大きくなるとセルフコントロールの可能性は小さくなるからです。

　同じようなケースとして、先生が子どもに教科書を出しなさいと言う場面があります。どんなに言っても、出さない子がいます。そばに立って「出すまで先生はここを動きません」などと言う先生もいますが、それでうまくいくことはほとんどありません。子どもはどうしたらよいかわからなくなって、余計なストレスを抱えるだけです。このようなときには、別な先生が教室に入ってきて「教科書をまだ出していないのかい？」と言うと、たいてい効き目があります。個人的に圧力をかけるのではなく、思い出させてあげるという姿勢です。

選択肢

　選択肢があると、困った状況から抜け出せます。同意が苦手なサービス・ユーザには特に効果的です。選択肢があれば、相手に従う必要がなくなるからです。スタッフや親も状況を維持できます。

ただし、知的障害がある人の多くは、選択肢がありすぎると対応できなくなります。「次に何をしたいの？」という質問も漠然としすぎているため、難しいです。選択肢はできるだけ少なく、わかりやすくする必要があります。

　オプションを入れればスケジュールが乱れるという心配は無用です。あらかじめ組み込んでおけばいいのです。選択肢の数を絞っておくと、なお良いでしょう。第1章で述べたエンドラを覚えているでしょうか。着る服を2組から選ぶようになった子です。エンドラの親は衣類を2組出すだけで、娘の黙認力の弱さを逆なですることなく、選択という構造を作りあげました。また、そのおかげで、エンドラは天気や季節に合った衣類を選びやすくなりました。

　これまで挙げた方法には、「サービス・ユーザがセルフコントロールを維持できるように本人に最適なリソース（時間、支援、備品、情報などの要素）を確保させる」という共通目的があります。セルフコントロールを保てると、サービス・ユーザは私たちにゆだねるのがずっと楽になり、互いに日常生活が過ごしやすくなります。

2. 要求に応える能力

　私たちは自分が出す要求について慎重に考えなければいけません。この要求にはいつも応じているだろうか、複数の要求をこなせるだろうか、今すぐできるだろうか、などです。

　1972年、私が小学校に入学したとき、担任の先生は次のように言うこともできたでしょう。「学校へようこそ。これから皆さんは読んだり、書いたり、数の勉強をします。皆さんにジョージ・オーウェルが書いた良い本を配ります。タイトルは『1984年』です。さあ、家に帰って、1980年の6月にまた来てください。そのとき、この本について話し合いましょうね」。

しかし、先生はそんなことは言いませんでした。アルファベットから始め、文字をつないで単語を作ることを教え、文章の理解へと進みました。そうしてようやく1980年の6月までにジョージ・オーウェルの『1984年』についてディスカッションができるようになったのです。先生は要求をドンと1つ出すのではなく、8年の間に小さな要求を数えきれないほど出しました。それでも私たちは応じることができました。先生は1回ですべてを要求せず、1回に1つのことだけ求めたとも言えます。

　これは要求の調整における原則です。

1度に多くを求めない。

　1度に5つ、6つの要求に応じることができる人たちもいます。例えば、外に出て遊びなさいと言うと、自分の判断でどんどん身支度をしていく子がいます。一方、1つずつ分けて指示を出す必要のある子もいます。上着を着ます。長靴を履きます。ズボンの裾を長靴の外に出します。さあ、走ってきていいですよ、など。

　自閉症の領域では、この方法が徹底的に精錬されています。アメリカのTEACCH部署では30年にわたり、自閉症の人たちのために学習の構造化とスキルを伸ばす技法を開発してきました。そのメソッドは自閉症に留まらず、広く活用できます。ピクトグラム（絵文字）、作業システム、スケジュール、リストは多くの人の日常生活を助けます。気をつけなければいけないのは、1度に多くの要求を出さないことです。複数の要求はサービス・ユーザ個人の能力に合わせて小さく分けてください。

　私たちは日によっていつもより多くのことをこなせたりします。サービス・ユーザもそうです。要求に応じる能力は、その日の体調や気分によって変わることがあります。特に知的障害や神経発達障害のある人は、定型発達者よりも気分の低下に大きく左右されがちです。これには2つの理由があります。①体調不良は、しばしば気分の低下に関連して

いる、②体調不良によって気分の低下に対処しづらくなる。そのため、スタッフと親御さんは彼らの気分の変化を見落とさないようによく気をつけ、そのときの状態に応じて要求を調整してください。

相談会で、ある先生が私に質問をしました。「担当している４人の自閉症の子どもたちは、みんな靴紐を結べます。でも、英語の授業の後は結べるのに、体育の後は、なぜか急に結べなくなるんです。全員、座ったまま鼻を鳴らして私に結んでほしいと訴えてきます。私は、どの子も自分でできるとわかっているので手助けしません。すると休み時間が終わるまでずっと座って待っています。他のときには自分で結べるんですよ。わざと私に結ばせようとしているのでしょうか」。

冬季オリンピックの一風変わった種目にバイアスロンがあります。まず、すごいスピードでスキーを滑り、次にライフル射撃をします。他のスポーツにはないような独特な技能には、多くのことが求められます。私だったら、高速スキーの後、ライフルなど触ることさえいやです。持ったとたん、どこに撃ってしまうかわかりません。正確さなどみじんもないでしょう。私の血中アドレナリンはピークを越えているはずです。

靴紐を結ばない子どもたちも、バイアスロンは苦手でしょう。体育の後は、靴紐も結べない状態なのです。ランニングの他にも運動もしてアドレナリンが上昇しています。いつもはできることができなくなっています。バイアスロンの優れた選手は別として、これは誰にでも起こります。プレッシャーがかかると難しいことはできなくなります。そのようなとき、私たちはなじみのあることに固執します。

要求を出すときには「現時点では、これなら応じることができるだろう」と思えるレベルに調整する必要があります。火曜日には割り算ができるのに、月曜日にはできない子がいます。私は、することが詰まっていなければ、書類を整理しておけます。でも忙しくなると整頓できません。体調が良いときにはシャンプーができても、体調が悪いと洗い方がわからなくなる人もいます。

「行動できる人は、行動する」という考え方に立つなら、サービス・

ユーザの能力の範囲内で要求を出すのは当然です。

まとめ

　どの人にもノーと言う権利があります。友好的な雰囲気で仕事をしたいと思うなら、サービス・ユーザに出す要求の責任は私たち自身が負うべきです。ノーと言われたら、要求の出し方に問題があるのです。構造化を用いる、「一緒に」という経験をさせる、移行には準備時間を設けるなど、サービス・ユーザがイエスと言いやすくなる方法を使いましょう。単に要求自体を変更すると良い場合もあります。要求に応じるかどうかは私たちの責任です。それを引き受けると、状況を改善できる可能性を握り続けることができます。逆にサービス・ユーザのせいにするなら、私たちは力を失うのです。

第 4 章

ストレス因子：
パニックになる理由と
その図式

Stress Factor:
A Model for Explaining Panic

　この章は本書の中で最も理論的かつ最も重要な章です。他の章は要約すると、行動上の問題をどう管理するかについてですが、本章ではその問題をどう防ぐか、そして長期的にどう対処するかを見ていきます。また、さまざまな行動の原因を探ると共に、原因を取り除く方法も述べていきます。これらの方法を使えば、親として、またスタッフとして責任を担い、サービス・ユーザの生活に良い変化をもたらしていくことができるでしょう。

1. ストレスの影響

　理屈に合わない行動の原因として、しばしばストレスが挙げられます。ストレスの研究は第一次世界大戦に出征した兵士たちの調査から始まりました。塹壕に身を伏せる緊張から非理性的な行動が増えたこと、また複数のパイロットが交戦地帯以外のところで墜落した理由が検証され、不合理な行動の原因に関心が集まっていました。
　初期にストレスに注目したのは研究者で理論家でもあるリチャード・

S・ラザルスです。ラザルスは、さまざまな行動においてストレスは決定的な原因となるだけではなく、疾患をも発症させると述べています。そしてストレスについて解説すると共に、コーピングと呼ばれる対処法をいくつか紹介しています。ラザルスによると、日常生活で遭遇する困難に打ち勝つ方法を知っている人はストレスに耐えられます。コーピングとはストレスの管理方法です。正しいコーピングを身につけておけば、不十分な対処しかできなかった頃よりもストレスを上手に管理できるようになります (Lazarus 1999)。

ラザルスの研究では、生活を困難にする因子に着目し、中でも特に不安、うつ、統合失調症を取り上げました。そして、問題が生じるとき、さまざまなストレスが相互に影響するという見解に至りました。

ストレスの研究は、神経発達障害にかかわる理論家や臨床家にとって特別興味深いものではありません。その理由の背景には1950年代にブルーノ・ベッテルハイムが唱えた「冷蔵庫マザー」の概念があります。ベッテルハイムは自閉症の原因は愛着問題と母親の影響にあると強調しました。現在、私たちは自閉症やADHDの発症において最も大きな要因は遺伝であると知っています。しかし、それに反対する意見は今でも後を絶ちません。ここ数年だけでも、神経発達障害の原因として、あるいはそれらの障害がある子どもたちの行動問題の理由として、環境有害物質、ワクチン接種、糖類、不良な養育などが、あちらこちらで取りざたされてきました。しかしいずれも確実な根拠のある説明はなされていません。

神経発達障害を専門とする心理士や研究者が議論にストレスを要因として持ち込みたくないのもそのためです。もしストレス要因を入れてしまえば、神経発達障害の症状の重大因子はストレスだと言い始める人が必ず出てくるというリスクがあるからです。これは誰もが避けたいことです。

一方、神経発達障害がもたらすストレスについてはいくつかの議論がなされています。例えば、トニー・アトウッドは社会的相互作用、コミュニケーション、柔軟な思考の難しさから生じるストレス、知覚障害

（音に対する過敏性など）によるストレスについて記しています。そのように明記することで、自閉症はストレスが原因だという考えは払拭されています。

　同様にコーピングも、自閉症の人たちのコーピングとは別の枠で語られてきました。アトウッドは、自閉症のコーピングを次のようにまとめています。

● 　特別な興味
　　興味があるものに没頭するとストレス管理がしやすくなる。

● 　認知理解を補う
　　自閉症の人たちは他者の立場で物事を考えることが難しいため他の人たちの行動を理解しようとするとき、直感を用いる。

● 　活動
　　ランニング、テニス、呼吸のエクササイズ、リラックス効果のあるCDを聴くなど。

　このようなコーピングのほとんどは教育的介入として行われています。アトウッドの焦点は、どのような手助けをすれば自閉症の人たちがストレスを管理しやすくなるかであって、どうしたら彼らが自分の環境を管理できるようになるかではありません（Attwood 2006）。ここからも一般的なストレス研究と、自閉症におけるストレス研究には、つながりがないことがわかります。

　数年前、知的障害のある人たちのストレスとコーピングに関する研究がいくつかなされ、ライフイベント（人生の大きな出来事）と挑戦的行動、またはうつ病とのつながりが特に明らかになりました。つらいこと（親の死など）でも嬉しいこと（恋愛の始まりなど）でも、ライフイベントは挑戦的行動を引き起こすことが示されています。

　1970年代、すでにストレスは統合失調症の発症と持続の因子である

と見なされていました。1984年、ニヒターラインとドーソンは脆弱性ストレスモデルと呼ばれる考え方をまとめました（Nuechterlein and Dawson 1984）。彼らは、精神疾患の発症は非常に高レベルのストレスが時間をかけて蓄積した結果であるとして、ストレス要因の管理に焦点を当てた統合失調症の治療法を解説しています（図4－1）。

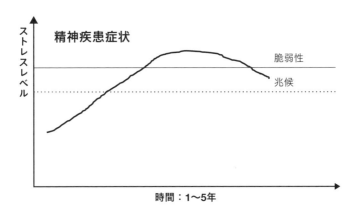

**図4－1　高レベルストレスが継続した結果としての精神疾患：
ニヒターラインとドーソンによる脆弱性ストレスモデル**

　ストレスが時間と共に高まり、一定のレベルに到達すると精神疾患が発症します。そこに到達する前に、身辺の清潔に構わなくなるなどの兆候が現れます。積極的な治療を行うと、まず症状が消え、兆候もなくなっていきます。

　私は神経発達障害、知的障害、脳損傷の人たちに見られる行動問題と二次的な問題を理解する枠組みとして使えるように、同僚のトリーネ・ウースコフとこのモデルを発展させました。

　ストレスによって神経発達障害の基本的な症状は説明できません。しかし、この障害に多く見られる挑戦的行動、うつ、高い不安については説明が可能です。サービス・ユーザの行動に関して親御さんやスタッフが直面している問題の中にも理由が説明できるものがあります（Uhrskov and Hejlskov Jørgensen 2007)。

　ニヒターラインとドーソンの脆弱性ストレスモデルは数年にわたる経過を基にしていますが、私とウースコフのモデルではそれを1日または1時間に短縮しています。ここで私たちが取り扱うのは精神疾患ではなく、カオスの症状です。ストレスが短時間に高くなりすぎると、サービス・ユーザはセルフコントロールができなくなり、カオス（混乱状態・パニック）を経験します。カオスは、突如起こる激しい不安、外に向けた暴力的行動、暴力的な自傷という形態をとることがあります。

　サービス・ユーザの生活では図4−2のような日が通常であってほしいものです。

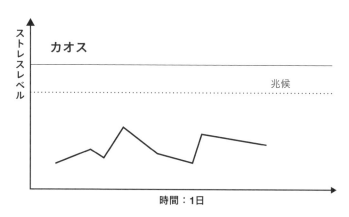

図4−2　サービス・ユーザの理想的な1日

　ところが、実際に見られるのは図4−3のような状態です。

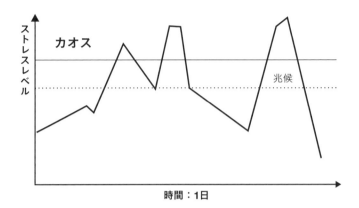

図4－3　あるサービス・ユーザの典型的な1日

　ストレスが兆候レベルまでまったく上がらない日が続く人もいれば、上がらない日はめったにない人もいます。親やスタッフとして日常生活をサービス・ユーザに合わせて調整できれば、カオスに至ることなく過ごせるでしょうが、おそらく兆候とは折り合って暮らしていかなければならないでしょう。しかし、それは私たちも同じです。例えば、強迫的な特性のある人は、休日に出かける際、すべての窓やドアの鍵を何度も確認しますが、仕事に行くときには、そこまでしません。また、私たちは車でフェリーに乗り込むとき、後ろの座席の子どもたちに静かにしているように言うでしょう。要求されることがいつもより少し多い状況では、周りの音を聞きながら会話をするのが難しくなるためです。

　ただし、神経発達障害のある人たちの場合は、そうでない人たちに比べ、ストレスに耐える能力がずっと低いという研究結果が出ています。確かにその通りかもしれません。しかし、別な見方もできます。サービス・ユーザの生活にはストレス要因が一層多いのかもしれません。

　身辺管理を困難にするストレスやストレス因子（ストレッサー：ストレスを生じる因子のこと）の中には基本的かつ重大なものがあります。アーロン・アントノフスキーが記している発達の問題につながる慢性的なリスク因子とは、ストレスのことを連想させます。アントノフスキーは家族

における因子を重視していますが（Antonovsky 1991）、私たちは神経発達障害や知的障害のある人たちの困難に影響を与える因子に着目していきます。

　ストレス因子が「基本的」であるとは、まずそのストレスがサービス・ユーザの毎日の生活に存在していること、そして、そのストレスがあるために他の人よりもずっとカオスになりやすいことを指します。その代表例が、睡眠障害です。誰にでも眠れない夜はあります。睡眠不足の翌日、いつもはできることが難しいと感じた経験は誰にでもあるでしょう。これが図４－４に示されています。

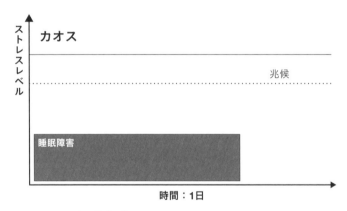

図４－４　睡眠障害が１日のストレスレベルのベースラインに及ぼす影響

　睡眠問題のため、カオスや兆候までの間が通常よりも近くなっています。睡眠不足は丸１日続くストレス因子、つまり基本因子です。神経発達障害では睡眠障害はよくある症状と見なされています。それ以外にも、多くの基本的ストレス因子が症状や環境因子と結びついています。中枢性統合が弱い人は、日々の生活が十分に構造化されていないと過ごしにくくなります。視覚や聴覚が過敏な人には、視覚刺激や騒音が多い環境がつらくなります。そのようなストレス因子が重なると対処は難しくなります（図４－５）。

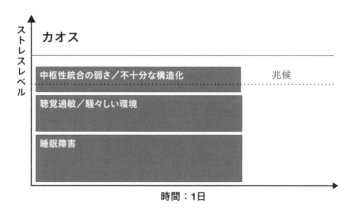

図4−5　複数のストレス因子が1日のストレスレベルのベース
　　　ラインに及ぼす影響

　図4−5は私とウーズコフが実際にかかわった男の子の例です。ここ
では3つのストレス因子を特定しています。因子はおそらくもっとある
でしょうが、理解しやすいように図示し治療計画を立てるにはこれで十
分でした。この子は夜に寝つけない苦しさ、朝の目覚めのつらさ、そし
て日中しばしば襲ってくる疲労を訴えていました。また日常の出来事に
おいて原因と結果が非常にわかりにくく、いつも集中していなければな
らないとも話していました。自分の行動結果に驚くだけではなく、次の
瞬間に起こりかねないことを考えただけで不安になるのです。さらに、
騒音も苦手です。屋外で過ごすときや、バスや地下鉄で移動するとき、
激しい反応を示します。他のサービス・ユーザが出す音にも敏感に反応
します。これら3つのストレス因子が本人の受容能力のほとんどを占め
ているとすれば、この子は日常生活の管理という点で途方もない困難を
抱えているということです。図4−2で示した理想的な曲線をこの子の
基本ストレス因子の一番上に置いてみると図4−6のようになります。

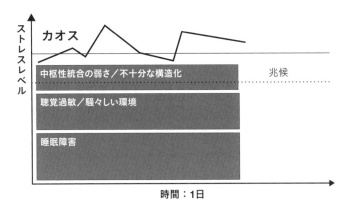

図4−6　複数のストレス因子が理想的な1日の曲線に及ぼす影響

　ストレス自体はかなり軽く、短期ですが、この子は1日に数回のカオスを経験しています。短期のストレスとは、場面によるストレスや一時的なストレスを指します。これは高い要求が出されたときや、何かが妨げられたとき、予想外のことが起こったときなどに生じます。例えば、休暇で旅行に行くつもりだったのに取りやめになったときのストレスがこれに相当します。フィレステーキを食べ始めたとたん、皿を下げてくださいと言われた場面を想像してみるとよくわかると思います。

　要求などがある状況と関連したストレス因子（場面ストレス因子）は基本的なストレス因子の一番上に来ます。サービス・ユーザの周りの人たちがとても気がつきやすい因子です（図4−7）。そのため、スタッフはこれらがカオスの引き金になると考え、何とか避けようとします。

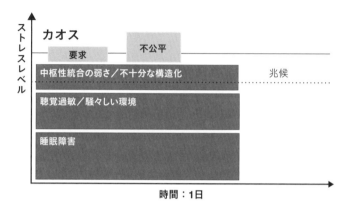

**図4－7　場面ストレス因子が基本ストレス因子に追加されたと
　　　　きの影響**

　スタッフや親御さんは場面ストレス因子を意識してケアや指導を行う
ことが多いでしょう。道を平らにし、邪魔なものを取り除き、ストレス
を与えないようにサービス・ユーザの生活を制限しがちです。このよう
な配慮には、サービス・ユーザをあらゆるストレスから守るためには、
大急ぎで先回りしなければならないという問題点があります。それより
も、あらかじめ基本ストレス因子のいくつかを取り除くほうがずっと楽
かもしれません。私たちは走り回る必要がなくなり、サービス・ユーザ
はもっと安定した生活を送れるはずです。

　いつもとは違う経験も場面ストレス因子になります。私の日常生活
は、仕事、夕食、睡眠、朝食などです。しかしその繰り返しばかりだ
と、人生はとても退屈になるでしょう。そこで私は経験を通して人生を
意義深くするようにしています。週末は海辺の小さなホテルでおいしい
ものを食べる、休暇をとってイタリア旅行をする、クリスマスには子ど
もたち全員と過ごす、土曜日には好きなラジオ番組を聴くなど。しか
し、ストレスがなくなるわけではありません。ストレスとは一定の状態
が続いていたものが変化した状態（状況）を指します。生きがいや活力
をもたらすような嬉しいことも、ストレスになるのです。ラザルスは、
大きなライフイベントの1つである結婚は幸せな出来事であるにもかか

わらず、非常に大きなストレスをもたらすと述べています。

　場面ストレスをなくすことを中心に考えるなら、海辺への旅行はなくなるでしょう。QOL（生活の質）は下がりますが、日常生活は改善するかもしれません。一方、基本ストレスをなくすことに焦点を当てて取り組めば、サービス・ユーザは場面ストレス因子に対応するようになっていきます。その結果、精神的なオーバーロードを起こすことなく、より高い QOL を手に入れることができるのです。

2. 基本ストレス因子

　ストレス因子の例は多数あります。私は臨床研究で例を集め、さまざまな困難のある人たちに示し、どのストレス因子が大きく生活を占めているかを尋ねて調査しました。結果にはトニー・アトウッドが記したストレスを思わせるものもありますが、まったく違うものもあります。ただし、これらはあくまで例であることを覚えておいてください。あなたが担当しているサービス・ユーザにはもっと多くのストレス因子があるかもしれません。

　私の調査で最も多かった基本ストレス因子は次の通りです。以下、一つひとつ解説していきます。

- 中枢性統合の弱さ
- 実行機能の問題
- 構造化の不足
- 睡眠障害
- 過剰な感覚刺激（本人にとっての）
- 要求が高すぎる / 多すぎる日常生活
- 家族の問題
- 思春期心性
- 孤独

- 疎外感
- 近親者の強い感情
- 12 月
- 大きなライフイベント
- 花粉症
- 痛みを伴う症状
- 恋愛の問題

中枢性統合の弱さ

物事の因果関係がつかめないと、他者の行動や先の出来事を予測するのが非常に難しくなります。そのため心配が増え、不安が強くなります。日常生活で確信をもてるものが少なくなり、さまざまな症状が出やすくなります。

そのようなサービス・ユーザには構造化を高めると情報の関連性がわかりやすくなり、中枢性統合力が補われるので、ストレス因子は最小限に抑えられることが多いです。生活で見通しが立ちやすくなり、心配せずに済むようになります。自閉症メソッドの TEACCH はこの考え方に基づいています。

実行機能の問題

実行機能は、予測し計画を立てる力、実行する力、衝動を抑える力から成ります。中枢性統合力や自分の行動の結果を予測する力とも関連します。

脳の前頭葉に損傷がある人たちは、実行機能に重い障害があることはよく知られています。彼らはストレスに極めて敏感です。満足のいく程度に能力を発揮するには、言うまでもなく、わかりやすい構造、スケジュール、穏やかな生活環境が必要です。

構造化の不足

中枢性統合の弱いサービス・ユーザがよく経験する問題です。構造化

を適切に調整すると、実行機能の問題や中枢性統合の弱さを補うことが
できます。

睡眠障害

睡眠障害を抱える人は私たちが考える以上に多いです。中でも神経発
達障害のある人たちには特に大きな問題になっています。例えば、アス
ペルガー症候群では、8〜12歳の子どもたちの30%以上に、成人では
少なくても75%に睡眠障害があります。ADHDの子どもたちでは70%
以上にのぼります（Allik, Larsson and Smedje 2006; Paavonen et al. 2003; Sung
et al. 2008; Tani et al.2003; Turk 2003; van der Heijden et al. 2007）。

私と心理士のトリーネ・ウースコフがアスペルガー症候群の青少年の
ために2年ほど前に立ち上げ、運営している自己理解のグループでは、
メンバーの半数どころか、ほとんどが睡眠の問題を抱えています。そし
てその程度は若者によくある睡眠障害をはるかに超えたものです。

ここ数年、睡眠の問題は以前より深刻に受け止められるようになって
きました。現在はメラトニン（睡眠ホルモン）などの薬が出ています。
これによって生活が楽になるサービス・ユーザは多いでしょう。

過剰な感覚刺激

神経発達障害のある人たちは感覚をうまく意味付けできません。赤
ちゃんもそうです。赤ちゃんは感覚刺激が過剰になると大泣きしたり、
眠ることで刺激を解消しようとします。

サービス・ユーザはスタッフを叩いたり、叫んだり、自分の手を噛む
などして解消を試みることがあります。いずれもカオスの兆候です。感
覚の問題がある場合、以下のことが過剰な刺激となって大きな負担を与
えると考えられます。

- 騒音、または予想外の音
- 乱雑な環境
- 接触や圧

● 痛み

騒音、または予想外の音

ハンナは 57 歳、脳の右半球に損傷があります。自閉症の症状が強く、知的障害のある高齢者の施設で暮らしています。ハンナは多動で、なかなか落ち着くことができません。ささいな音にも必ず敏感に反応して、何らかの音を出す人たちをほぼ 1 日中叱っています。舌打ちや独り言にも耐えられないのです。

ハンナが落ち着くのは夜ベッドに横たわっているときか、お気に入りのハードロックバンド「ザ・カルト」を大音量で聴くときだけです。スタッフはハンナが思う存分聴けるように音楽室を用意してあげました。ハンナは「音を大きくすると、他の音が聞こえないでしょう」と話しています。「ザ・カルト」を聴いていると音圧が一定です。ハンナはそれが気に入っているのです。

神経発達障害の人の多くがそうであるように、ハンナも小さな音に反応します。私たちは周りの音を自然に選り分け、不必要な音は遮断しますが、ハンナにはそれがうまくできません。換気扇の音、子どもが通りを歩く音、他の人の独り言、すべてが直接自分に向かってくるように感じられます。つまり、ハンナは四六時中、音を意識し、フィルターにかけなければならないのです。日常生活で余裕がなくなるのは当たり前です。ハンナは常にオーバーワーク状態です。

乱雑な環境
視覚印象が大きなストレスになる人もいます。部屋に色や物がありすぎると落ち着かなくなります。これは私たちにも当てはまります。天井が高く、空間プロポーションの整った真っ白な部屋に入ると、色の多い小さな部屋よりも穏やかな気持ちになるはずです。

接触や圧

サービス・ユーザの中には触覚がかなり異なっている人がいます。痛覚域値が非常に高かったり低かったりします。温度の感じ方も違います。そっと触られるのが苦手で、圧を好む人もいます。

触覚問題の治療では、ブラッシング、触覚刺激、ボールブランケット（小さなプラスチックのボールが入った毛布）、手首につける重り、圧の強い衣類（服の下に着ける幅の広いベルトや着圧ストッキング等）、経皮的電気神経刺激（TENS：弱い電流を流して筋肉を刺激する）などが使われています。

第1章で紹介した**ジェシカ**は、現在21歳です。自閉症で、幼い頃から動揺すると自傷行動を示します。初めは手を噛んでいましたが、10歳頃になると自分の顔を平手打ちするようになりました。

両親と学校側は自傷行動に厳しく対応しました。当時ジェシカが通っていた学校には脳性麻痺の児童がいました。先生方はその子どもたち用の腕の補装具をジェシカにつけました。肘が固定されたジェシカは自分の顔を叩いたり手を噛んだりできなくなりました。

私が介入したとき、ジェシカは腕に補装具をつけたまま、数年間ベッドにくくりつけられていました。自分の腕が怖いとジェシカは私に告げました。スタッフはジェシカが極度にストレスに弱いと話していました。私の役割はジェシカを違法な拘束と強制的につけられた補装具から解放することでした。

まず1日に10分間、入浴後にボールブランケットを試し、その間は腕の補装具をつけないことにしました。時間は順調に延び、そのうちジェシカは自分からボールブランケットを求めるようになりました。次によくオートバイに乗っている人がつけている幅広ベルト（キドニーベルト）を導入しました。服の下に締めることで腰回りに安定した圧をかけます。同時に着圧ストッキングも紹介しました。

また、ジェシカの部屋から不要なものを取り除き、すっきりとした印象にしました。それからわずか2週間ほどで、ジェシカは腕の補装具からアルミの棒を抜いてほしいと言い出しました。棒を抜き取る

と補装具は柔らかくなり、つけたままでも腕を曲げることができます。さらに2カ月後、ジェシカはベッドから出て日常生活を送ることができるようになってきました。ストレスが高まると今でも自分を叩いたり、しばらく小さな傷が残るほど手を引っかいたりします。しかしもう誰もそれを危険行動とは見なしていません。

　サービス・ユーザの中には、新しい衣類を身につけたときや夏服から冬服へ変わったときなど、短期間でも不快感を経験する人がいます。春になったらどうしても帽子をかぶりたがる人たちもいますが、止めるのは非常に難しいでしょう（Fisher et al. 1998; Hanley et al.1998）。

痛み

　痛みは、自傷因子として近年取り上げられるようになった感覚刺激の1つです。私とウースコフは、自傷を減らすために痛み止めを使用しています。その結果、自傷が減った割合は50％以上に及びます。理論は次の通りです。自傷行動の目的は、先に記した通り、さしあたりのセルフコントロールです。しかし、残念ながら痛みはすぐには消えません。まもなく痛みは基本ストレス因子になり、さらに自傷を促します。自分に与えた痛みによって自傷行動は続き、悪循環が始まるのです。痛み止めをしっかりと管理して使うことで、ストレス因子となっている痛みは除去され、自傷は著しく減ります。

要求が高すぎる / 多すぎる日常生活

　これらの要求には他者からのものだけではなく、自分に課している要求も含まれます。

　例えば、成功しなければならない、普通でいなければならない、正しく行動しなければならない、宿題を全部しなければならない、などです。特に自分でいろいろなことをうまくできるサービス・ユーザにこの問題は起こります。自閉症の人たちの中には、他者と自分を適切に比較できず、周囲のほとんどの人たちは違いに気づいているのに「できるだ

け違いが目立たないように」とたいへんな努力をする人がいます。

> **ショーン**は 22 歳、アスペルガー症候群です。どうしたら普通に見え
> るだろうと、ずっと考え、そのことに多大なエネルギーを注いでいま
> す。他の人から「こんにちは」と言われても、ショーンは無言です。
> 感じ良く「こんにちは」と返したいのですが、その言い方がわかりま
> せん。おかしいと見られたくないのです。無言でいたほうが普通に見
> えるはずだとショーンは思っています。

　他者からの要求には、勉強に関する親からの期待、職場や学校で出さ
れる要求などがあります。問題は、このような要求（場面ストレス因
子）そのものではなく、生活が要求だらけだと感じることにあります。
これは私たちが経験するストレスに似ています。要求が多い生活は極度
の疲労やうつをもたらすことがあります。

家族の問題

- 日常生活や自分でできることについて親と対立する。これは知的障害
  や神経発達障害の成人にも当てはまります。

- きょうだいとの対立。サービス・ユーザが年上の場合、序列について
  もめるなど。

- 両親の対立、あるいは家族間の対立。

- 家族に生じた社会的問題。アルコール依存症、無秩序、暴力など。

　ADHD の分野や精神力動的な立場では、家族の問題を本人が示す問
題の重大因子と見なすことがよくありますが、私とウースコフは、数々
のストレス因子の 1 つとして見ることが重要だと考えています。精神科

医の診断がついたのだから、家族の問題は関係がないと無視するべきではありません。これは自閉症の場合、実際によく起こっています。問題全体の一部として考慮するのが大切です。

思春期心性

　私たちは皆、十代の２、３年間、情緒不安定、睡眠障害、苛立ちなど、いくつかの心身の不安定さを経験したと思います。原因はホルモンのせいにされることが多いです。アイデンティティを形成するにあたり、人生で自分は何をしたいのか、生きる目的は何かなど、自己の存在に大きな疑問を投げかけるときにストレスが生じます。このストレスは若者のほとんどが直面するものですが、脆弱性ストレスモデル（図４－１）によると、青年期に発症しやすい精神病の一因にもなっています。私個人の意見ですが、若い人にとって自己の存在に関する問いは、２、３年にわたり、生活の多くを占めるストレス因子になります。子どもから大人になるまでの期間を私たちは青年期と呼びますが、ADHDやアスペルガー症候群の場合、青年期は通常より長くなるケースが多いです。つまり、それに伴うストレス因子は最長で10年も続くことになるのです（Tantam 2003）。

孤独

　神経発達障害の人たちの多くが長期にわたって孤独を感じています。自閉スペクトラム症では、人付き合いが苦手で友だちができないことがしばしば孤独の原因になっています。一方、ADHDでは友だちができても、衝動的な行動が抑えられなかったり、約束を守れず信頼されなくなった結果、一人ぼっちになってしまうことがあります。

　神経発達障害の人たちが集える機会を作ると、彼らの幸福度に大きな効果があります。私の同僚のハンネ・ヴァイは、ここ２年ほどアスペルガー症候群や非言語性学習障害の若い人たちのためのソーシャルクラブを開いています。そして、日々困難のある子たちも、毎月第２週目の夜に開かれるソーシャルクラブには、他のことより優先して参加していま

す。多くの子どもたちが、そこで初めて人と付き合っていると感じたと伝えています。通常の学校に在籍したり、一般就労をしている神経発達障害の若者のための集いの場はほとんどありません。彼らは自分と同じ問題を抱えていない人たちと親しくなるのがたいてい苦手です。人付き合いに大きな支援を必要とする彼らにとって、ソーシャルクラブのような集まりでは、友だち作りが楽になるかもしれません。

疎外感

孤独の一側面である疎外感もたくさんの人たちが抱えています。自分はみんなとは違うと感じるとき、ストレスが伴いやすく、特に青年期ではそれが強くなります。疎外感は、残念ながら同志的なクラブでは解消されません。自分と似たような人たちに囲まれるともっとつらくなることがあります。

近親者の強い感情

表出感情（はっきりと表された強い感情）、特に怒りや苛立ちなど否定的な感情が統合失調症の患者に向けられたとき、それが再発の決定的要因となるかどうかという研究は膨大な数にのぼります。脆弱ストレスモデル（図4－1）では、強い感情は重要なストレス因子です。双極性障害、アルコール依存症の経過や知的障害のある子どもの幸福度にも影響を与える重大な因子であることが証明されています。また、知的障害のある子どもや成人、自閉症の青少年や成人が示す挑戦的行動と近親者の強い感情には相関性があることが、近年、複数の研究から明らかになっています（Greenberg, Seltzer and Hong 2006; Hastings et al. 2006; Lam, Giles and Lavander 2003; O'Farrell et al. 1998; Simoneau et al. 1998; Weigel et al. 2006）。

私とウースコフのストレスモデルでは、近親者の強い感情は他の多くのストレス因子の1つです。ただし重要な因子です。詳細は後で述べますが、私たちは自分でストレスを抱えていると、サービス・ユーザにもストレスを与えたり、要求を突きつけたりします。そうならないように、苛立ちを最小限にし、怒るのをやめ、喜びすぎず、ほどほどに満足

していると、サービス・ユーザはより順調に日常生活を送るようになります。それを覚えておくことが大切です。私たち自身がもう少しリラックスするべきなのです。

12月

12月（イスラム教徒にとってはラマダンの月）は、他の月に比べて忙しくなります。クリスマスプレゼントのことだけ考えていられたらどんなにいいかと思いますが、学校でもセラピーの場でも日常生活にクリスマスの準備が入り込みます。大掃除をして、飾り付けをしますが、人によってやり方は若干違います。これはサービス・ユーザにもスタッフにとっても大きなストレス因子になります。そのため12月は、さまざまな活動の中でいつもより騒動が多くなります。1月が始まると、スタッフ、サービス・ユーザ（そして親）、双方がほっと一息つくのです。

大きなライフイベント

親との別れ、引っ越し、転職、転校、生活療法（訳注：日本の武蔵野東学園で開発された自閉症のための教育プログラム。体力作り、心づくり、知的開発を重視している）の変化も大きなライフイベントに入ります。これらのライフイベントに伴うストレスレベルは、低下までかなり時間がかかることが数々の研究からわかっています。1967年、ホームズとラヘスは、配偶者の死、離婚、病気、結婚、子どもの誕生、個人的な大きな成功など多様なライフイベントを取り上げ、適応する難しさについて記しています。また、2、3年の間に大きなライフイベントが多いほど、心身共に疾患にかかるリスクが増えるとも述べています。私とウースコフは、ライフイベントの中には長期にわたる基本ストレス因子がもたらした結果と言えるものがあるのではないかと考えています（注釈1）。

神経発達障害や知的障害があると、ライフイベントはさらに大きな出来事になります。引っ越しはとても難しいかもしれません。親との別れは、これまでたくさんの責任を担ってくれていた人との別れでもあり、非常につらいでしょう。親が恋しいというだけではなく、生活全般に多

大な影響を及ぼすからです。

特別支援が必要な人たちは、そのほとんどが、狭い世界で生きています。その世界と生活のスケールを基準にすると、私たちには小さな変化でも、彼らにとってはとてつもなく大きな変化になります。私たちが引っ越しを受け入れられるのは、変わるのは家であって、日常の大部分は変わらないと知っているからです。しかし1日の大半を家で過ごしている人にとって、引っ越しに対する思いはまったく異なるでしょう。（★1）

花粉症

12月はストレスの多い月ですが、花粉症の季節も1年の中で基本ストレス因子となる時期です。この季節になるとスタッフからの緊急電話が急増します。4月から6月の間、私は相談を受けたとき「そのサービス・ユーザは花粉アレルギーの薬を飲んでいますか」と尋ねることにしています。アレルギー症状を抑えるだけで挑戦的行動がなくなることはよくあります。

痛みを伴う症状

痛みを伴う症状があると、苦痛時に挑戦的行動が多くなります。知的障害と共に痛みの症状のある人は珍しくありません。遺伝性の症候群による身体障害や関節障害が痛みをもたらしているのかもしれません。言語を理解しないサービス・ユーザの場合、行動が痛みのレベルを示す唯一の指標になっていることがあります。一方で、通常の気分と痛みの区別がつかないサービス・ユーザもいます。

リゼットは17歳、自閉症と知的障害があります。幼少期から肘を硬

★1　知的障害や神経発達障害のある人たちにとって大きなライフイベントがいかに重要因子であるかを示した研究例：EsbensenとBenson（2006）は、知的障害者における大きなライフイベントは挑戦的行動に結びついていることを発見しました。Tsakanikosら（2007）はライフイベントによる挑戦的行動のリスク評価が可能であることを示しています。

いものにぶつける、手を噛むなどの自傷行動が続いています。言語の理解はありません。両親は自傷をさせないようにと、学校に行っていないときにはリゼットをベッドにくくりつけるようになりました。外出するときにはジャケットの下で両腕を身体に縛りつけていました。

年齢が上がると、医師はリゼットの身体が均一に成長していないことに気づきました。脚の左右に違いがあり、股関節にも異常がありました。何度か手術を受けたものの、完治しませんでした。いくらか痛みもあるだろうと言われました。

13歳になると、リゼットの自傷は一層激しくなりました。ひもなど縛るものがないとき、両親は保護のつもりでリゼットの両腕を後ろに回してつかんでいました。このやり方は学校でも受け入れられるようになり、先生方はリゼットが自傷をしそうになったら腕を縛っていました。

17歳になったリゼットには、自傷予防として腕を押さえる支援者が常時3人必要になっており、それだけ費用がかさんでいます。リゼットを押さえるのは身体的にたいへんな力が要ります。リゼットは座るのをいやがり、1日中立っています。腕をつかんでいる人に激しく反応し、嫌いなスタッフには爪を立てたり、蹴ったりします。

リゼットの両親は投薬には反対しています。いわゆる抗精神病薬は自傷行動に有効な場合が多いのですが、両親はアスピリンより強い薬は飲ませるべきではないと考えています。しかし医師と話し合い、強めの痛み止めを試してみることに同意しました。効果はすぐに表れました。担当スタッフに対する反応は急にやわらぎ、リゼットは毎日長時間機嫌よく過ごせるようになりました。スタッフを引っかいたり蹴ったりしなくなり、着席もできるようになりました。

ところが、せっかく改善し始めたのに、両親は投薬をやめてしまいました。痛み止めを服用中のリゼットは何を考えているのかわからず、家での日課をうまくこなせないというのがその理由でした。リゼットは、週末にときどきデイケアを利用していますが、そこのスタッフも学校の先生方も投薬なしでは非常に厳しいと思っています。

学校とデイケアでは投薬が認められたおかげで、リゼットは週に何日間かは調子よく過ごせています。

恋愛の問題

他のサービス・ユーザと、あるいは障害のない人と恋愛関係になるサービス・ユーザがいます。これはたいへん良いことですが、うまくいかなくなったときに大きなストレスをもたらす恐れもあります。

マーラは32歳、軽度の知的障害があります。同年齢の9人のサービス・ユーザとグループホームに住んでいます。特別支援が必要な人たちを対象にした音楽祭で、マーラはポールという35歳の男性と知り合いました。ポールは市内の別のグループホームで暮らしています。2人は交際を始めました。

まもなく、関係がぎくしゃくしてきましたが、2人の対処法は正反対でした。喧嘩（ささいな不一致が原因）をしたとき、マーラは関係が終わるのではないかと焦り、ポールのグループホームへ出向いて話し合いを求めました。マーラは、とにかくすぐに解決して安心したいのです。

一方、ポールは身をひいて、マーラと話したがりません。しばらく1人でいる時間が必要です。そしてその後、マーラに連絡をとり、何事もなかったかのようにふるまいます。喧嘩について話すのはとても苦手です。

2人の間では交際初期から、あるパターンが定着していました。喧嘩の後、ポールが引きこもり、マーラは何とかポールを見つけ出し、話し合うまで帰らないと言い張ります。ポールは居留守を使いますが、マーラはスタッフに頼み込みます。とうとうポールがこう言いました。「もう、帰ってくれないか。そうしないときみを叩いてしまうから。僕はそんなことしたくないんだ」。しかしマーラは帰ろうとせず、ポールはマーラを叩きました。マーラは走って帰り、2、3日するとポールが何事もなかったかのようにマーラに連絡をしました。

関係は騒然としたものでした。2人とも激しいストレスを抱え、QOL（生活の質）は著しく低下していました。6カ月後、ポールはマーラに暴行を加えたことで有罪になりました。マーラのグループホームのスタッフが警察に通報したのです。「あのとき、マーラは帰ることができたのに。僕は叩いたりしたくなかった」とポールは話しています。

　以上、いくつかの例を挙げて述べた基本ストレス因子には「すぐにおさまらない」という共通点があります。サービス・ユーザは長期間ストレス因子を抱えることになります。基本ストレス因子の例はまだ数多くあるでしょう。担当のサービス・ユーザに基本ストレス因子がもっとあるのではないかと、ぜひ検討してみてください。

3. 場面 ストレス因子

　多くの人が、何らかの出来事が引き金になって挑戦的行動が起こると感じています。その行動は、要求が強い場面で、あるいはサービス・ユーザが理解できない状況で生じているかもしれません。研修会では挑戦的行動のきっかけとして、また解決策が必要な事柄としてスタッフから次のような項目がよく挙がります。

- 要求
- 言い争い
- 自分の思いが伝わらない
- 痛み
- 突然の騒音
- スタッフの交代
- 嫌いなスタッフやサービス・ユーザ
- 突然の変更

- 期待に応えられない
- 食べ物
- 不公平
- パーティー
- 拘束

要求

　スタッフも親御さんも、サービス・ユーザは特定の要求には応じられると考えています。例えば、かばんから教科書を出しなさい、もう寝なさい、自分で着替えなさい、遠足のとき帰る時間になったらバスに乗りなさいなど。今していることをやめさせるのも要求に入ります。

　サービス・ユーザは、はっきり拒否するかもしれません。あるいは要求通りにできないかもしれません。要求に伴うストレスが大きいと、サービス・ユーザはすぐに応じられなくなります。ストレスが少し軽く感じられるまで待ってあげると、サービス・ユーザのセルフコントロールは回復します。

　要求場面はしばしば挑戦的行動を引き起こします。対処については、前章「要求の調整」で述べた通りです。要求場面で挑戦的行動が起こっても、それはサービス・ユーザの過失ではありません。

言い争い

- 言い争いの中に自分が入っているとき。

　バスの中で誰かが周りの人たちに怒っていて、その中に自分が入っていると、極度のストレスになることがあります。叱られると非常に大きな苦痛を感じる人もいますが、言い争いは叱責よりもお互いの関係が同等です。先に挙げたマーラとポールの喧嘩もその一例です。

- 周りの人たちが争っているとき。

　要求に対する他のサービス・ユーザの反応や、平等にまつわるトラ

ブルが言い争いの原因かもしれません。このストレスは、両親が喧嘩をしているときに子どもが感じるストレスに似ています。知的障害や神経発達障害がある人の多くは、このような状況をうまく通過できません。展開を予測できないため、他の人たちの言い争いは耐えがたい出来事になります。

自分の思いが伝わらない

コミュニケーションがうまくできないと、何かを伝えようとしたとき苛立ちが生じます。幼い子どもは自分が伝えたいことをわかってもらえないと激しく腹を立てることがあります。サービス・ユーザもそうです。自閉症のサービス・ユーザが乏しい言葉で何かを発し、それを誤解してしまったスタッフがパンチをくらうのは珍しいことではありません。

痛み

私たちは頭痛、歯痛など一過性の痛みを経験しています。そして、そのような痛みがあると機能レベルがどうなるかも知っています。痛みを表現できる人には必要な配慮ができますが、言葉のないサービス・ユーザの場合、対処はさらに困難になります。

突然の騒音

感覚刺激に敏感な人にとって突然の騒音は強いストレスになります。ドアがバタンと閉まる音や、周りの人の咳も挑戦的行動の引き金となる可能性があります。

スタッフの交代

学校活動では担当教師の変更が子どものストレス因子になることはよく知られています。私の子ども時代、代替として来る先生は次のいずれかでした。

教師の変更が児童のストレスになると理解していないため、ひたすら教科書に沿った指導をしようとする。

代替教師が来ることは児童の負担になると知っているため、物語の読み聞かせをしたり、ボール遊びなどをする。

通常学級の子どもたちも代替教師に敏感に反応します。ましてサービス・ユーザならどれほどでしょう。代替スタッフになったら、自分自身がストレス因子であることをよく意識し、要求を調整してください。

嫌いなスタッフやサービス・ユーザ

エルサには軽度の知的障害があります。現在75歳で、同じような障害のある高齢者を対象にした老人ホームに入所しています。エルサは成人後ずっと施設で暮らしてきました。その間に挑戦的行動が出るようになりました（主に、スタッフを叩く、家具を投げる）。今のホームに移ったのは70歳のときです。移るかどうか、エルサは迷っていました。初めてホームに見学に行ったとき、エルサはマネージャーにスタッフはきれいな人たちかと尋ねました。マネージャーが理由を聞くと、エルサはこう答えました。「私を担当するならきれいな人でなくちゃ。きれいでないと、私はときどき家具を投げてしまうから」。マネージャーとエルサはホームの中を歩きながらスタッフに挨拶をしました。スタッフに出会うたびにエルサはマネージャーに「あの人はきれい」、「あの人はブサイク」と告げていました。

エルサの判断ではスタッフの3分の2はきれいでした。マネージャーはエルサに言いました。「約束しますよ。ここではきれいな人がそばにいるようにしますからね。ブサイクな人とは話さなくても済むようにします。エルサさんは誰に担当してほしいのか、みんなにわかってもらうようにします」。エルサは喜んで引っ越しに同意しました。移り住んでから5年間、エルサは家具を投げていません。

エルサには、周りにいると我慢できなくなる人たちがいます。エルサは彼らを「ブサイクな人たち」と呼んでいます。甥が「僕はきれいなの？」と尋ねると、エルサは「まさか。そんなわけないじゃない。家族だもの」と答えていました。そのとき、エルサの世界には「きれいな人」、「ブサイクな人」、「家族」という３つのカテゴリーがあるのだとわかりました。彼女が言う「きれい」は、一般的な「きれい」の概念とは何の関係もないのです。エルサには好きな人たちがいる一方で、周りにいるとどうしたらいいのかわからなくなる人たちがいます。そのような人たちは、エルサにとってストレスでしかありません。ただ「ブサイクな人」、「きれいな人」という表現のせいで周りから「エルサは本当は誰と一緒にいたいのかしらね。容姿が基準ではないのはわかるけど」と言われています。

サービス・ユーザ同士でも苦手な人たちはいます。その人がイライラさせる音を出すからかもしれません。あるいはずいぶん昔に叩かれたことがあるからかもしれません。苦手な人と同じ部屋にいるように言われるとつらいでしょう。日常生活が順調に進むように、この点でも私たちは要求を調整していかなければなりません。

突然の変更

特別なニーズのある人たちにとって、突然の変更はおそらく最も共通するストレス因子です。すでに記した通り、頑固さや柔軟性の問題があると、日常生活で予測できなかった出来事や変更が不安をもたらすのは当然です。

> **アダム**は15歳、アスペルガー症候群です。トキオ・ホテル（ドイツ出身のバンド）の音楽が大好きで、ニューアルバムを楽しみにしています。発売日当日、アダムはCDを買いに街に出かけました。ところが店に行ってみると、CDはもう売り切れになっていました。アダムにとって、それは想像もしなかったことでした。アダムは激怒しました。スタッフを叱咤し、無能で良い音楽を何も知らないと罵り、CD

ラックをひっくり返しました。

　アダムは生活で何か変更があると、それに応じるのが非常に困難です。世界一だと思っているバンドのニューアルバムがCDショップにないというのは、想定外の重大事項で、とても受け入れがたいことでした。アダムには街に行くこと自体がたいへんです。それでも出かけたのは、アルバムを買うという大きな動機付けがあったからです。街に行くストレスと、アルバムが売り切れだったというストレスがつながり、アダムは混乱してしまいました。

　スタッフや親は本人のために良かれと思い、あえて変更を入れることがあります。正しいことをしたような気になるものですが、変更は構造化を乱し、ストレスや不安を与えかねないことを理解しておかなければなりません。

　　カミールは自閉症の人たちのグループホームで暮らしています。見通しを立てる力が非常に弱く、日常生活ではその点で特に支援を要します。カミールはスケジュールに変更がないかどうかしょっちゅう確認しています。例えばスケジュール表には「お母さんは1週間に2回来ます」と書いてあります。カミールはそれが本当かどうか確かめたくて母親に電話をかけ、「さびしいから来てほしい」と訴えます。娘には元気で暮らしてほしいと願っている母親はすぐに車で会いに来ます。グループホームに着くと母親はスタッフに苦情を言います。「カミールはまた電話をしてきたんですよ。悲しいのに皆さんは何もしてくれないって」。

　　実は、カミールは母親の訪問にどうしたらよいのかわかりません。スケジュールが変わったことになるからです。カミールは見てわかるほどストレスに圧倒されてしまいます。母親がそこにいると途方にくれてしまうのです。でも母親は来て良かったと思っているので、カミールから電話があるとまた来るでしょう。

不安が高まれば高まるほど、カミールはもっと頻繁に母親に電話をかけます。ここでは悪循環ができあがっています。母親は自分を輝く鎧をつけた騎士のように感じ、スタッフを役立たずだと思っています。母親がいつも割り込んでくるため、このグループホームのスタッフは、スケジュール表を使ってカミールに安心感を与えることができなくなっています。

　　ケビンは17歳です。10歳から自閉症の子どものためのグループホームに住んでいます。最初の2年間はとても順調でしたが、ここ2年ほどは問題が生じています。ケビンが引っ越した頃、グループホームはすべて新しく、非常に構造化されていました。スタッフはTEACCHの研修を受けていました。しかし年月が経つにつれ、構造化はゆるくなってきました。ケビンは構造化がなくてもうまくやっていけるように見えたからという理由もあります。

　　ところが、昨年からケビンは悩んでいます。自分は大人になったと感じ、これからどうなるのかと心配しています。数名のスタッフが退職し、ケビンによくかかわっていたスタッフの1人が長期にわたって病欠していることも不安に追い打ちをかけています。

　　ケビンは車のことなら何でも大好きです。車で出かけるのも、車を見るのも、車について話すのも好きです。洗車や給油も楽しんでいます。日課の一部は車に関連したものになっています。

　　ある日、ケビンは上機嫌でした。嬉しそうで生き生きとしていました。放課後、スタッフと車で出かけることになっていたからです。スケジュールでは「森に散歩に行く」となっていましたが、ケビンはそれよりもカーショップに行って新車を見たがっていました。スタッフは大丈夫だろうと考え、行き先をカーショップに変更しました。出かけている間はまったく問題はありませんでしたが、ホームに戻るとケビンはとても落ち着かなくなりました。スケジュール表の次の予定は「テレビを見る」「寝る」でしたが、スタッフはケビンを洗車に連れて行きました。洗車中もケビンはまったく落ち着かず、ホームに帰ると

自分の頭を壁に打ちつけ、叫び始めました。スタッフは警察を呼び、ケビンは精神科の救急外来へ連れていかれました。そのまま入院が決まり、鎮静剤が処方されました。

　ここでも、スタッフはサービス・ユーザを助けようとしたのですが、それがどういう結果につながるかは理解していませんでした。まず、ケビンがカーショップに行きたいと言ったことでスケジュールを変えています。「カーショップには明日行こう。今日は前に決めた通り、森に行くよ」と話して約束をしたほうが良かったでしょう。スケジュールの変更でケビンは落ち着かなくなりました（ストレスが高まっているサイン）。私たちは自分が落ち着かなくなったとき、どこかに行って好きなことをするのがいいと考えます。スタッフもそう思い、ケビンを洗車に連れていきました。ところが、ケビンは定型発達ではありません。私たちに有効な方法が発達障害のある人たちに適用できるとは限りません。スタッフはそれを忘れていました。スケジュールに２つも変更が生じたことは、ケビンにとって耐えがたく、混乱が高まり、夜にパニックになってしまったのです。

　その後の相談会でスタッフは、なぜケビンが時折あのように爆発するのかわからないと言っていました。自分たちは、あらゆる手を尽くしてケビンが気分良く過ごせるようにしているのにと思っていました。ケビンの爆発の責任はスタッフにあります。ケビンのような子には変更がどんな影響を与えるのか理解していないから爆発が起こったのです。

期待に応えられない

　私とウースコフが面談をした若い人たちは、自分はよそ者だという思いが基本ストレス因子になっていると言っています。他にも、自分はみんなとは違うと実感することや、人とのかかわりがうまくできないことも場面ストレスとなります。自分ではできると思っていた課題を完了できないときにもストレスが生じています。

食べ物

食べ物は誰にとってもストレス因子です。例えば、とてもおいしい食べ物があり、それを心から楽しみたいなら、穏やかな雰囲気が必要です。テーブルにキャンドルの灯りが揺れていて、安心できる人が一緒なら、なお良いでしょう。ホットドッグの屋台で牛フィレステーキを食べたい人はあまりいないのではないでしょうか。そぐわないように感じるからです。

サービス・ユーザにも食べ物はストレスになります。私たちがごちそうを楽しむときにするような演出は苦手な人もいます。他の人たちと食べてもリラックスするどころか、話しかけられたりするので、別なストレスを負いかねません。

食べ物が出てくる場面では、言い争いが多くなります。スタッフからは、座ってください、きちんと食べてください、などの要求が出るでしょうが、食べ物が目の前にある状態では従うのが難しくなります。ナイフとフォークを使う練習をするときには、皿に食べ物を置かないほうが、たいていうまくいきます。食べ物があると課題に集中しづらくなるからです。

不公平

柔軟性が乏しく、融通が利かないサービス・ユーザは、多くの場合、不公平に我慢できません。これは誤解されがちな問題です。第2章のジョンのエピソードを思い出してください。

> ジョンは12歳、アスペルガー症候群とADHDがあり、特別支援学校に通っています。ある日、午前の休み時間に9歳の男の子がジョンの帽子を奪い、仲間のところに走り去りました。数分後、ジョンが何とか奪い返すまで、その子どもたちは帽子を投げ合って遊んでいました。
>
> 昼休み、ジョンは野球のバットを持って外に出ました。そして帽子を奪った子が砂場で遊んでいるのを見つけると、バットでその子の顔

を思い切り殴りました。なぜそんなことをしたのかと聞かれてジョンは「ああすれば、もう帽子を取るのをやめるかもしれないから」と答えました。その子はおそらくもう取らないでしょうが。

ジョンは不公平を解消しようとしました。不公平さが解消されると不安が最小限になるからです。恨みをもちながら日常生活を送るのはつらいのです。もし誰かと衝突しても、問題が解決すれば恨みは残りません。

不公平感は長引くほど大きなストレス因子になります。休み時間の後には授業が2つありましたが、ジョンは集中できなかったでしょう。9歳の子を殴って初めてほっとしたのです。帳尻が合い、ストレスが消えたためです。

パーティー

発達障害のある人たちにとって、大勢の人が集う活動に参加するのがどれだけたいへんか、親御さんもスタッフもよく知っています。例えば、クリスマス会は、保育園、学校、セラピーの施設、大型のグループホームなど、あらゆるところで行われます。他にも市が主催のフェスティバル、大きなスポーツイベント、コンサートもあります。これらの集まりが苦手な一番の理由は、見通しが非常に立てにくいからです。

エマは11歳、アスペルガー症候群です。通常の小学校に通っています。ある日、同級生のエリアスという男の子が自分の誕生日にクラス全員を招待しました。エマは以前パーティーに出かけてつらくなり、トイレに閉じこもって落ち着くまでじっとしていたことがありました。今回もそうなるのではないかと心配していましたが、実は誕生会に行きたくてたまりませんでした。

誕生会の3日前、エマはエリアスの母親に電話をかけて「お誕生会のプログラムを知りたいんです」と頼みました。エリアスの母親が戸惑っていると、エマはこう言いました。「あのう、私はプログラム

がわからないとパーティーにいるのがすごく難しいんです。それで何を食べるのか、いつ食べるのか知りたいんです。あと、何人来て、いつ終わるのかも教えてください」。

　エマは先に情報を得ることでストレスを減らそうとしています。事情を知らない人には奇妙に思えるかもしれません。11歳の子どものパーティーといえば、内容も流れも、だいたいすぐに見当がつきます。しかしエマはアスペルガー症候群のため、一般化をして考えるのが困難です。パーティーにはたいていパターンがあるから、今回もきっと同じだろうとは思いません。また、パーティーではさまざまな食べ物が出ますが、エマはそれも不安なので、事前に教えてもらい、パーティーの概観をつかもうとしています。幸い、エリアスの母親は子どもに誠実に向き合う優しい人でした。エマは知りたかった情報を得て、誕生会に出かけることができました。

拘束

　私がこれまで面談をしてきた大勢の人が、最も大きなストレス因子は拘束であったと述べています。サービス・ユーザはなぜ自分が拘束されているのかわからないことが多く、拘束は一番予想外の経験だったと語っています。拘束されているときの屈辱感や無力感は耐えがたく、不安を増大させます。

　拘束によって自尊心が小さくなった、周りの人たちへの信頼が低下した、その後も不安が長く続いた、と言う人たちもいます。

　私は「どんなときでも拘束は必要ない」という見解に立っています。拘束をしてしまうような状況は、しばしばスタッフの振る舞いがきっかけで起きています。本書が拘束を避けるためのツールとなることを願ってやみません。この件については、次の章であらためて述べますが、規定として、拘束などの緊急行為は一時的でなければなりません。また、サービス・ユーザがセルフコントロールを取り戻せるように気をそらせたり、安心を与えることを基本としなければなりません。スタッフが

サービス・ユーザをコントロールする目的であってはなりません。

　以上は、すべて場面ストレス因子の例です。実際はもっとあります。個人に特化している因子もあります。ここに挙げた例は、あなた自身のサービス・ユーザのストレス因子を探すヒントになると思います。不要な場面ストレスをもたらさないような工夫はもちろん必要ですが、どんなことがQOL（生活の質）に寄与するかも覚えておいてください。クリスマス会や音楽祭への参加にはストレスが伴いますが、素晴らしい経験になるかもしれません。一生の良い思い出になる可能性もあります。ただし、ストレスのレベルには配慮が必要です。あらかじめ基本ストレス因子のレベルを下げておくか、場面ストレスを管理してください。

4．カオス（混乱状態・パニック）の兆候

　溜まったストレスが少しでも大きくなると、さまざまな行動に反応しやすくなったり、特定の症状が現れることがあります。それらは、パニックに近づいているサインとして、次のように分類することができます。①その人独自のサイン、②問題のように見えるが実際は本人にプラスの効果もあるサイン、③ネガティブなサイン、④スキルの喪失。

①その人独自のサイン
言葉あるいは音
　高い歌声、チックのような発語や発声、喉を鳴らす音、舌で出す音。特定の状況で使う単語を言う人もいます。

> **クリストファー**は10歳、ADHDとアスペルガー症候群です。1970年代のデンマークのコメディ映画「オルセン・ギャング」のシリーズが好きです。特に汽車の襲撃がある「追跡オルセン・ギャング」を気に入っています。

ストレスがあるとき、あるいはストレスが高まっているとき、クリストファーは映画のキャッチフレーズを口にします。例えば友だちに「おい、社会民主党め」などと言います。普段はそういうことは言いません。

パターン化した動き
　手や頭の動きを含みます。トゥレット症候群でチックがある人は、ストレスがいつもより高まるとチックの回数が増えます。

「暗い目」
　カオスの兆候としてスタッフはよく「暗い目」を挙げます。通常、怒りの始まりは目に表れます。

会話で特定のことばかり話す
　これはサービス・ユーザにとってはプラスにもなり、マイナスにもなります。多くの場合、同じ話題を出すのはストレスや不安に関連しています。特に知的障害のある人たちは不安感を何らかの経験に結びつけていることがあります。不安になるとその経験（例えば母親の死）について、あるいはそのときに話したことや、したことを口にする人がいます。

　サンドラは24歳、知的障害があります。幼い頃、サンドラの両親はよく喧嘩をしていました。1度、父親が母親を殴ったことがありました。サンドラがディズニーのクリスマスビデオを見ている最中でした。その日からサンドラは、ストレスを感じるとディズニーアニメの話をするようになりました。本当は嫌いなのに、ディズニーアニメは彼女の人生の大部分を占めているのです。

自分にしかわからない複雑なサイン
サインは人によってさまざまです。私の同僚のトリーネ・ウースコフ

は非言語性学習障害の 21 歳の女性を担当しています。ストレス因子モデルの調査で、彼女は次のような話をしていました。「大きなストレスがあると、もちろんわかりますよ。二日酔いで目が覚めて、そばに男の人たちがいるときとか。気分が悪くなると、私は自分の価値を認めてほしくて誰にでもキスしたり、知らない人と寝たりしちゃうんです」。

②プラスの効果もあるストレスサイン、または対処方法

ストレスが高まっているサインでありながら、ストレスの減少につながるポジティブなサインもあります。周りの人たちは良いとは思わず、問題視することもありますが、サービス・ユーザにとっては少なくとも最初は良い効果をもたらしています。中には、第 2 章で述べたセルフコントロールする方法に通じるものもあります。以下がその例です。

- ストレスの多い生活を避けて引きこもる
- 疲れて眠りに陥る
- 対処法として自傷をする
- 怠ける
- 特別な興味に没頭する
- 空想の友だちと交流する
- インターネットゲームをする

ストレスの多い生活を避けて引きこもる

周りの出来事に一切かまわず、精神的に引きこもることができる人がいます。一方、ストレスを遮断するため何かに集中するには、コンピュータなどが必要な人もいます。

先に紹介した**ダニエル**の話です。彼は毎日テレビの力を借りて 2 時間ほど引きこもります。そうしなければ日常生活をうまく送れないのです。見るのはアメリカの連続ドラマです。再放送も見ます。お気に入りはホームドラマの「ギルモア・ガールズ」です。23 歳の男性に

しては珍しいでしょう。テレビを見ているとき、とりわけ、前に見たことのある番組を見るとリラックスするとダニエルは言っています。テレビにはきちんとした番組表があり、その通りに放映される点も良いのです。

レオは9歳、ADHDです。入学して1年間は、授業に集中できず、暴れることもあったので、ほとんど教室外で過ごしていました。2年生になると新しい担任の先生は、このままでは良くないと考え、レオにこう言いました。「先生が怒って、きみを外に出すのではなくて、別な方法を考えたほうがいいと思わないかい？」。レオはうなずき、「そう思う」と答えました。「先生に考えがあるんだ。レオは廊下でできることで、何が好き？」。レオは、シャボン玉をするのが好きだと答えました。「じゃあ、廊下に戸棚を置こう。鍵はレオにだけ渡す。その戸棚にはシャボン玉液の瓶を入れておく。授業に集中できなくなったら、教室から出て5分間シャボン玉をしてもいい。それでいいかな？」。レオは5分は短すぎると思い、先生と話し合って6分にしてもらいました。その日から廊下に戸棚が置かれ、レオは日に1回ほど自分の判断でシャボン玉を吹きに出ています。先生に言われて出ることも週に2、3度ありますが、そのようにしてレオはストレスを遮断し、緊張をほぐしているのです。

チャーリーは9歳、特別支援学校に通っています。入学後まもなく、先生方は、チャーリーがストレスを抱えるとテレビキャビネットの中に隠れることに気づきました。そこで10分ほどじっとしているのです。初めは週に2、3回でしたが、最近は1日に2、3回になっています。キャビネットの中にいる間は、先生方が声をかけても答えません。先生方は無理にキャビネットを開けたことはありません。キャビネットに入ることについて話し合おうとしましたが、チャーリーは断固拒否しました。しかしそのうち、チャーリーの身体が大きくなり、キャビネットが狭くなってきました。先生方は、キャビネットの底板

を切り落としました。チャーリーの下半身はうまく収まるようになりましたが、それもしばらくの間だけでした。チャーリーはどんどん大きくなり、もうキャビネットに入ってもドアを閉められません。新しい隠れ場所を与えても、チャーリーは受け入れないでしょう。現在、それが問題になっています。

　以上の３人は皆、ストレスを遮断するという対処方法を使っています。そうすることで、日常生活を管理できるのです。だからこそ周りにいる人たちは、ダニエルのテレビやレオのシャボン玉、チャーリーのキャビネット入りを制限してはいけないのです。

疲れて眠りに陥る

　新生児は刺激が多いと自分を守るために眠りに陥ることがあります。サービス・ユーザの中にもそうする人たちがいます。授業中に眠ってしまう十代の子がいますが、若さゆえのストレスと学校でのプレッシャーが過剰になっているからかもしれません。

　　　モアは 17 歳、知能は平均的で ADD と自閉症の特性があります。調子が良いと、夜に 10 時間、放課後は 1 時間ほど眠ります。調子があまり良くないと、学校から帰るとまっすぐベッドに行き、夕食のときだけ起きてきます。学校でも授業中にときどき眠っています。

　眠っているとき、モアにはストレスがありません。余暇をすべて睡眠に充てることで、一切の精神的刺激や要求を除去しています。学校では毎日多くの要求が出されるため、長時間の睡眠が支えになっています。意識的な対応策ではありませんが、眠ることで確かにストレスは軽減されています。

対処法として自傷をする

　第２章のセルフコントロールの箇所で、知的障害や神経発達障害のあ

る人たちが困難な状況を乗り越えるために自分の手を噛んだり、切り傷を作ったりすることがあると述べました。コーピングとしての自傷の基準は、短期的なストレス軽減が目的であることです。例えば、

- 爪や甘皮を噛む
- 甘皮をむしって小さな傷を作る
- 自分の手や腕を噛む
- 自分の身体に浅い切り傷を作る（腕が多い）
- 肘の内側（尺骨神経）を強く押す、あるいはぶつける
- 傷をひっかく

　このような行動は絶対してはいけませんと誰が言えるでしょうか。並んで何かを待っているときストレスで甘皮をむくのと、自分の腕に切り傷を作るのとではレベルが違うだけです。神経発達障害のある人の多くは、痛みを感じにくかったり、私たちとは違う感じ方をします。上記のような自傷は許可されるべきなのです。これらの自傷行動そのものをどうにかしようとするのではなく、自傷をもたらすストレス因子を減らすことに取り組んでください。

怠ける
　怠けるという表現は適切ではないかもしれません。自分の意思でそうしているというニュアンスがあるからです。しかし私は怠惰に意思がかかわっているとは思いません。行動できる人は行動します。つまり、行動しないのは、単にできないからなのです。
　私は子どもの頃、無精者だと思われていました。いつも手っ取り早い方法を探し、できるだけ少ない労力で終わらせようとしていました。遠回りをするのは愚かだという考え方から自分を守っていたという理由もありますが、この無精さは私の発達を促したと思います。もし人類が生まれつき怠惰でなかったら、時間や労力を節約する便利なものは発明されなかったでしょう。しかし先生や親にとって私の横着さはそれほど快

いものではありませんでした。

　大人になって気づいたことですが、怠惰は課題と関連しています。十代のとき、ギターを弾こうと思い立つのは簡単でした。今は、講演やスタッフ研修、執筆は楽に取り組めます。ところが溝掃除を始めるのはちょっとたいへんです。出張や夜の講演が重なって慌ただしい１週間を過ごした後は、溝掃除はどうでもよくなります。ストレスが少ない平穏な週の後にすればいいと思います。知的障害や神経発達障害のある青少年や成人で、怠けていると思われている人はたくさんいます。しかし怠けるのはストレスを避ける優れた方法とも言えるのです。

　　アントンは 22 歳です。3 歳のとき小児自閉症（childhood autism）と診断されました。17 歳で診断名はアスペルガー症候群に変わりました。最初は特別支援学校に通っていましたが、3 年生で通常の小学校に転校し、そのまま中学校へと進みました。成績はまあまあでしたが、高い知能から期待されるようなレベルには至りませんでした。
　　現在、アントンはストレスモデルを使用した自己理解のコースを受けており、こう話しています。「ストレスについては何も知りません。ストレスを感じることもありません。プレッシャーや難しさを感じたら、それ以上無理しないんです。手を引くんです。うるさすぎると思ったら家に帰ります。作文を書くのがストレスになるなら、書きません。このやり方は絶対効果的です」。

　アントンはストレスを遮断し、怠けることにしています。それで短期的には効果を得ています。問題は長期的に見て有効かどうかです。おそらくアントンは自分の全力を出し切っていません。それでも通常の学校に通い、大学に受かるだけの基礎知識は身につけてきました。もし強いストレスを感じていたら、そこまで進めなかったでしょう。特別支援学級か特別支援学校に在籍していたはずです。

特別な興味に没頭する

興味の追求は自閉症やアスペルガー症候群の人たちによく見られますが、他の障害のある人たちにも珍しいことではありません。自閉症の場合、視覚的な動きや匂いなどの感覚刺激が特別な興味へのきっかけになることが多いです。アスペルガー症候群のオーウ・シンケバックは、養蜂に強い興味をもっており、その中心は蜂の巣の匂いだと述べています（Sinkbæk 2002）。重度の知的障害を伴う自閉症では、特別な興味はボールペンや道具の取っ手を集めるなどの単純なことに向かいます。一方、自閉症でも平均的な知能があると、興味の対象はオペラやワインなど非常に複雑なものになるかもしれません。アスペルガー症候群では多くの場合、男の子は技術的なことに、女の子は社会的なつながりに惹かれます。男の子はコンピュータソフトの開発や電車を好み、女の子は馬やネコを好むでしょう。

トニー・アトウッドはストレスの対処法としての特別な興味について記しています。アトウッドによると、一定の期間、特別な興味にいつも以上に集中するときには、ストレスが関連しています。特別な興味があること自体はストレスが高まっているサインではありません。それに一層没頭することがサインなのです（Attwood 2006）。

ミカエラは29歳、アスペルガー症候群です。文法の研究をしており、現在、博士課程にいます。3年前、スティーブンという男性に出会い、翌年結婚しました。スティーブンも博士課程の学生で、専門はフランス語です。ミカエラは「スティーブンのこと大好きです。フランス語がすごく上手なので」と言っています。

最近、2人の間に女の子が生まれました。子どもの誕生はミカエラに圧倒的な変化をもたらしました。赤ちゃんは大人が予定した時間にミルクを飲んだり眠ったりしません。どんどん乱れていくスケジュールにミカエラはどうしたらいいのかわからなくなりました。スティーブンには重い責任がのしかかりましたが、幸い、彼は喜んで引き受けていました。ミカエラは定期的に心理士に相談することになり、子

どものための時間を含めたスケジュール作りを手伝ってもらっています。

　おむつ替えや授乳をしているとき何を考えているのですかという質問にミカエラはこう答えています。「文法。前は１日を通していろいろなことを考えていましたが、今はほとんど文法だけです」。

空想の友だちと交流する

　ストレスが多くなると空想の友だちを作る人たちがいます。３、４歳の子どもは、きょうだいが生まれたり、引っ越しを経験するときによく空想の友だちを作ります。幼い子どもの生活にそのような変化はとてつもなく大きなライフイベントに相当します。空想の友だちはその後、たいてい２、３カ月ほどで消えます。

　ところが消えない場合もあります。よくある基本的な理由は、子どもが困難や強いストレスを処理するために会話のパートナーとして空想の友だちを必要としているからです。神経発達障害や知的障害のある人たちには、空想の友だちが長年存在していることがあります。

　メアリーは63歳、ダウン症です。成人してから施設で暮らすようになりました。現在はグループホームに住み、個室で音楽を聴いたり編み物をしたりして過ごしています。数名の人と一度に交流するのがとても苦手で、生活療法を受けています。

　メアリーには空想の友だちが35人います。始まりは子どもの頃に想像した30センチほどのキリンの友だちでした。やがてキリンの数は35に増えました。メアリーはキリンたちにほとんどずっと話しかけています。キリンがいくつ登場するかは、そのときどきで変わります。3のときもあれば、10のときもあります。調子が悪い日には全部のキリンが揃います。

　スタッフが部屋に入ってきても、メアリーは直接話ができないことがあります。そんなときメアリーはキリンと話し、キリンがそれをスタッフに伝えています。

空想の友だちはもっと複雑なものになるケースもあります。

ルイース・イェンセンは 25 歳、デンマーク在住で、アスペルガー症候群です。私と社会的相互作用の問題をテーマにしたオーディオブックを作ったことがあります（Hejlskov Jørgensen et al. 2005）。ルイースの頭の中には人でいっぱいの世界があります。ルイースはその人たちに話しかけ、他者とかかわる活動には一緒に参加しています。オーディオブックの中で彼女はその話をしています。その独特の世界は子どもの頃できたのですが、ルイーズは十代になって初めて、他の人にはそういう世界がないのだと気づいたそうです。

予想外のことは何も起こらない世界に入るのがどんなに心安らぐか、ルイースは語っています。

空想の友だちや世界があるのは良いことです。難しい日常生活の管理が可能になるからです。親御さんもスタッフも心配は無用です。空想の友だちをもつ人たちのほとんどは現実世界で生きたくてもできないのです。できるようになれば、すぐにそうするはずです。

インターネットゲームをする

ワールド オブ ウォークラフト (WOW) は、非常に人気の高いオンラインゲームです。世界中の人たちとゲームをすることができますが、勝つには互いに協力していかなければなりません。コミュニケーションはコンピュータを通してテキストメッセージか音声で行います。

何年か前、私が初めて携わったネットゲームの問題は、14 歳の男の子のケースでした。その子は、家で WOW をしていたいという理由で不登校になり、親御さんは厳しく接していました。検査の結果、アスペルガー症候群と診断されました。その子は、学校に行くのはいつもつらかったと言っています。友だちは 1 人もおらず、実際の人とのかかわりは難しいのに、ゲームの世界ではたくさんの友だちがいて、自分がすることもたいていうまくいくと話しています。学校に行くか、家にいる

か、どちらを選ぶかは一目瞭然でした。家にいれば、もっとゲームができるのです。

　以来、私は同じ問題を抱えた大勢の人たちに出会ってきました。その経験から言えるのは、彼らは実生活で人とのかかわりが難しくてゲームを始めるのに、ゲーム上ではかかわりが楽にできるということです。学校から離れている期間が長くなればなるほど、再登校は困難になります。そのうち、親、学校の他、福祉課、保健センターなども関与してきます。精神疾患が生じる寸前なのではないか、年をとって死ぬまであああやって座っているのではないだろうか、と周囲は心配します。

　しかしたいていは、１、２年後にはある朝突然起き上がり、実世界に出ていくようになります。

　　ロバートは 14 歳で WOW を始め、16 歳になるとずっと家にいて、それ
　　ばかりするようになりました。社会福祉士のスコットがロバート
　　の担当になり、何とか学校に行かせようとしましたが、簡単ではあり
　　ませんでした。スコットがドアをノックするとロバートは必ずドアを
　　開けました。5 分以上話すことはなく、まったく話したがらない日も
　　ありました。ただ、ゲームをしながら「スコットさんがここにいなく
　　ちゃならないんなら、いても全然かまわないよ。ただし、静かにゲー
　　ムをさせて」と言っていました。スコットがケーキやピザを買ってき
　　てもロバートは「スコットさんからは何もほしくない」と断っていま
　　した。
　　　1 年と 7 カ月が経った頃、ロバートは急に思い立ったかのように電
　　車に乗って、320 キロも離れたところに住んでいる女の子に会いに行
　　きました。ネットゲームで知り合った子です。1 週間後、ロバートは
　　帰宅しましたが、その 3 週間後、その子が両親と住んでいる家に引っ
　　越したのです。ロバートの母親はびっくりしました。1 年 7 カ月、自
　　分の部屋をほとんど出なかった子が、突然 320 キロも離れたところ
　　に引っ越すなんて！
　　　引っ越してから 2 カ月後、ロバートはスコットに連絡をしました。

スコットは毎年恒例になっているロックフェスティバルのチームリーダーを務めています。それを知っていたロバートは、ロックフェスティバルで自分とガールフレンドに仕事があるかどうか聞きたかったのです。スコットは心底驚きました。ほんのわずかな労力でこんなに大きな成果が出たケースはありませんでした。ロバートの中では、仕事探しを依頼するほどスコットとの関係が築かれていたようでした。

　大人になるときにはどの子も不安とストレスに打たれます。ネットゲームをしたくて学校をやめる原因もそこにあると私は考えています。不安とストレスが去ると、子どもたちは現実世界に戻ってきます。だからこそ、近くにいる人たちはプレッシャーをかけすぎないように気をつけなければなりません。第一歩を踏み出す時が来ても、プレッシャーがあると戻りづらくなります。そうなると、もはや本人の旅ではなく、親や心理士の旅になってしまいます。ガールフレンドと彼女の両親と共に現実世界に入ることができたロバートはラッキーでした。自分の家では極めて難しかったでしょう。

③ネガティブなサイン
　ネガティブなサインは、サービス・ユーザだけではなく、すべての人が経験しているはずです。これらのサインはストレスを減らすのではなく、むしろ増やすことが多いためネガティブなのです。例えば

- 苛立ち、攻撃的になる
- 不安になる
- 感染症
- 胃痛
- 感覚が過敏になる
- 睡眠障害
- 強迫的な思考や行動
- 気分のムラが大きくなる

- 落ち着かなくなる
- うつになる、悲観的になる
- 余裕がなくなる
- 学習能力の低下

苛立ち、攻撃的になる

周りの人が迷惑と感じるサインの中でも、これは最も頻度の高いものでしょう。挑戦的行動と同義語だと見なす人も多いです。苛立ちや攻撃的な行動には否定的な反応が返ってきます。その結果、サービス・ユーザのストレスは一層高まります。このサインは、一目瞭然です。あなたがそのサービス・ユーザの態度を親しい自分に対する個人的な攻撃と見なさずに対応できるなら、状況のコントロールは可能になります。ストレスレベルを下げ、要求をもっと調整してください。

不安になる

私の意見では、不安は攻撃性よりも深刻な問題です。不安があると実に多くのことが制限され、QOL が非常に悪化します。

> **サム**は ADHD で、自閉症の特性もあります。8 歳のとき、他の子が投げた石が偶然サムの頭に当たりました。サムは極度の恐怖に襲われ、その後 1 年間ずっと、また石が頭に当たるのではないかという不安にかられていました。
>
> 中学校にあがると、今度は大きなプレッシャーを感じるようになりました。サムはとても意欲的で成績が良かったのですが、そのためにたいへんな努力をしていました。やがて不安発作、過呼吸、動悸、めまい、発汗が起こるようになりました。中枢性統合が非常に弱いサムは、自分の不安と石が当たった出来事を強く結びつけています。不安発作が起こるたびに、また石が頭に当たったと思い込みます。そのうち、同級生に「今、石が当たったの見えた？」、「血が出てない？」と聞くまでになっていました。

石のことを話すサムの様子に両親と先生方は思考障害があると確信し、精神病の兆候ではないだろうかと考えました。心理士との面談が始まってすぐに、サムの不安は過去の出来事に由来していることがわかりました。

　心理士は不安が身体的にどんな感じで表れるのか、サムにわかりやすく伝えました。その結果、不安発作はなくなり、同時にストレスも減りました。不安発作がストレスレベルを大幅に上昇させていたのです。

　不安は人とのかかわりを妨げることもあります。他の人といると不安になるため、そのリスクを減らそうと付き合いを制限し、家に閉じこもる人たちもいます。ところが、不安を打ち消そうとしてもうまくできません。残念ながら、自分を孤立させても不安は高まることが多いです。つまり、不安というサインが長引いていると、それは突然、最大級の基本ストレス因子になってしまいます。そのため、私は不安が生活を覆うようになったら、医学的な処置や認知療法を受けるべきだと考えています。不安症状だけにではなく、間もなく重大なストレス因子となりかねない原因にも対処が必要です。

感染症

　ストレスが溜まると感染症やウイルス疾患にかかりやすくなることは、長年言われてきました。現在は、ストレス下では免疫系の機能が低下すると考えられています。インフルエンザに感染しやすくなり、傷の治りは通常より 49 ～ 60%遅くなるという研究結果が出ています。モンティ・パイソン（イギリスのコメディグループ）のジョン・クリーズは自らのストレスについて記す中で、ナラティブセラピーがストレス低下に効果があり、そのおかげで感染症を予防することができたと述べています（Kiecolt-Glaser et al. 2005; Lazarus 1999; Marucha, Kiecolt-Glaser and Favagehi 1998; Skynner and Cleese 1993; Smolderen et al. 2007）。

　感染症はすべてストレスが原因であるという意味ではありません。プ

レッシャーがあると、プレッシャーがないときよりも感染症にかかりやすくなるということです。これはサービス・ユーザだけではなく、すべての人に当てはまります。

胃痛

子どもの胃痛は、不安や精神的不調にかかわる兆候として知られています。大人では心理的なストレスによる胃炎で痛みを感じるケースが多いです。

やけど、頭部損傷、敗血症など、身体に最大級のストレスがかかると、究極の場合、ストレスに関連した出血や胃潰瘍が急に起こることもあります。いわゆる一般的な胃潰瘍はピロリ菌による感染と考えられていますが、ストレス下では免疫防御が低下するため痛みがより強く出る恐れがあります。これはストレスと細菌感染が組み合わさった症状と言えるでしょう（Feldman 2002; Kleibeuker and Thijs 2004）。

感覚が過敏になる

音や光などの感覚に対する過敏性は特別な支援が必要な人たちによく見られます。特に神経発達障害、知的障害、脳損傷のある場合、顕著です。しかし常に過敏であるとは限りません。感覚の問題は基本ストレス因子になると先に述べましたが、ストレスサインとしては、感覚が一層過敏になることが挙げられます。そして過敏になると、外からの刺激を選り分けるのがますます困難になります。

これはサービス・ユーザに限ったことではありません。私たちもそうです。会議に遅れそうになって急いでいるのに、駐車スペースが見つからず、駐車場をもう１周しなければならないとき、私たちはカーステレオをオフにします。プレッシャーがかかると刺激に敏感になるからです。特別な支援が必要な人たちにかかわるときには、刺激をうまく管理してあげてください。サービス・ユーザは、調子が良い日には特定の環境で過ごせるかもしれません。しかし調子が悪い日にはそれが難しいかもしれません。さらに彼らは、私たちがカーステレオのスイッチを切る

ように周囲の騒音をシャットアウトすることはできません。

　過敏性が高まるとストレスレベル全体が上がります。そのため、これはネガティブなサインなのです。

睡眠障害

　ストレスで眠れなくなった経験は誰にでもあるでしょう。家族の死、失業などたいへんなことが起こったとき、その後何日も私たちの睡眠は妨げられます。金銭的な問題、恋愛問題、子どもの病気、世界平和のこと、心配ごとがあると布団に入っても目が覚めたままです。そして眠れない夜が終わると、私たちは何とか1日を持ち越そうと四苦八苦するのです。しかしうまくいくことはめったにありません。睡眠障害がネガティブなサインなわけは、このようにしばしばストレスを増加させるからです。

　サービス・ユーザにおいても同じです。神経発達障害が原因で、すでに睡眠障害がある場合、サインはその悪化です。

強迫的な思考や行動

　これは意外に多い症状です。不特定の人たちに「強迫的な行動をする人はいますか？」と尋ねたら、手をあげる人は多くありません。しかし「強迫的な行動をしない人はいますか？」と聞けば、誰も手をあげないでしょう。私たちは誰でも、時折、特にプレッシャー下では強迫的行動をします。前にも記した通り、休暇で家を空けるときには窓の鍵やガス、アイロンからコーヒーメーカーに至るまで何度もチェックするでしょうが、仕事に行くときにはそこまでしないはずです。

　　私の知人で年上の**アンソニー**はドアに鍵を3つつけています。休暇で留守にするとき、アンソニーは、ある人に植物の水やりを頼んでいました。その人は鍵を3つ預かっていたので、水やりを済ませるとすべての鍵をかけて帰りました。ところが旅行から戻ったアンソニーは家に入れず困ってしまいました。鍵を2つしか持っていなかった

からです。アンソニーはこう言っていました。「街に行くときには鍵を1つだけ、田舎に行くときには2つかけることにしている。3つ全部かけるのは海外に行くときだけなんだ」。アンソニーにとって、鍵をいくつかけると心配せずにいられるかは、留守にする日数ではなく、留守にしていることをどれだけの人が知っているか、あるいは行き先がどれだけ遠いかが基準になっていたのです。

ルンド大学の講師、ペール・ヨンソンは強迫的思考は珍しくないと語っていました。西洋社会では「私は太りすぎだ」という思いが、最も一般的な強迫的思考だろうと言っています。断続的な強迫的思考は誰にでもあるのです。

プレッシャーがかかると強迫的な思考と行動はどちらも増えます。

ニコラスはアスペルガー症候群です。現在25歳で、コンピュータで慈善募金に関する仕事をしています。ニコラスには橋恐怖症があります。デンマークに住んでいるので橋は大小たくさんあり、避けては過ごせません。徒歩や車で渡ることはできるのですが、それでも少し恐怖を感じます。

ある日、アスペルガー症候群に関する会議の後、ニコラスは私と一緒に帰宅しました。グレートベルト・リンク（デンマークの海峡にかかる交通路）を通るとき、ニコラスはストレスで苦しんでいました。汗をかきながら、ポケットに携帯電話と鍵があるかどうか何度も確かめていました。無事に渡り終えると、ニコラスは回復しました。

コペンハーゲンに入るとき、また別な橋を渡らなくてはならず、ニコラスは再びストレスに見舞われました。2分ほど行くと道路は低い橋に続くのですが、よく見なければわからないほどの高さです。ニコラスは最初は穏やかでしたが、急に両側に目をやり、水に気づくと、すぐさまポケットを探り、鍵と携帯電話を確認し始めました。

ニコラスの強迫的な行動は珍しいものではありません。また、何時間

も一緒に車に乗らない限り、周りの人たちはなかなか気づかないでしょう。日常生活に支障をきたす行動でもありません。そのため強迫的行動があっても、それをもとに新たな診断を受ける必要はありません。しかし、ポケットを探り持ち物を確認する行動は、ニコラス自身にとっても周りの人たちにとっても高ストレスのサインになっています。特定の不安とつながっているため、ネガティブなサインと言えるでしょう。

　同様に、私たちもプレッシャーがあるときには、いつも以上に自分の体重を気にしたりします。そしてさらに不安が増していくのです。

気分のムラが大きくなる

　よく知られている通り、気分の動揺が大きいのもストレスがあるしるしです。精神疾患の前兆の場合もあります。私は仕事柄、気分の動揺に関連するケースとそれに悩む多くの人たちを実際に見てきました。サービス・ユーザの気分の波を考慮しながら1日の計画を立てるのはたいへんです。嬉しい感情も度を越すと良いことばかりではありません。気分が不安定だと、ささいなことで感情が激変しかねません。要求を適切に調整するにはスタッフに高いレベルのスキルが求められます。

落ち着かなくなる

　これは私たちも生活の中で経験します。することがたくさんあるときや、例えば長い文章を書かなくてはならないときなど、始めるまで私たちはよく落ち着かなくなります。とりかかる代わりに、掃除や洗濯、ネットサーフィンなど他のことをしてしまうほど、ソワソワしてしまうこともあるでしょう。しなければならないことをしていないのに、プレッシャーが大きくなって、ますます時間を無駄にしてしまうのです。

　サービス・ユーザも食器洗いにすぐにとりかかれないときがあるかもしれません。身体的なソワソワ感は決して珍しいことではありません。アドレナリンが高いレベルのままになるので、穏やかな気持ちになりません。

　落ち着きがなくなると、他の人たちとの接触や、何らかのフィード

バックを求めるサービス・ユーザがいます。外交的な性格の人はたいていそうなります。おしゃべりになったり、かかわる人を探したりするかもしれません。誰かの腕をつねったり、対立するようなことを言い出す人もいます。ストレスの高くなったサービス・ユーザがそのような対決姿勢を示すと、周囲はあっという間に巻き込まれやすくなり、ストレスは拡散します。注意力に問題のある人たちを担当していると特にこれは難題になります。プレッシャーがかかると ADHD と似たような症状を示すために、「ADHD のボーダーライン」という誤診を受けた人たちに私はよく出会います。落ち着かなくなったサービス・ユーザには、冷静に系統的に対処することが大切です。ストレスが関連しているという視点に立ち、本人に適した環境を整えてあげましょう。まず、かかわる私たち自身が落ち着きをしっかりと保つ必要があります。とは言え、これはそう簡単なことではありません。

うつになる、悲観的になる

私がこれまで担当した人たちの多くが、幼少期にうつを発症しています。神経発達障害や知的障害があると、生活でうまくいかないことが多々あります。敗北感も経験します。うつになるのも頷けます。精神科医のモハマド・ガーズィウッディーンはアスペルガー症候群の人たちの30％は特定の時期にうつに苦しんでいると推定しています。また、平均的な知能を有する他の障害においても同じような数値が出ています。特別な支援を要する人たちのいったい何人が時折うつを経験するのか、簡単に割り出すことはできませんが、トニー・アトウッドは「まれなことではない」と述べています（Attwood 2008）。私も臨床経験からそう考えています。ガーズィウッディーンが見積もった数値は、平均的な知能のある人たち、知的障害のある人たち、双方に当てはまります。しかし、発達レベルが低い場合、うつの診断は困難です（Ghaziuddin 2005）。

軽いうつとも言える悲観性は、アスペルガー症候群の若い人たちの交流会でよく見聞きします。悲観的な考えは、人生や他者に対する否定的な姿勢、相対的に低い自尊心につながることがあります。

日常生活で勉強と余暇の両方がうまくいっていれば、ときどき失敗しても自尊心は保たれるかもしれません。難しいことがあるときには、それに応じて自尊心を調節すればいいのだとわかっていれば楽になります。苦手な領域ではあらかじめ自己評価を低く設定しておくことができるようになるでしょう。

　サービス・ユーザの自尊心が全体的に沈み込んでいる様子を目にすることがあると思います。しょげ返って悲観的になり、おそらく不安に支配されているかもしれません。たいてい、それは学校、職場や作業所、あるいは余暇で何かがうまくいっていないしるしです。介入して、何らかの調整を行う必要があります。特別な支援を要する子どもや若い人が普通学校で学んでいる場合は特にそれが重要です。自尊心に危険信号が出ているかどうかは、その子が充実した生活を送っているかどうかを知る目安になります。

　アルビンは 18 歳です。幼少期に自閉症の診断を受けましたが、その後の発達が良く、13 歳のとき、診断名はアスペルガー症候群に変わりました。発達はずっと順調で、まったく障害がないように見えます。そのため、周囲の人たちは、特別な支援が必要なことをつい忘れがちになっています。

　アルビンは現在、高校の芸術コースで音楽を選択しています。ピアノでクラッシック、現代音楽どちらも弾きます。高校に入ってから人付き合いで何度も挫折し、アルビンはとても孤独です。一方で、勉強をがんばらなくてはいけないというプレッシャーを感じ、卒業後の進路についても心配しています。実家を出て生活をするようになったら、きっと一人ぼっちになってしまうという不安と恐れがあり、アルビンは女の子と接触したり、恋愛関係になるのは困難だとも考えています。

　アルビンがとった解決策は、勉強面や付き合いについて不安なことを考えず、一層孤立することでした。ピアノの練習もやめてしまいました。アルビンはこう言っています。「意味のあることなんて何もな

いんだ。僕は何をやったって、どうせダメなんだから」。

余裕がなくなる

ストレスが高くなると余裕のある行動がとれなくなります。寝つけな
かった翌日には誰でも余裕がないと感じます。「だったら、ゆっくり休
もう」と前向きに考えられるといいのですが、サービス・ユーザも私た
ちも、たいていはそうはいきません。第1章で、余裕は適切なことをす
る能力に関連していると述べました。同様に、必要な活力がないと失敗
しやすくなることも私たちは経験から知っています。

余裕のなさは、行動に表れることがあります。学校、職場、作業所、
セラピーの場でまた友だちと過ごしているときや人とかかわる活動で、
それが明らかにわかるはずです。

学習能力の低下

ストレスはスキルと知識、双方の学習に影響を及ぼします。ただし、
これは、ストレスが読字障害や算数障害の原因だということではありま
せん。学習障害の遺伝要素については非常に複雑なのでここでは記しま
せん。プレッシャーがあると学習能力は低下するという意味です。読字
障害や算数障害がある場合、低下は特に顕著になります。

ストレス下では知識の習得が難しくなります。経験、書物、指導から
も、なかなか学べなくなります。これもまた、要求の調整が大切な理由
です。要求が本人の余裕に見合ったものであれば、その人はより学びま
す。先生が子どもの能力以上のことを求めると逆効果となります（Lueti,
Meier and Sandi 2008; Sandi and Pinelo-Nava 2007; Schumacher et al. 2007; Shalv
et al. 2001）。

④スキル（できること）の喪失

スキルの喪失もストレスが高まっているしるしです。これはポジティ
ブサイン（プラスの効果のあるサイン）、ネガティブサインとは別枠の
サインです。1984年のニヒターラインとドーソンのストレスモデル以

来、いくつかは誰にでも見られることとされています。一方、特別支援の分野に特徴的なものもあります。いずれも、いつもはできることができなくなり、調子が良くなるとまたできるようになるという共通点があります。苦手でない分野と比べると、苦手な分野ではできることの喪失がやや早く、また失う頻度も高くなります。

清潔を保てなくなる / 整理整頓ができなくなる

これは典型的と言えるサインです。髪の毛は、長期間洗わなかったり、とかさないでいると、後頭部でかたまりのようになります。私が出会った精神科の医師たちはこれを「精神病ヘア」と呼んでいました。精神病の症状が始まる過程でよく見られます。

清潔の問題は髪の毛だけに留まらず、洗濯、身体のケア、歯磨きなどさまざまなことに及びます。しかしそれは、清潔を保つ能力を失ったのではなく、それを行う余裕がなくなり、重要性がわからなくなったからです。

それよりも軽度の症状として、整頓できなくなることが挙げられます。家の掃除、机の整頓、冷蔵庫の整理、金銭管理をしなくなります。手紙や請求書、重要書類までが山積みのままになっていたりします。たぶんその中にはチラシや不要な紙類が混ざっています。特に高いストレスを抱えていると、請求書がそこにあることを忘れ、いつの間にか支払いが遅れてしまいます。

このようなサインは、通常、自分で身辺のことができる人たちに表れます。子どもが不潔になってきたら、それは親にストレスが溜まっているしるしかもしれません。

スケジュールを立てられなくなる

スケジュールを立てる力は順序立てる力と重なります。具体的には、システムに応じて自分の時間や物事を調整する力です。例えば、予定に間に合うように朝の日課をこなす、何かの集まりに参加するときには所要時間を見積もって遅刻をしない、旅行に行くときには前もって荷造り

をするなど。

　自分ではスケジュールをまったく立てられなくても、周囲が穏やかであれば落ち着いていられる人たちもいます。ただし、ストレスが高まるとあっという間に動揺し始め、生活全体が混乱してしまいます。

言語スキルの喪失

　プレッシャーがかかると言葉がうまく出なくなることは私たちにもよくあります。言葉を探すのに少し時間がかかったり、話が不正確になったりします。私はオランダ語とスウェーデン語を使って暮らしています。ストレスが高くなったとき、その２カ国語の使い分けがうまくできなくなり、ごちゃ混ぜになることがあります。

　言葉の問題を抱えるサービス・ユーザは非常に多く、言語スキルの喪失は他の人たちに比べ高い確率で起こります。まったく言葉を使えなくなってしまうこともあります。そうなると、他の方法でコミュニケーションをとらざるを得なくなります。ジェスチャーに頼ったり、叫び声、ののしり、単純な脅し、暴力で自分の思いを伝えようとする人もいます。

　サービス・ユーザによっては、伝えたいことを紙に書いてあげる必要があります。特に自閉症やアスペルガー症候群の場合、その支援が大切です。通常はその必要がなくても、ストレスが高いときには話し言葉が通じにくくなるからです。

出席できなくなる

　余裕をもって人とかかわれなかった経験は誰にでもあると思います。職場で特に多忙だった日、ようやく家に帰ったものの、子どもや配偶者と一緒にいるのがおっくうに感じることはないでしょうか。高齢の親戚の誕生会に出なければならないとき、前の晩はお酒を飲むなどして無理にくつろごうとする人もいるかもしれません。ストレスが高いと、出席に必要な力が減退するからです。

　サービス・ユーザの場合、出席スキルの喪失はやや頻繁に起こりま

す。これはストレスのポジティブなサインの箇所で触れた、精神的な引きこもりにも関連しています。

ソーシャルスキルの喪失

ソーシャルスキル（人とうまくかかわるスキル）には、他の人たちが出す暗黙のメッセージを読み取る力が含まれます。また、社会的に受け入れられる普通のやり方で他者と接触したり、対立しないでいられる力も入るでしょう。私たちも焦っているとそのような力が減退するときがあります。誰かをからかっているとき、どの程度踏み込んでいいのかわからなくなったり、相手が出すわずかなサインを見逃したりします。場を読めなくなることもあります。

多くのサービス・ユーザが抱える困難は、主に社会性の領域にあります。つまり、プレッシャー下ではソーシャルスキルが完全になくなってしまう恐れがあるのです。

マシューは22歳、アスペルガー症候群です。障害は顕著ではありません。アパートで一人暮らしを楽しみながら、大学で応用システムを勉強中です。コンピュータプログラムとハードロックが好きなマシューは、長髪でいつも黒い服を着ています。

友だちはたくさんいます。また仲間にも好かれています。友だちとよくコーヒーを飲みに行きますが、大きなイベントは苦手です。一度に大勢の人と会うとストレスになると言っています。

しかしある晩、マシューは仲間とコンサートに出かけました。男の子が4人、女の子が3人のグループです。コンサートの帰り、女の子の1人がマシューを脇に呼び、「この後、私の部屋で、最近買った映画のDVDを見ない？　『マトリックス』よ」と話しかけました。マシューは「もう見たから、行かない」と答えました。その子は実は映画を見たかったわけではなかったのだとマシューが気がついたのは、アパートに戻り1人になってからのことでした。

ワシードは 25 歳、ADHD です。宅配ピザの店で働き、生活は順調でした。ところが、ワシードはクレジットカードでテレビとステレオ、さらにコンピュータを買い、その後、突然支払いができないと感じてストレスを抱えるようになりました。ある日、仕事が特に忙しく、ワシードは配達先の住所がなかなか見つかりませんでした。やっと見つけて届けると、ピザが冷めていると怒鳴られ、別なピザを持ってこいと言われました。ワシードは優しいのでいつもは苦情を丁寧に受け止めます。しかし、その日は別でした。どうしたらいいのかわからなくなったワシードは激怒し、客を殴ってしまいました。

集中力の喪失

車の鍵をなくすのは、ストレスサインの典型例です。ついさっきまで手に持っていたのに鍵が見つからないというようなことは、ストレス下ではしょっちゅう起こります。そして後から冷蔵庫の中など、おかしな場所で見つかるのです。落ち着いているときにはそんなことは起こりません。鍵をなくすのは、何かで焦っていて、鍵に気持ちが行かないからです。

記憶の喪失

記憶力も集中力と同じようなはたらきをします。車や水道の修理を頼もうと思うなら、他の用事がない日に限ります。日常生活にはすることがありすぎて、私たちは電話をするのをつい忘れてしまいます。ストレス因子が多すぎてもそうです。プレッシャー下では記憶がかき乱されてしまうからです。

学校で学んだことを忘れる

学校で覚えたことを一時期忘れてしまうのは、高レベルのストレスがあるサインとして知られています。以前、先生方との面談で、離婚した両親の家を行き来する日には割り算ができなくなる子どもたちの話が出ました。通常の小学校に通う子どもたちで、他の日には問題なくできる

のです。授業に出席し、以前は実際に割り算を使っていたのにもかかわらず、「割り算は一度も習っていない」と言い張る6年生の子もいたそうです。

（訳注：こうした状態は「解離」と呼ばれる精神症状のこともあります。耐えられない精神的苦痛があり、そのことが頭に浮かばないようにする心の防衛と考えられています。）

日常スキルを忘れる

日常スキル（普段できていること）も一時期消えてしまうことがあります。先に、体育の授業の後はおそらくアドレナリンのレベルが高くなりすぎて、靴紐を結べない子どもたちのエピソードを紹介しました。ストレスレベルが高くなると、日常スキルが突如消えてしまうことがあります。料理の仕方がわからなくなる、コンピュータが使えなくなる、あるいは1人で買い物に行けなくなる場合もあります。

効率よく行動できなくなる

ストレス下では、どうすれば効率よく動けるかを考える力も失われることがあります。これは柔軟性や想像力に関連します。ストレスがあるとき、多くの人たちは新しい方法を考えず、同じ行動を繰り返しがちになります。言い換えると、思考にとりかかる力が弱まり、新しい考え方や行動をとる余地が狭まるということです。

ストレスサインは対応の仕方を調整する良いきっかけにもなります。サービス・ユーザそれぞれのサインを詳しく書き出しておくとよいでしょう。中には挑戦的行動を思わせるサインもありますが、「行動できる人は、行動する」の見解に立つと驚くことではありません。適切に行動できないのは、単にその時点のストレスレベルが高いからかもしれません。挑戦的行動ではなく、ストレスのサインだと見なすなら、私たちの視点は、「サービス・ユーザが自分で変えるべきこと」から「サービス・ユーザの生活ニーズを改善するために私にできること」へと移って

いきます。そうすることで私たちはサービス・ユーザの生活のみならず、スタッフや親として自分自身の生活をも向上させる可能性を得るのです。

5. 混乱状態（カオス）になったときのサイン

混乱には急性と長期、2種類のサインがあります。急性のサインは、ある状況でストレスが耐えられる限界を超えたときに発生します。急性という通り、これはほとんどが短期で一時的なものですが、サービス・ユーザには苦痛となることが多いです。混乱状態になるとサービス・ユーザはセルフコントロールがまったくできなくなります。つまり自分の行動を十分に抑えられなくなります。混乱は激しく、後から状況を説明されても何が起きたのか理解できません。

暴力的な挑戦的行動
一般的に暴力的と見なされる挑戦的行動のほとんどは、急性の混乱状態のサインです。次のような行動が含まれます。

    行動化（アクティングアウト）
    不安発作、パニック発作
    衝動的な自殺未遂
    暴力的な自傷

行動化（アクティングアウト）
スタッフからの救援要請で一番多いのが、行動化です。他の種類のサイン、例えば、不安などは基本的にサービス・ユーザ自身の問題ですが、行動化は、スタッフの問題（殴られるかもしれない）になるからです。行動化の中でも特によく見られる行動は次の通りです。
（訳注：行動化（アクティングアウト）とは、気持ちの不安定さや悩み、どうしてよ

いかわからない状況（葛藤）を言葉で表現することなく、行動で表すもの。意識されないで行われるのが通常である。）

- **叩く、頭突きをする、蹴る、噛む**……これらの行動が複雑だったり計画的だったりすることはめったにありません。上から掌で叩く、腕や身体の前面を噛む、すぐそばから蹴るなどです。そのため防御はそれほど難しくありません。このタイプの行動の管理については次の章で方法を述べていきます。

- **叫ぶ**……長く続くことがあり、周囲の人たちにとって非常につらい行動です。

- **着ている服を引き裂く**……知的障害や重度の自閉症の人によく見られます。裸になるまで引き裂き、その後穏やかになる人たちもいます。着ている服を引き裂く行動には終わりがあるため、落ち着きを取り戻せるのです。Ｔシャツだけなど、特定の衣類のみを引き裂くケースもあります。

- **物を壊す**……しばしば、周囲の物を投げるという形で行われます。喧嘩中に陶磁器を投げるのは典型ですが、家具などを投げる人もよくいます。自分の物を破壊し、混乱状態が落ち着いてから悲しみにくれることもあります。

  リッキーは35歳、ダウン症と知的障害があります。自分の思い通りにいかないと激怒することがあります。その際、大きな声を出し、投げる物を探します。スタッフは次のような対策を考えました。リッキーが高い声を出し始めたら、タオルを投げ渡します。リッキーは数分間、それをつかんでは投げ、落ち着いていきます。

不安発作、パニック発作

本人にとって、これらは他のカオスサインよりも耐えがたいほど強烈であることをまず述べておきます。

> **ガブリエル**は地元の小学校の１年生です。保育園では特定の集団活動が苦手でした。周囲からは、小学校に上がれば大丈夫だろうと思われていました。学校では遊びではなく勉強が主体になるからです。ガブリエルに学習障害は見られませんでした。むしろ、学ぶことに意欲的で、さまざまな分野に広い知識をもっていました。標準より発達が早いと思われることも多かったようです。
>
> 入学後の第１週目、ガブリエルは不安でした。他の子どもたちとうまくかかわれず、休み時間は一人ぼっちでした。授業ではおとなしく、慎重でした。翌週も休み時間は１人でしたが、勉強には取り組むようになっていました。授業中は手をあげず、課題をもくもくと行っていました。
>
> ３週目になる頃、担任の先生は、ガブリエルが何かを始めるときにかなり時間がかかることに気づきました。かばんから教科書を出さず、座ったまま鉛筆や消しゴムを手でもてあそんでいます。教科書やノートを出しなさいと言われると、不安な表情を見せつつ自分で取り出していました。
>
> １カ月が経つと、先生はガブリエルにイライラするようになっていました。クラス全員に伝えたことをどうして毎回この子にまた言わなければならないのか。先生はガブリエルを叱りました。ガブリエルはおののき、机の下に座り込み、おもらしをしてしまいました。その後、心が張り裂けたような声で泣き始めました。呼ばれた母親が来るまで泣き叫びはずっと続いていました。
>
> これは１学期ずっと繰り返されていました。ガブリエルは児童精神科で検査を受けることになり、そこでアスペルガー症候群の診断がくだされました。

ガブリエルの不安は暴力的と言えるほど激しいものでした。私はその

ような強烈な不安のある大勢の人たちにかかわってきました。次のような症状が現れることがあります。

パニック発作：鼓動が速くなり、過呼吸からめまいも生じる。死んでしまうのではないかという恐怖に襲われることも多い。

失禁、発汗、幻覚を伴う暴力的な不安：このタイプの不安は広範なため、自分が何を恐れているのかわからなくなる。

いずれの不安も大きな恐怖をもたらします。発作の最中にある人は激しい苦しみを経験しているのです。

衝動的な自殺未遂

これは平均的な知能のある神経発達障害の人たちにはまれではありません。窓から飛び降りようとする、通行中の車の前に身を投げる、手当たり次第に薬を飲むなどの行動がよく見られますが、死に至ることはめったにありません。混乱状態になると、系統立てる力が失われるので、計画的に自殺を実行することはできなくなります。

エレンは19歳です。注意力とソーシャルスキルが弱く、非言語による情報（表情、態度、状況など）をキャッチできません。非言語性学習障害に相当する困難があります。エレンはここ2年ほど平日は寮で暮らし、特別支援学校に通っています。
寮生活は基本的にスケジュール通りの動きになります。エレンはこれが少し苦手です。
自分は食べ終わっても皆が終わるまで席についているのがどうしてもできません。スタッフに叱られるのもつらくてたまりません。耐えられなくなると、エレンは道路に出て車の前に身を投げ出したり、窓から飛び降りたりします。
3年間でエレンはこのような自殺未遂を何百回も繰り返しました

が、病院に行かなければならないような怪我を負ったのは2、3回でした。車はエレンにぶつかる前に止まり、寮は1階建てです。一方、週末を過ごす実家では、自殺未遂が一度もありません。寮での要求を調整したところ、エレンの自殺未遂は完全になくなりました。

暴力的な自傷

これは本人にとって落ち着かないときの対処法となっている自傷とは区別して考慮されることが多いです。頭を壁や床に打ちつけるような行動がよく見られますが、暴力的な自傷の場合、行動はさらに複雑になります。

> **デニス**は42歳、自閉症です。長期にわたって自傷行動が出ています。落ち着かないときの対処法としては、腕を強くこする、脛を硬いものにぶつける、爪で身体をひっかく行動をとります。混乱状態になると、自傷は暴力的になります。窓ガラスを割り、破片で自分の身体を切ろうとしたり、先の尖ったものを探して腹部に押し当てたりします。

暴力的な自傷が、他のタイプの自傷とつながりがあるとは限りません。カオスの状態になったとき、突然生じる可能性があります。

> **アグネス**は22歳、ADHDです。17歳のときに統合失調症を発症し、精神科にかなり定期的に入院しています。入院中に薬が変更になりましたが、以前にはなかった副作用が出ました。医師からその薬が合わないかもしれないと言われたアグネスは、服薬を拒否するようになりました。ある晩、看護師が夜の薬を持ってきました。アグネスはそれを拒み、副作用があるのにどうして別な薬が出ないのかと尋ねました。看護師は強い口調で「この薬を飲みたくないなら、どうして入院しているの？」と聞き返しました。アグネスはそれまで自傷をしたことがなかったのですが、突然頭を3回壁に打ちつけました。その理由を聞かれて、アグネスはこう答えています。「あの看護師が優しく

なかったからだけじゃないんです。もう我慢できなかったから」。場面ストレス因子が、初めての自傷を引き起こしたのです。それ以降、アグネスの自傷はありません。

非暴力的な挑戦的行動

カオスのサインには、暴力的ではなく、本人もそれほど恐怖を感じないものがあります。例えば

方向や時間の感覚がなくなる
動けなくなる（カタトニア）
現実感がなくなる

方向や時間の感覚がなくなる

方向や時間の感覚がなくなったり、混乱したりするのは最も一般的なカオスのサインです。これは誰にでも起こります。

ニッキーは研修会に出るためイギリスを訪れていました。研修会のリーダーはロブというイギリス人の男性でした。初日はグループでパブに出かけて食事をすることになっていました。ニッキーは飲みすぎを防ぐために「隣の人よりも飲まない」という自分だけのルールを設定していました。このルールはたいてい効果があるのですが、残念ながらその夜、隣に座ったのはロブでした。

　結果的にかなり飲んでしまったニッキーは、翌朝ひどい二日酔いでした。研修会に出席したものの、30分でホテルに追い返されるはめになりました。しかしそれからがたいへんでした。ニッキーはこう言っています。「タクシーを拾おうとして外に出ると、大雨でした。本当に困りました。道路に出ると、車が逆のレーンを走っているじゃありませんか。もうどうやったらタクシーを拾えるのか、どうやったらホテルに戻れるのかわからなくなったんです。外国にいるっていうのはたいへんですね。おまけに二日酔いが大きなストレスになって脳

全体にのしかかっている感じでした。どしゃぶりと逆方向を走る車、そんな中でタクシーに手を振るなんてことはとてもできませんでした。どうしたらいいのか考えつくまで、雨の中、1時間も突っ立っていました」。

　ニッキーはカオスを経験しました。行動化やその他の挑戦的行動は起きませんでしたが、立ち直るまでに1時間かかるほどの混乱状態でした。ストレス因子が積み重なり、カオスのレベルに到達し、見当識（時間、時期、場所、人間関係など、今現在の状況を理解する力）を失ったのです。

　サービス・ユーザにはよく起こることです。新たなカオスサインにつながる場合もあります。

動けなくなる（カタトニア）

　さまざまなことに対して自分で動く力が短期間失われる状態を指します。自閉スペクトラム症でよく見られ、大きな混乱状態で生じます。

　　ヨナは16歳です。診断は受けておらず、ずっと通常の学校に通っています。数学と物理が得意で、生物学が大好きです。成績は非常に良く、長年、理科系で1番の同級生の女の子と競っていました。15歳のとき、2人は恋仲になりました。「何でも話し合えるし、同じものが好きだし、一緒にいてすごく楽しい」とヨナは話していました。

　　学年が変わり、2人は16歳になりました。数学と物理を教えている先生が交通事故に遭い、新しい先生が担当になりました。同時に英語の先生は産休に入りました。

　　クリスマス休暇が終わって初登校の日、ヨナは数学の先生の事故を知りました。その日の授業はすべて代替の先生がすることになりました。さらに昼休みになるとガールフレンドがやってきて、別れを告げました。ヨナにとって初めての恋人で、心からの友人であり、あんなに理解し合える人はいないと感じていた子でした。付き合い始めてから9カ月目のことでした。

放課後、ヨナは帰宅すると居間に入り、その真ん中で立ち尽くしていました。3時間後母親が戻ったときにもヨナはそのままでした。母親はヨナを寝かせ、ヨナはそれから1週間ずっと学校を休みました。やがてヨナには、今までにはまったくなかった数々の強迫的行動が現れるようになりました。家族は心理士に連絡を取り、ヨナは認知療法を受けることになりました。4カ月後、強迫的行動は消え、ヨナは回復しました。

　診断はつきませんでしたが、心理士は、ヨナには自閉症の特性がいくつかあり、それがこのたびの強迫的行動やカオス状態に拍車をかけたのではないかと結論づけています。

　強迫的な行動についてはストレスが高まったサインとして述べた通りです。ここではカオスが先にきて、ストレスの高まりと共にストレスサインが表れています。ヨナは現在、20歳です。強迫的行動がストレスレベルのコントロールにどのように役立っているか、話していました。強迫的な行動をしたくなったら、強迫感がなくなる程度までストレスレベルを下げているそうです。

現実感がなくなる

　現実感の喪失や精神病エピソードもよくあるカオスサインです。神経発達障害のある若い人たちとの面談では「自分を外から見ている経験を何度かした」という話が出ることがあります。これは精神医学用語で解離の離人感（解離とは自身の記憶や意識などを自分から切り離してしまうこと。完全に離れると別の意識、つまり二重人格となる。離人感は解離の症状の1つで、自分が自分の傍観者のようになったり、自分が自分でないような感じになるものをいう。）と呼ばれ、精神疾患のかなり重い症状であると考えられています。私はアスペルガー症候群の青少年を対象にした自己理解の研修会で指導をしていましたが、そこでは3分の1以上の子どもたちが解離を経験していました。特にテストに関連のある解離が多かったです。

　他に私が出会った子どもたちに見られた精神疾患の症状は、一時的か

つ単一の幻覚です。幻聴や幻臭もあります。身体の上を何かが這っているような感じがするケースもありました。

> **トマス**は ADHD です。幼少時からクモが怖くてたまりませんでした。十代の後半になると、学校でのプレッシャーが多くなり、毎日をどう過ごしたらよいのかと心配するようになりました。トマスはこれまで数回、クモの大群が雨どいからぶらさがっていたり、壁を這い回っているように感じたことがありました。割と短い時間で消えるので、トマスは自分が幻覚を見ていたと知ったのでした。

このような経験は統合失調症の初期に限ったものではありません。短期間の精神病様反応と考えられるものもよくあります。精神病の単発エピソードとも考えられます。激しいプレッシャーがあるとき発生しやすくなります。戦闘中の兵士からもよく報告されています。

以上のような非暴力的な行動に共通するのは、自分ではどうにもできなくなるほどのカオス経験をもたらすという点です。カオスそのものが大きなストレスになりますが、その後も「また、あれが起こるのだろうか。もし起こったら、自分で何とかできるだろうか」という不安がつきまとうかもしれません。カオス状態ではセルフコントロールがまったくできなくなります。本人にとって非常に恐ろしい体験となるのです。

ストレスが長く続いた後に起こるカオスのサインもあります。ニヒターラインとドーソンによるオリジナルのストレスモデルに表れていますが、それに私とウーズコフは自ら目撃してきたサインをいくつか加えました。それらのカオスサインはゆっくりと起こります。そのため、ストレスと直接関係があるようには思えないことがあります。しかし、そのストレスレベルで取り組みを行うと、症状は軽減することがわかりました。サインには精神疾患やその合併症と見なされるものが多いです（★2）。

一般的に精神疾患の二次的な問題は周囲とのかかわりから生じると言

われています。神経発達障害があると環境に対する過敏性が、他の人たちより強いことも示唆されています(★3)。サービス・ユーザには行動の問題や精神疾患が起こるリスクが高いのです。そして、この事実は、周囲にいる私たちの役割がいかに重要であるかも伝えています。サービス・ユーザの QOL への私たちの影響は、かかわるそのときだけに留まるものではありません。精神疾患の合併や、行動上の問題を予防できるほどのレベルに至るのです(Caspi et al. 2002; Caspi and Moffitt 2006; Maughan 1995; Moffitt 2005)。

★2　さまざまな文脈で、この種の問題は神経発達障害や知的障害のある人たちにより多いと記されています。例えばGhaziuddin、Weidmer-Mikhail、Ghaziuddin(1998)は、担当していたアスペルガー症候群の患者の65%に精神疾患の症状を見出しています。Kesslerら(2006)は、大規模な調査(全米併存疾患調査複製：National Comorbidity Survey Replication Study)で、うつ、双極性障害、不安症と診断された人たちでは、それぞれの32%、21%、9.5%にADHDがあると見出しました。Sukhodolskyら(2008)の調査では、広汎性発達障害の子どもたち171人の43%に不安症があり、Linnaら(1999)の調査では、知的障害の学童の32.5%に精神疾患がありました。Merrick(2005)は、イスラエルのグループホームに住む知的障害者の46%が抗精神病薬を常用していると報告しています。一方、Spreat、Conroy、Jones(1997)によると、アメリカのオクラホマ州では知的障害があると認められた全成人の22%が抗精神病薬を処方されていました。

★3　Hamilton、Sutherland、Iacono(2005)によると、ライフイベントに伴うストレスは、中度の知的障害がある人たちにとって二次障害の発症に大きく関与する一方、重度の知的障害がある人たちではそれほどでもありません。これはおそらく、ストレスからの回復力の差ではなく、経験したライフイベントの理解力と関連していると思われます(例：親の死)。

長期的なカオスサイン

以上は深刻なカオスサインでした。次に長期にわたるカオスの兆候を
検証します。

うつ
精神病
摂食障害
不安症状

うつ

うつはおそらく最も多いカオスサインです。しかし障害特性によって
は、周りの人にわかりにくいことがあります。特に重度の言語障害があ
ると、一層認識しづらくなります。うつに一般的な認知症状は知的障害
のある人たちにはめったに見られません。その代わり、睡眠障害、食欲
の問題、怒りっぽさ、気分の動揺、挑戦的行動として明らかになること
があります。

特別な支援が必要な人たちにうつがかなり多いことは、研究者や医師
の間でよく知られています。ガズィアディン はアスペルガー症候群の
全成人の 30％にうつがあると推定しています（★4）。

アスペルガー症候群の大人を多数診ている私の同僚は、症状がアスペ
ルガーから来ているのか、それともうつなのか、判断しがたいとよく
言っています。それくらいアスペルガー症候群の人たちには、一般的に
うつと見なされる症状が多いのです。

★4　Adewuya と Famuyiwa（2007）によると ADHD の子どもたちの20％以上にうつが
　　あります。Stewart ら（2006）の調査ではアスペルガー症候群と自閉症の人たちの大
　　多数にうつがあるという結果が出ています。Hurley、Folstein、Lam（2003）は、
　　軽度の知的障害のある人たちに見られる最も多い精神疾患はうつであると述べてい
　　ます。Attwood（2008）、Ghaziuddin（2005）、Smiley と Cooper（2003）の文献も参
　　照してください。

精神疾患

　私が見てきたサービス・ユーザにおいては、一過性ではない精神病状態はうつほど多くありません。しかし脆弱性ストレスモデル（図4－1）では、カオスの標準的なサインとなっています。知的障害がある場合、他の人たちに比べて精神病状態が生じるリスクが3倍から10倍に上がるという研究結果が複数出ています（Cooper et al. 2007; Turner 1989）。

　重度の知的障害を伴う自閉症では、挑戦的行動や暴力的な自傷を減らすために、精神病状態や統合失調症の治療に使われている薬（いわゆる抗精神病薬）がよく処方されます（バーミンガム大学の投薬アドバイスのページに例が載っています（Deb, Clarke and Unwin 2006））。ADHD とトゥレット症候群では、中枢神経刺激薬の効果がない場合、これらの薬が使用されます。私たちがかかわるサービス・ユーザの中にも精神疾患を併発している人はかなり多いはずです。

　統合失調症には遺伝的素因がありますが、それだけでは発症しません。一定期間、精神的プレッシャー（ストレス）が続いた後に精神疾患は発症します。ストレスを軽減し、適切なコーピングを指導しながら投薬を行うと、多くの場合、症状の悪化を防ぐことができます。

　統合失調症のきっかけとなるプレッシャーはしばしば思春期に関連します。そのため発症は思春期と重なることが非常に多いです。長期に及ぶプレッシャーを負った兵士にも同じような症状が見られることがあります。脆弱性ストレスモデルでニヒターラインとドーソンは精神疾患の発症に至る脆弱性として遺伝的素因を挙げています。

　私とウースコフの経験によると、スウェーデンとデンマークの自閉症や知的障害のある成人の入居施設では、抗精神病薬をまったく使っていないところもありますが、入居者の3分の1が何らかの抗精神病薬を服用しているところもあります。

摂食障害

　神経発達障害では摂食障害が生じることがあります。自閉症の子どもの拒食や偏食については膨大な数の論文が出ています。摂食障害で受診

するアスペルガー症候群の女の子も多いです。子どもの頃、他者からの要求や自分自身に課するハードルが高かった結果、食欲不振になった話もよく聞きます。長期にわたるストレスが摂食障害をもたらすと言えるでしょう。

不安症状

不安症状は、最初に記述されたときから神経発達障害に関連していると見なされています。しかし不安症状のすべてが、長期のカオスサインではありません。ストレスサインのときもあれば、クモ恐怖症のように、より一般的なものもあります。

私とウースコフは、社交恐怖症、あるいは外出に対する恐れが原因で起こりやすい不安を取り上げています(★5)。

> **ブリジット**は 53 歳。子どもの頃は地元の学校に通っていました。小学校までは何とか、がんばって過ごしていたものの、人付き合いをしない孤立した子どもだったと語っています。15 歳のとき、ある精神科医から「不安に襲われている」と言われました。19 歳で仕事を辞め、ずっと両親と住んでいました。引っ越したことは一度もありませんでした。49 歳のとき、卵巣嚢胞で病院に運ばれました。医師の予測では、嚢胞には大量の水が溜まっているとのことでした。ブリジットは通常の体重が 45 キロに満たない小柄な女性ですが、嚢胞のせいで妊娠しているように見えました。
>
> その後、ブリジットは家からめったに出なくなりました。知らない人に会うのをいやがるようになりました。数年間外出せず、自分の洋服を縫ったり、手芸をして過ごしていました。福祉課の人たちは、ブリジットが家から出ないために、おかしくなったのではないかと心配

★5　自閉症について最初に記した Kanner(1943)は、不安は ADHD の初期段階と同じくらい自閉症によく見られると述べています。後年、Muris ら (1998)は、自閉スペクトラム症のすべての子どもたちの実に 84%が不安症の診断基準を満たしているという調査結果を出しています。

していました。心理士はアスペルガー症候群と診断し、その後、ブリジットはグループホームに移りました。

　グループホームでも、ブリジットは外出を好まず、自室にいたがります。他の人たちに姿を見られるのが恐ろしくてたまりません。街を歩くとどんなことになるかと思っただけで怖いのです。ブリジットの生活は好きな活動だけで埋まっています。不安があるために非常に限られたものとなっています。

　人付き合いの難しさはブリジットにとって大きな障害です。しかし彼女の不安はそれ以上の妨げとなっています。スタッフと医療関係者がQOLを高めてあげようと思うなら、治療においても、基本ストレス因子への対処においても、まずブリジットの不安に焦点を当てる必要があります。

　これまでに挙げた長期的なカオスサインは、それ自体が問題視されることがありますが、私とウースコフの意見では、それは誤解です。長期的なカオスサインは高レベルのストレスが長期間続いた結果です。そう考えると、私たちの焦点は「問題のある本人を治療すること」から「本人のニーズに応じて環境を調整すること」へと移ります。残念ながら、環境を調整しても精神病や不安症状を取り除けるとは限りませんが、少なくとも意識してQOLをできるだけ高くすることはできるはずです。

6. 防御因子あるいは落ち着かせる因子

　幸い、カオスになるリスクを最小限に抑えやすくなる因子があります。文献により、呼び名はさまざまですが、ここでは防御因子と呼ぶことにします。アントノフスキーは、健康生成因子または健康因子と呼び、これらが私たちをストレスと精神疾患要因から守る役割を果たしていると述べています（Antonovsky 1991。健康生成論：健康のために病気のリス

クを減らすよりも、健康を促進する要因に着目するという考え方)。

　防御因子の中には、主にスタッフや親に関係するものや、対処方法に由来し、サービス・ユーザの強みや考え方に関係しているものがあります。

個人的な防御因子

次のようなことが含まれます。

> 日常的な対処行動
> 自己認識
> 自立心
> 楽観性とユーモア
> 得意なこと
> 緊急時の逃げ道
> 別な人物像
> 信頼

日常的な対処行動

　効果的な対処行動は個人によってさまざまです。第2章で挙げたトビーのエピソードはこの好例です。

> **トビー**は12歳ですが、発達年齢は1歳6カ月です。他者の感情にとても敏感です。誰かが微笑むと、殴りに行っていました。誰かが泣いていても、イライラしていても殴ろうとしました。そのため学校では1対1の個別指導を受け、担当する先生はストレスが溜まらないように2時間ごとに交代していました。ある日、トビーは他の人たちにかまわずに自分で落ち着く方法を発見しました。周りが落ち着かなくなったときには、ゆっくりと深呼吸をすれば大丈夫だとわかったのです。以来、他の子どもたちと一緒に教室で学べるようになっています。

もっと複雑な対処行動もあります。

アヴェリーは 25 歳、アスペルガー症候群です。あるコースを受けているとき、当時私とウースコフが研究中のストレスモデルを知りました。ストレス因子には、毎日存在するものと一時的なものの 2 種類があると言ったのはこのアヴェリーです。彼の言葉から、基本ストレス因子、場面ストレス因子という分類が生まれることになりました。

アヴェリーは人生が良い方向へ進むようにといろいろな試みを行っています。そのうちに自分のストレスサインに気がつくようになりました。例えば、ストレスがあるとゴミを出さなくなります（一度、居間に 36 袋のゴミが溜まり、それ自体がストレスになっていたこともあります）。また、約束を守らなくなります。

アヴェリーは毎日どれだけ眠れたかを採点し、エクセルの表に記録しています。そうすることでストレスレベルを意識していられるのです。アヴェリーによると、パーティーなどの場面ストレス因子は消えるまで 3 日かかります。月曜日にテストがあるなら、週末はずっと家にいなければなりません。80 歳の祖母の誕生会にも、2 日後にテストがあったため行けなかったと話しています。そのときは祖母に納得してもらうようにメールでストレス表を送ったそうです。他に特別な予定がないとわかっているときには、外出して、エネルギーを要するようなことができます。1 人でアメリカに行き、学会に出席したこともありました。ただし、帰国後は家でゆっくりできるように、あらかじめ 1 カ月の休暇をとっていました。

トビーもアヴェリーも日常的に行っている方法があるおかげで、困難になりかねない状況をコントロールしやすくなっています。いずれも自分で思いついたやり方ですが、効果があるため使っているのです。これはかなり高度な対処行動です。

自己認識

　自己認識はそう簡単にできるものではありません。精神障害はまったくないのに心理療法に何年も通って自分を知ろうとしている人たちもいるくらいです。サービス・ユーザの自己認識の幅は非常に広いです。防御因子になるほどしっかりとした認識がない場合もあります。何より大切なのは、自分自身と自分の反応について知っていることを日常生活に適用できるかどうかです。

　トビーとアヴェリーは日常生活を改善できるほどの自己認識を備えています。CAT-kit（感情認識の指導ツール、cat-kit.com 参照）はサービス・ユーザの自己認識を高めるのに便利です。身体のはたらきと、不安が身体的にどう感じられるかもわかりやすく学ぶことができます。

　ストレスのレベルや1人になりたいという度合い、あるいは必要なときに助けを求められるかどうかに焦点を当てて自己認識を育んでいる人たちもいます。

自立心

　防御因子としての自立心については、すでにアントノフスキーが次のように述べています。子どもの頃に十分な自由があると自立が促され、それが後にストレスへの抵抗力として重要なはたらきをする。この考え方が、サービス・ユーザにどう当てはまるかは定かではありませんが、ADHD とアスペルガー症候群には該当するでしょう。しかし自立心が意味を成すためには、「十分な自由」という点で、程度や内容への配慮が必要となります。

楽観性とユーモア

　楽観性は日常生活の緊張を緩和します。楽観的な人は悲観的な人よりも困難な状況を乗り越えやすいです。ユーモアもストレスの防御法として効果があることが証明されています。自分自身や自分の失敗を笑い飛ばすことができるなら、より良い結果が出るでしょう。

得意なこと

何か得意なことがあるのも、防御因子になります。自分にとって意義深いことなら何でもかまいません。

> **タイラー**はアスペルガー症候群です。現在、中学1年生です。人間よりもネコのほうがずっと理解しやすいと考えています。ネコに関しては非常に詳しいです。小学校の通常学級に入ったとき、タイラーは同級生の前で「私はネコのことなら何でも知っているから、質問がある人はいつでも聞いてね」と言いました。
>
> タイラーは孤立しやすく、仲の良い友だちは1人だけです。その子は別のクラスなので、学校にいる間、タイラーはほとんど一人ぼっちです。名前を知っている同級生は2、3人しかいませんが、自分ではみんなに受け入れられていると感じ、社交上の不安はありません。どうしてそう感じるの？　と聞かれて、タイラーはこう答えています。「だってネコのことを何でも知っているのは私だから。同じクラスの子に2回、手伝ってって言われたことがあるし。私は必要とされているの」。

得意なことには、もう1つ良い影響があります。得意なことはしばしば喜びをもたらします。幸福感は重要な防御因子です。つまり特別な興味は防御因子となり、ストレスへの対処法になるのです。

緊急時の逃げ道

苦手な状況でも出口があるとわかれば、参加できるようになることがあります。出口とは、周りの世界を遮断できる可能性を指します。授業中シャボン玉を吹きに行くレオのエピソードを思い出してください。もう1例、紹介します。

> 先ほど紹介した**タイラー**は、入学当初から休み時間になると引きこもりたがっていました。先生方は大きなクローゼットの中に場所を用意

してあげました。毛布を敷き、枕とスパイダーマンの漫画を何冊も置き、読書灯もつけました。タイラーがそこで過ごす時間は、初めは毎日平均1時間でしたが、5年生になると20分に減っていました。

　つらくなるとその場から走り去って解決しようとするサービス・ユーザもいますが、1人になりたいと感じたときの行き場所を用意してあげるとうまくいくことがあります。学校であれば、交通量の多い道路を走って家に帰るのではなく、つらくなったら体育館に行って30分過ごすなどと決めておくとよいでしょう。
　また、助けてくれる人の存在も逃げ道になります。

　メフメットは19歳、ADHDです。学校で何かあればメフメットは父親に相談して対処していました。困ったときにはすぐに父親に電話をかけると迎えに来てくれることになっていました。ただし、どうしても必要なときに限るという条件がありました。
　電話をかけたのは、小学校、中学校共に2年生のときで、それぞれ1度ずつでした。いずれのときも父親が迎えに来ました。当時、毎朝、メフメットは父親と同じ会話をしていました。
　メフメット「すごくたいへんなことがあって、どうしても、どうしても我慢ができなくなったらどうしたらいい？」
　父「そのときには、お父さんに電話をしなさい」
　メフメット「電話をしたら、お父さんはどうするの？」
　父「トヨタ（車）のエンジンをかけて、メフメットを迎えに行く」
　高校生のとき、メフメットはスペインの高校を見学しに行くことになりました。生徒たちは現地でホームステイをする予定でした。たいへんな状況になるかもしれないとメフメットは思いました。スペイン語はわからない上、知らない人たちの中に1人でホームステイをするのです。メフメットは父親に尋ねました。「もし、どうしても、どうしても必要になったら、スペインからお父さんを呼んでもいい？遠いけれどいい？」。父親は「いいよ。トヨタのエンジンをかけて、

迎えに行くから」。

　飛行機が着陸する直前になって、メフメットはこれから行くところが比較的小さな島であることを知りました。スペイン本土ではなく、カナリア諸島の一島だったのです。メフメットはパニックになり、飛行機を降りるとすぐに父親に電話をかけました。「お父さん、ここテネリフェ島なんだ。道路が全然ないんだ。島なんだよ！　つらくなったらどうしよう。お父さん、ここまで運転してこられないじゃないか」。

　メフメットの父親は賢い人です。彼はこう言いました。「もしどうしても、どうしても必要なときにはお父さんに電話をしなさい。トヨタのエンジンをかけて、迎えに行くから」。

　メフメットは父親にそれ以上電話をせずに済みました。トヨタが海上を進めるかどうかも試さずに済みました。父親は息子を落ち着かせるためにこれ以上ないほど適切な言葉を伝えました。

　父親の言葉はメフメットにとって、困ったときの逃げ道です。また、認められた逃げ道があると知っていることでメフメットは難しい状況でも過ごせるようになっています。クローゼットの中でスパイダーマンの漫画を読むタイラー、テレビ台の中に隠れるチャーリー、シャボン玉をするレオ、同様です。つらくなったら頼りにできる適正な解消法があるからこそ、日常生活に耐えていくことができるのです。

　逃げ道があると、そればかり利用して苦手なことはすべて避けるようになるから、そのようなものを用意するわけにはいかないと言うスタッフや親御さんがいます。私はそうは思いません。「行動できる人は、行動する」と私は信じています。サービス・ユーザは成長したいのです。新しいことや難しいことをやってみたい人もいるのです。ところが、あまりにも周りに支配されてきたため、要求や新しいことを受け入れなくなっているケースもあります。

　私たちは、サービス・ユーザが再度やってみたいと思えるように要求を調整していく必要があります。要求の調整はたいてい効果的です。サービス・ユーザの力を信じる気持ちを失ってはいけません。それを

失ってしまうと、私たちはサービス・ユーザにできないことを要求し、プレッシャーを与えてしまいます。

　　マルコは15歳、アスペルガー症候群です。学校を辞め、今は家でオンラインゲームをしています。シャワーを浴びず、部屋の掃除もしません。やがて、児童精神科に入院しましたが、病院側は何もできることはないと判断し、帰宅させました。

　　両親もガイダンスを受けています。相談員の意見は一貫しています。「とにかく時間をかけ、良いフィードバックと信頼を示して余裕をもたせましょう」。父親にとって、それはとても受け入れがたく、息子は怠けているだけだという結論に戻っていました。「あの子は学校に行く代わりに、家でずっと座って遊んでいたいんです。だからもっとプレッシャーをかけてやらなくてはなりません」。

　　相談員はその後、次のように言いました。単純な意見ですが、説得力があります。「普通の十代の男の子には、選択肢が2つあります。①ゴミみたいな匂いを放ちながら、家でコンピュータの前にずっと座っている。②友だちと学校に行き、女の子と親しくなるチャンスを得る。マルコが家で座っているのは、彼の人生で今はそれが必要だからです」。

別な人物像

　十代の若者が存在に関する悩みと折り合いをつける目的で用いることがあります。社会的スキルの弱さを補うために生涯にわたって別な人物を装う人もいます。いくつかのグループでは、これはよく見られる対処法です。

　　ターニャは17歳、アスペルガー症候群です。16歳のある日、ターニャは母親に「私、ゴート人になる」と言いました。母親には意味がわかりませんでした。ターニャはこう説明しました。「ゴート人っていうのは、真っ黒な服を着てるの。ハードロックのミュージシャンみ

たいに。そしてときどき自分の腕を切るの。私は腕を切ったりしないと思うけど、黒い服がほしい」。その後、ターニャは黒い衣類を集め始めました。靴も、メークも、アクセサリーも全部黒です。ある水曜日、ターニャは全身ゴートファッションで登校しました。同級生の反応はさまざまでしたが、ターニャは「だって、なりたいものになれるんでしょ？」と返していました。

その月、ターニャにはそれまでにないほどたくさんの友だちができました。街で出会った子たちです。同じような恰好をしていたので声をかけてきたのです。ターニャは「今までした中で一番良かったのはゴート人になったこと。みんなの中に入るには、何を考えればいいのか、どんな言葉を使えばいいのかわかったから」と話しています。実際はターニャほど徹底してゴートファッションを追求した子はいませんでした。

ただ、祖母と会うときにはゴートの恰好はしません。そのときばかりは、どうしたらみんなの中に溶け込めるのかがよくわからない、かつてのちょっと不器用なターニャに戻ります。

ターニャはゴートのペルソナを身につけてから、社交が楽になりました。なりたい人物になったことで、所属するグループがはっきりわかりました。これもまた防御因子になっています。

ブルースは44歳です。幼い頃から人付き合いが苦手です。「おたく」と呼ばれた少年で、電車や電機類が好きでした。高校卒業後はエンジニアになる勉強をして、電話回線の会社に就職しました。今は同じような会社で生産部長をしています。

私のところに相談に来たのは、息子がアスペルガー症候群の診断を受けたことがきっかけでした。ブルースは「どうしたら息子にとって良い父親になれるかわからない」と打ち明けました。「私はいろいろな人格になるのが得意なんです。例えば、別な会社に転職したいとき、そこではどんな人を求めているのか、広告をよく読みます。そし

てその求人にぴったりの人物になって面接に行くんです。求職中にいくつか人格テストを受けましたが、結果はさまざまでした。職場ではそこで望ましい人になります。これはすごくうまくいきます。家では夫、娘の前では父親になります。でも息子との関係ではどうしたらいいのかわかりません。真似をしようにも模範がいないし、息子は僕の真似をするので、難しいのです」。

おそらくブルースもアスペルガー症候群です。しかし、彼はとてもうまくやってきたので診断に至っていません。日常生活も順調です。ブルースの対処方法はターニャと同じく、別な人格になることです。ブルースは奥さんに「内面の深いところで、あなたは誰なの？」と聞かれるそうです。ブルースの答えはこうです。「誰でもないよ。みんなが思う通りの人だよ。それでいいんだ」。確かにそれで良いのです。問題なく人生を送り、仕事では高い地位についています。結婚して18年目を迎え、2人の子どもに恵まれ、経済的にも豊かです。

対処方法としての人格作りは徹底的になる傾向があります。ターニャのように熱心にゴート人になろうとする人は他にいないかもしれません。ヒップホップの先端を行く人も、もしかするとその人格を身につける必要性があるのかもしれません。自己を形成するとき、ほとんどの人たちは、さまざまなグループから少しずつ要素を取り入れ、自分ならではの釣り合いのとれた人格を見つけていきます。例に挙げたアスペルガー症候群の人たちにとって、そうした調整は難しいでしょう。しかし、付随的な人格は完璧に身につけるはずです。

とは言え、一生その人格をまとうとは限りません。ブルースは、「自分には芯となる人格がない」と言っています。だからこそ、人格を変えることができるのです。

ミックは19歳、アスペルガー症候群です。16歳のときにナチス党員になり、頭髪を剃り、折り目のついたジーンズに黒いブーツを履き始めました。ミックは基本的に白黒をはっきりつける考え方をします。

微妙なところは見えません。言い分もすべてそうです。ナチスの人格を選んだきっかけは、アスペルガー症候群の若い人たちのクラブを追い出されたことでした。

　高校ではしょっちゅう自分の意見を擁護しなければなりませんでしたが、むしろミックは喜んでそうしていました。そのため他の生徒からの人気はありませんでした。ナチス党員になって半年ほど経った頃、ミックは街で3夜続けて殴られました。それでナチスはやめ、次に共産党員になりました。ミックはこう言っています。「共産党のほうが楽だよ。殴られないし、移民と友だちになれるから」。

信頼

　周りの人たちへの信頼も防御因子です。信頼度は自分だけで変えられるとは限りません。周りの人たちにもかかっています。

　例えば、信頼している人と一緒にいると、1人では難しい状況も何とかなることがあります。第2章で、分娩室に入る例を挙げました。出産には信頼できる人の付き添いが重要です。その人がいなければ、出産はさらにたいへんになるでしょう。子どもが悪い夢を見たり、いやなことがあったりしたときに親を探すのも同じ理由です。サービス・ユーザに対応する方法は信頼が土台になっていなければなりません。信頼があれば、サービス・ユーザは余裕を得て、日常生活をより良く過ごせるようになります。

外的な防御因子

　周りの人たちの働きによって起こる防御因子もあります。指導法に深く結びついているものがあるのは当然です。良い指導法はストレスを軽減し、要求を調整するからです。外的な防御因子には次のようなものが該当します。

　構造化
　共通理解

要求の調整

逃げ場所

人のネットワーク

社会的支援

構造化

　構造化は学校や施設で標準的なツールとなっています。神経発達障害の分野では、優れた教授法は構造化から始まります。私とウースコフが特別支援教育で使い始めて以来、構造化は北欧諸国でも広まっています。TEACCHの導入と共に自閉症の領域では構造化に注目が集まり、1970年代、1980年代には挑戦的行動のある子どもたちを対象にした精神力動的手法でも構造化が主流になりました。

　これは非常に重要なので何度も繰り返し述べますが、構造化はサービス・ユーザのためであって、スタッフのためではありません。その基盤はサービス・ユーザ個々のニーズでなくてはなりません。みんなのための細かい日課表ではないのです。構造化の内容や程度もサービス・ユーザ個人によって変わります。構造化とは前後関係や状況の理解の弱さを補うためのものです。単にサービス・ユーザが依存するからという理由で行うものではありません。予測性をベースにし、サービス・ユーザにとってわかりやすいものにしてください。スタッフの権威を認めさせるために利用してはいけません。

　良い構造化は明快で予測性をもたらします。つまり、サービス・ユーザは安心してリラックスできるようになります。びっくりするようなことは一切起こらなくなるからです。これは多くのサービス・ユーザに益となります。私たちの日常には、驚くことはそんなに起こりません。ほとんどの場合、私たちは先のことをある程度予測できる上、たとえ想定外のことがあっても、なぜそうなったのか見当がつきます。しかし、もし前後関係がよくわからず、予測力もなければ、思いがけないことが起こったら、その理由はわかりません。予期しない出来事はその時点の不安を増すだけではなく、その後も長期にわたって全般的に高い不安をも

たらすことが多いです。思いがけないことが1つ起こるのなら、もっと起こるかもしれない、地面が沈んでいくかもしれない、ドラゴンが出てきて食べられるかもしれない、そう思っても不思議はないのです。

共通理解

周りの人たちに共通理解があると、対立はほとんどなくなります。近所の人たちが、あの子は他の子たちとは違っているけれど、一生懸命がんばっている、とわかっているなら、挑戦的行動のある子の親に向かって「どうして、あんなことをさせておくの？」などとは言いません。周囲の理解は、親に大きな安堵を、子ども自身には、より一層の予測性をもたらします。学校では教師全員が、挑戦的行動のある子どもに対して同じ視点に立つべきです。

シャボン玉を許可されたレオのケースでもそうです。もし他の先生がその方法を知らなければ、廊下に立ってシャボン玉を吹いているレオは叱られるでしょう。その結果、レオは暴言を吐き、先生との対立はかなり頻繁になるはずです。

第1章で、サービス・ユーザへの対応に必要な方法を身につけていないスタッフは他の人を責める傾向があると述べました。スタッフ同士が、あるいはスタッフと保護者が、またはスタッフと管理者が責め合うようになると、協力体制は崩壊し、多くの場合、サービス・ユーザは誰も介入できないような行動を起こしてそこから抜け出せなくなります。私たちは、サービス・ユーザに良い影響を与えるという責任をしっかりと担う必要があります。

サービス・ユーザを支えるすべての人たちが、問題に対する共通理解をもつことは極めて重要です。

要求の調整

これについてはすでに述べた通りです。要求の調整は、サービス・ユーザの周りにいる私たちが責任をもって行うことができる非常に重要な防御因子です。

逃げ場所

これは「緊急時の逃げ道」と関連しています。再び言及するわけは、周りの人たちが状況に応じて提供するべきものだからです。サービス・ユーザが引きこもりたいときに行く場所を決めておきましょう。1人で入っていられる小屋のようなものを作ったり、タイラーの例のように大きなクローゼットを用意するのも良いでしょう。

人のネットワーク

人間関係の良いネットワークは、乏しい社会的環境を補うための重要因子として長年挙げられてきました。良い友だちがいて、大人とも良い関係にある子どもは、社会的状況があまり充実していなくても、かなり順調に育っていきます。

挑戦的行動がある子には、教育以外の仕事をしているスタッフがとても大切な役割を果たすことがあります。例えば、校舎の管理人や祖父など、親や先生のような要求を出さない人たちです。挑戦的行動管理の研修会に、修繕係や食堂のスタッフを招待する施設がありますが、私は素晴らしいことだと思います。彼らの役割は、子どもにプレッシャーをかけたり、発達に関する責任を負うことではありません。彼らは子どもの全般的な幸福度を促すことができます。これこそが最も重要だと私とウースコフは考えています。

多くの支援が必要なサービス・ユーザは、近所の人に挨拶するだけでも結びつきを感じるかもしれません。知的障害のないサービス・ユーザは、友だちになりたいと思うかもしれません。これは最大の、そして特に大切な防御因子となります（Antonovsky 1991; Cederblad 1996）。

社会的支援

社会的支援はストレスホルモンを減らすという研究結果が出ています。ストレス下では傷の治りが遅くなりますが、社会的支援があるとその遅れがなくなることも証明されています。対策が少ないスタッフや親でも、サービス・ユーザに対して何がつらいのか、またどんな気持ちな

のかを尋ねることはできるはずです（Detillion et al. 2004; Ditzen et al. 2008）。

　ストレスモデルは行動や症状の整理と理解に使えるだけではなく、治療の根拠にもなります。私とウースコフが担当している青少年の中には、ストレスモデルと自分自身を関連づけることができて、実際に日常生活の中で自分が何をしたら良いのかを知るツールとして使っている子どもたちもいます。これまでいくつかの学校から意見や反応を得ていますが、中でもコペンハーゲン郊外にある ADHD やアスペルガー症候群の子どものための学校に通っている女の子に関する報告は特筆すべきものでした。祖母が亡くなったばかりで、高いストレスを抱えていた彼女は、各教科の先生に週末の宿題を免除してほしいと頼みました。先生はこう語っていました。「トリーネ・ウースコフさんの自己理解のコースを受けた成果がありありと見えました。私たちはしばらく宿題を減らすことにしました。あの子は自分に余裕がないことをちゃんと伝えることができたのです。私たちはそれを肯定的に受け止めるべきだと思います」。
　ストレスモデルを使うときには、楽しい経験は残るようにストレス因子を緩和していくことが妥当でしょう。

　　リンは 16 歳です。今は学校に行っていません。8 歳のときに ADHD
　と言われましたが、十代になると診断名はアスペルガー症候群に変わ
　りました。昨年から精神病の症状が現れ、QOL（生活の質）は明ら
　かに低下しています。
　　リンは介助人に手伝ってもらいながら自分のストレスを図にしてき
　ました。そして、以下の結論が出ました。
　　最も大きなストレス因子：登校を求められること、馬の世話、周り
　の世界がわからないこと、人付き合いの難しさ、見通しが常に立たな
　いこと。
　　最も大きな場面ストレス因子：両親が自分たちの友人を招くこと
　（ほぼ毎週末）、乗馬スクールでの他の人とのやりとり、食べ物に関す
　るいくつかの場面、何をしていいのかわからないとき。

両親の協力のもと、次のことが決まりました。まずリンに登校を求めるのをやめる（中学 3 年生でしたので、義務教育はほとんど終了していました）。乗馬スクールと馬の世話は続けたほうがよい。乗馬スクールでは介助人が付き添い、人とかかわる場面ではサポートする。1 日の流れに絵や彫刻などの活動を加え、楽しいスケジュールを組む（リンは馬の絵や彫刻がとても上手です）。両親は友人を招く代わりに、彼らを訪問する。

　こうしてリンは、生活の充実につながる活動（馬に関すること）を維持しつつ、ストレスしかもたらさない活動から解放されました。通常は、学校に行かずに乗馬スクールを続けるという選択肢は認められないかもしれません。しかしリンの場合、精神病の症状から守るという点でこの方法は適切でした。

まとめ

　ストレスは挑戦的行動の主な原因です。ストレスと言えば周囲からのプレッシャーと思われがちですが、知的障害や神経発達障害に見られる認知の弱さに関連するものもあります。本章ではストレス因子と挑戦的行動の図式化を紹介しました。環境や要求を調整し、挑戦的行動を減らすのが目的です。

　ストレスモデルを見ると、基本ストレス因子と場面ストレス因子を分けるのがいかに重要であるかがわかります。ストレス因子を分類することで、日々の構造が変わり、長期的に見ると差が現れます。またモデルでは、スタッフや親御さんに介入の必要なタイミングを示すため、ストレスの警告サインとカオスのサインを区別しています。本章の最後に紹介したストレスの防御策は、スタッフ、親、サービス・ユーザ自身が使えるものです。いずれもサービス・ユーザがストレスに耐えやすくなる方法です。

第5章

対立が起きたとき：
うろたえない

When Conflict Happens:
Keeping It Calm

　ここまで、サービス・ユーザとのせめぎ合いにつながりかねない事柄を挙げ、どうしたら対立を避けられるかを述べてきました。

　残念ながら、うまくいかないときもあります。本書を読んで勉強しても対立は起こるでしょう。自分たちではコントロールできない理由で生じる対立もあります。サービス・ユーザ同士での対立もあれば、指導やかかわりの責任がない人との衝突もあります。対立は地下鉄や商店、あるいは街を歩いているときに起こるかもしれません。本章では、実際に衝突や暴力的行動が起きたときの対処法を紹介します。それらが皆さんの役に立つようにと願ってやみません。

　暴力的行動の対処には、本書の前半で述べた通り、長年にわたり多種多様な方法が使われています。相手の身体をねじ伏せる方法や自己防衛を目的とした方法は、いずれもサービス・ユーザに痛みを与えます。アームロック（格闘技の関節技）はその最たるものです。精神科病棟で使われているベルト類も私たちは決して忘れてはいけません。そこには機械的に行われてきた拘束の歴史があります。

　対立から脱出するには、サービス・ユーザができるだけ早くセルフコントロール力を取り戻せる状況にすることが鍵になります。スタッフも

親も、対立をあおるようなことをしてはいけません。対立のレベルを下げ、サービス・ユーザがその時点で抱えているストレスを減らす方法を身につけておきましょう。第3章ではその1つとして「要求の調整」を挙げましたが、ここではさらに踏み込んだ方法を紹介します。まず、基本的な情動理論から述べていきます。

1. 情動・感情の伝染理論

　1860年代、チャールズ・ダーウィンは、人間と特定の動物では、いくつかの基本的感情が似たような表情で顔に出ることを発見しました。さらにダーウィンは、感情表現が世界中で共通しているかどうかを調査し、結論として、基本的な感情の種類は非常に限られており、それらは遺伝的かつ種特異的で、生物学的にプログラムされていると述べました。ダーウィンが特定した基本感情・情動は6つです。その後、ウィリアム・ジェイムズ、シルヴァン・トムキンズ、ポール・エクマン、ジョン・ボールビー、ドナルド・ネサンソン、そしてダニエル・スターンが情動理論を展開し、今日、人間には少なくとも9つの基本的感情があると考えられています（訳注：基本的感情の数については、研究者により違いがある。例えば、ダーウィンは、幸福、悲しみ、怒り、恐怖、嫌悪、軽蔑の7つを挙げている。エクマンは、幸福、悲しみ、怒り、驚き、恐れ、嫌悪の6つとしている）。

　興味
　苦痛
　怒り
　嫌悪
　疲労
　驚き
　喜び
　恐れ
　恥ずかしさ

これらの感情は、生物学的にも心理学的にもはっきり区別されています。経験や記憶の結果として感じられるだけではなく、例えば投薬などを通じて脳内の化学成分が影響を受けて発動されることもあります。情動のほとんどは生まれつきのものですが、喜び、恐れは誕生後最初の1年で形成されていきます（Bowlby 1973, 1980, 1999 {1996}; Darwin 1998 {1867}; Ekman 2003; James 1884; Lange 1887: Nathanson 1992; Stern 1985, 2004; Tomkins 1962, 1963, 1991）。

　感情は強く感じられるときもあれば、弱く感じられるときもあります。悲しみ、驚き、喜び、怒り、興味、それぞれ度合いはさまざまです。刺激の遮断方法をまだ知らない小さな子どもは、どの情動にも圧倒されてしまうことがあります。嬉しすぎると母親を噛んだりする子もいますが、とにかく自分を抑えられなくなります。強い情動は状況のストレスになるだけではなく、かなり多くの挑戦的行動の引き金になります。穏やかな気持ちのときに喧嘩をする人はいません。腹が立って喧嘩になるのです。挑戦的行動に関しては、情動そのものよりも、情動がどれほど強烈に感じとられるのか、そしてそれがどのようにしておさまるのかが注目されます。

　　エリオットは生後4週間です。穏やかな赤ちゃんで、両親にとって最初の子どもです。母親のエリカは、他のお母さん方とコーヒーを飲みに行くのが好きです。よく出かけるのはエリカを入れて5人です。
　　ある日、エリカは母親仲間とエスプレッソの店でラテを飲んでいました。エリオットは空腹でした。他の赤ちゃんと同じようにベビーカーに寝ていたのですが、なにせ生後4週間です。自分が空腹なのかどうかはわかりません。ただ体内に不快感が生じ、苦痛という情動が誘発されました。エリオットは泣き始めました。
　　すると不思議なことが起こりました。数秒後、別の赤ちゃんが泣き始め、さらに他の赤ちゃんも次々に泣き始めました。お腹がすいていたわけではありません。伝染したのは空腹ではなく、不快感です。

感情の伝染は乳幼児に顕著です。ダニエル・スターンによると、大人は子どもと接するときに感情の伝染を利用します。子どもが何かを達成して喜んでいると、私たちも喜びを感じます。喜びは共有すると深まるのです。一方、子どもが悲しんでいるとき、私たちは声のトーンをやや下げて話します。そうすることで子どもの感情を喜びに変えようとします。スターンはこれを情動の「調律」と呼び、自身の心理発達論の中でも特に重視しています（Stern 1985）。

　大人の間では、感情の伝染はそれほど明白ではありません。大人は他者からの影響や自分の感情を抑制することをすでに学習しているからです。抑制の度合いは、人間関係や状況によって変わります。信頼し、愛している人と一緒にいるとき、私たちは感情をあまり遮断せず、むしろ関わり合いを求めて感情の伝染を用います。スターンはこれを「間主観性（訳注：表情などから相手の気持ちを感じとり、同じ気持ちになること）」と名づけました。これは、相手と協力しようとするときや、向かい合わせに座ったカップルが鏡のように同じ仕草をするときに見られます。親しみや間主観性を感じたくなると、私たちは相手に触れたりアイコンタクトをとったりしますが、それは感情の伝染を高めるためです（Stern 2004）。

　ところが、ストレスがあると感情の遮断が難しくなり、私たちは他者の感情に敏感になります。また、自分の情動もいつもより隠せなくなるので、周りの人たちに感情を知られやすくなります。

　感情の伝染のメカニズムの１つは、ミラーニューロンだと考えられています。これは運動を司る脳領域にある細胞で、他者の行為に反応します。誰かが微笑むと、その微笑みはミラーニューロンに写り、自分が微笑むときと同じ活動パターンが生起します。それで私たちは簡単に微笑み返すことができるというわけです。

　行動化（アクティングアウト）と自傷の形態をとる挑戦的行動を制限するには、まず、サービス・ユーザの情動を高めないことが大切です。次にサービス・ユーザの情動を弱めるために感情の伝染を用います。これが最も効果的な方法の１つです。

　情動に注目した興味深い調査研究はいくつか行われており、スタッフ

がストレス下にあると、望ましくない出来事が増える（Rose and Rose 2005）、施設内の社会的犯罪がそこに住むサービス・ユーザの行動に影響を及ぼす（Langdon, Swift and Budd 2006）という結果も出ています。

第4章では、精神的重荷を与える状況のストレス因子について述べましたが、それらのほとんどが情動レベルを引き上げます。以下がその例です。

- **強い口調で出された要求**：強い口調で要求を伝え、言われたことはできて当然だと思っていないでしょうか。きちんと食べる、使ったものを元のところに戻す、静かにしている、自室を整頓するなどを求めるとき、私たちは、ぞんざいな言い方をすることがあります。何らかの理由があって要求通りにできないと、サービス・ユーザは不安になってそれを行動に表すでしょう。これは情動の緊張が高まっている証拠です。

- **対立**：2者間の情動レベルの高まりが特徴です。私は、落ち着いている人と対立したことは一度もありません。自分が穏やかな気持ちでいるときにも対立が起こったことはありません。自分が何かに感情的に反応し、対立を引き起こしたか、あるいは相手の感情に反応して対立に入ったかのいずれかです。

- **叱責**：情動反応の引き金になりやすいものです。自分に置き換えて考えるとわかりやすいでしょう。上司に叱られたらどんなに腹が立つか想像してみてください。

- **理解できないとき**：苛立ちや不満が起こり、情動の強度が上がります。

- **突然の騒音**：驚きや動揺をもたらします。驚きは基本的情動です。

- **突然の変更**：柔軟性が低い人には極めて大きな不安や不満のもとにな

ります。

　これらに共通する特徴はフラストレーション（訳注：やりたいことがあったり、きちんとしたいのにできないことで不満が生じ、イライラしている状態）です。フラストレーションは情動の強度を上げ、しばしば不安をも高めます。それを考慮すると、挑戦的行動のある人たちは、診断の有無にかかわらず、一般的に情動を調整する力が弱いことがよくわかります。幼い子どもはお腹がすくと自分をコントロールできなくなりますが、私たち大人はそうではありません。情動を調整する力は、年齢と共に上がります。しかし私が担当しているサービス・ユーザ、例えば、十代に入ったばかりのアスペルガー症候群の子どもたちや、思い通りにならないと拳で壁を殴る ADHD の少年には情動の調整力が十分に発達していません。
　挑戦的行動の引き金となる情動は他にもあります。

　　ユヌスは 11 歳、ADHD です。ある日、学校の食堂で、ソーセージのキャセロールと白米を食べていました。ユヌスには運動機能の問題がいくつかあるため、きれいに食べるのが難しく、どうしても散らかしてしまいます。食事が終わり、食器を返却口に持っていくと、ユヌスは食堂のスタッフにこう言われました。「どれだけテーブルを汚したか見てごらん。布巾を持ってきて、散らかしたところを拭きなさい」。ユヌスは口答えをしました。「そんなこと言うなら、もっとマシな食べ物を出せよ、ババア！　米粒落とさないでフォークにのせられるわけないだろ」。

　　ペドロは 21 歳、自閉症です。父親は息子にたくさんの良い経験をさせたいと願っています。ある日、2 人はマンチェスター・ユナイテッドとリバプールのサッカーの試合に出かけました。席はリバプール側で、大勢のサポーターがいました。リバプールが最初のゴールを決めたとき、スタンドは喜びで沸き立ちました。ペドロは嬉しくてたまらず、周りにいた人たちを 6 人殴り倒してしまいました。父親もその

中に入っていました。

　ユヌスの場合、問題は食べ物をこぼすことではなく、食堂のスタッフの怒りに、かっとしてすぐに反応したことでした。ペドロは喜びの伝染に対して、自分の情動を調整できず、抑えがきかなくなりました。サッカー場での情動プレッシャーは極度に高く、ペドロの対処能力を超えています。

　ユヌスとペドロは、自分と他者の情動をうまく分けることができません。神経発達障害のある人たちのほとんどがこの困難を経験します。知的障害のある人たちにも共通する問題です。なぜそうなのかはよくわかっていません。人格形成の面では長期的にどうなるのかも定かではありません。

　私は、感情を区別する力は共感性の発達の一環だと考えています。人間にはもともと感情の伝染に関連する能力が備わっています。ほとんどの人は、1歳6カ月から4歳までの間に、自分と他者の感情を区別する力を身につけます。具体的には、他の人を慰めることができるようになります。その後、このようなスキルは徐々に、「心の理論」あるいは「メンタライゼーション」と呼ばれる能力（他者の心の状態、思考、意図を予測する力）の発達に用いられるようになります（Frith 2003）。

　私たちはこのメンタライゼーションを毎日使っています。狭い道路で対向車に出合ったとき、適切によけるには相手が進む方向を予測しなければなりません。夜に街灯のないところでブーツを履いたスキンヘッドの若者たちが騒いでいたら、私たちはたぶん、そのまま進まず、反対側の道に渡るでしょう。また、恋愛関係の最初は、どちらかがタイミングよく、適切にリードしていかなければなりませんが、その際にもメンタライゼーションが必要です。

　間主観性は、他の人の立場で考え、それに応じて自分の行動を調節する力に基づいています。ダニエル・スターンはこれを「間主観性のダンス」と呼んでいます（Stern 2004）。

　自閉症にはメンタライゼーションの障害があるとよく言われていま

す。しかし私はまったくそうだとは思いません。アスペルガー症候群は自閉スペクトラム症に属する障害ですが、私の経験では、他者の心の状態、考え、意図を想定できる人たちもいます。とは言え、その力が発達するスピードは遅く、多くの場合、成人後も長い年数がかかります。定型発達者のレベルに達する人はほとんどいません。さらに、その力を使うには、他者の心を読むタイミングも判断できなくてはなりません。私の親しい友人の 60 代の男性はアスペルガー症候群ですが、検査をするとメンタライゼーションの項目では標準の結果が出ます。しかしいつでもその力を発揮できるわけではありません。例えば 2008 年の春、彼は「自閉症の衝突」（訳注：自閉スペクトラム症の人は、歩いていて物や人にぶつかることが多いという報告がある）と呼ばれる経験をしました。横断歩道で信号待ちをしていたときのことです。フルスピードで車がやってきたにもかかわらず、彼は青信号になったからと道を渡ろうとしました。運転手のスピードを想定せず、自分にぶつからずに車が止まる確率も考えませんでした。自閉症に見られる共感の困難は、メンタライゼーションの障害が基になっているのではなく、自分の情動と他者の情動の区別の難しさに由来している可能性があります。そして、その区別の力こそが、メンタライゼーションの土台と言えるでしょう。

　自閉症その他の神経発達障害がある人にとって、自分と他者の情動の区別は非常に難しいです。挑戦的行動の管理のガイダンスに携わっていると、それが日常生活における重要な因子であることがわかります。ユヌスのエピソードにもそれが表れています。ユヌスは自分を叱った人を叱っています。不安も伝染します。例えば、グループホームや特別支援学級のスタッフが遅刻をしてストレスを感じていると、不安は広がっていきます。

　そのため、私たちの情動に対してサービス・ユーザは意外な反応をすることがあります。家で私が子どもたちに腹を立てていると、子どもたちは「お父さんは怒っている」と思い、自分たちの行動をあらためようとするはずです。私はそれを期待します。ところが、サービス・ユーザに怒りを示すと、まったく違う反応が返ってきます。サービス・ユーザ

は怒り返してくるかもしれません。特別支援教育に携わっている多くの人たちが、サービス・ユーザを叱ったとき、彼らがどのように叱り返してくるかを語っています。

　笑い出すサービス・ユーザもいます。高まった情動を処理する方法の1つが笑いです。私も一度、パートナーと映画を見に行ったときにこれを経験し、非常に恥ずかしい思いをしました。映画はベニーニ監督の「ライフ・イズ・ビューティフル」でした。第二次世界大戦中、ドイツの強制収容所にいた父と息子の話です。映画の終盤で連合軍が収容所を占拠します。緊迫した状況の中、父親はロッカーに息子を隠し、危険から守ろうとします。その後、収容所の番兵が父親を見つけ、塀の裏で銃殺します。それは私にとって本当に思いがけないシーンでした。主人公は必ず生き延びると思っていました。私は自分の気持ちをどうしたらいいのかわからなくなり、なんと声を立てて笑ったのです。他に笑っている人は誰もいませんでした。笑うと情動は解放されます。ジョークを聞いていると期待がどんどんふくらみ、必ず意外なオチがあって、笑いが出ます。予期しなかった情動を除きたくなったら、そのたびに笑ってその情動を追い払っているサービス・ユーザがいます。しかし、周りにいる人たちには笑う理由がわからないこともあります。自分が笑われたと誤解するかもしれません。

　サービス・ユーザの中には、怒りを向けられると混乱が頂点に達する人もいます。情動を遮断できず、その情動があまりにも強烈になると、セルフコントロールの力は失われます。その結果、周りの人に殴りかかったり、叫び始めるかもしれません。不安に打ちひしがれてしまう人もいます。

　第4章で述べた近親者の強い感情に関する研究結果も、自己と他者の情動の区別が難しいという点から見ると、納得できると思います。理由がわからないまま、さまざまな強い感情を絶えず経験していると、行動に影響が出るのは当然です。日常生活で不安や恐れが生じます。

　区別がつかないと自分自身の情動から他の人の情動を排除することもできません。知的障害と自閉症のある人たちが10人いる部屋に初めて

入ったとき、私はその雰囲気に圧倒されました。彼らの情動が巨大な壁となって迫ってくるように感じました。知的障害と自閉症のあるサービス・ユーザの担当になった新入りスタッフは、最初の1週間で疲弊したとよく言います。その理由も私が感じたような圧倒感です。私たちは通常、自分の情動に他の人たちが入らないようシャットアウトします。感情的になったら顔をそむけたり、アイコンタクトを調整して感情表現もコントロールします。しかし特別な支援が必要な人はなかなかそうしません。

　乳幼児も他者の情動を遮断しませんが、情動を使って周りとコミュニケーションをはかります。他のコミュニケーション手段をまだ知らず、それでも食べ物と身体機能のケアを何としてでも得たい子どもにとってこれは死活問題なのです。言葉が発達してくると、コミュニケーションは言語を用いたものに移行し、情動による伝達は減っていきます。それと同時に、自分と他者の情動を分ける能力が伸び始め、やがて他者の情動を遮断できるようになります。

　情動の放出について乳幼児と知的障害のある成人を比べると、一番大きな違いは情動表出の規模です。小さな規模では小さな表出に、大きな規模では大きな表出になります。赤ちゃんと大人では大きさが違います。情動の身体表現も違うので、感情の伝染レベルに差が出ます。子どもからの情動よりも大人からの情動を遮断するほうがずっと難しいはずです。また、私たちは赤ちゃんが情動的なサインを出すのは当たり前だと思っています。それが赤ちゃんの最初のコミュニケーションだと知っているからです。一方、大人の強い情動サインは、当たり前だとは思いません。大人から強い感情が発信されると私たちは何かあったのかと不安になります。通常、強い情動サインは予想外のことがあったしるしなのです。

　感情が伝染しやすく、自己と他者の情動の区別がつかないサービス・ユーザは、周りにいる私たちの情動に敏感です。危機的状況では、周囲の情動的な反応がサービス・ユーザの行動に非常に大きな影響を与えます。私たちがサービス・ユーザの行動にストレスを感じていると、その

ストレスによってサービス・ユーザのストレスはさらに高まります。その結果、サービス・ユーザの行動はエスカレートします。要求を受け入れないサービス・ユーザに対して情動的に反応（怒るなど）すれば、そのサービス・ユーザの情動はますます激しくなりかねません。私たちの情動反応によって要求の難易度が上がり、挑戦的行動が起こるリスクも高まります。情動がどう高まるかは図で表すことができます（図5−1）。

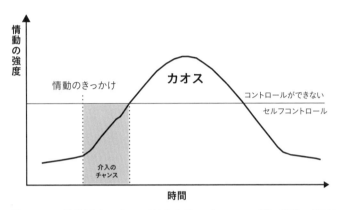

図5−1　情動反応によって高まるサービス・ユーザの情動の強度

　重要なのは私たちの反応なのです。サービス・ユーザの情動は、要求、変更、その他の出来事によって誘発されます。ほとんどの場合、サービス・ユーザはセルフコントロールを確保しようとして、すぐさまその情動を減らそうと試みます。要求を拒否したり、自分の手を噛んだり、その場から去ったりします。このとき、スタッフや親が感情的になり、恐れや怒りを表すと、サービス・ユーザの情動は一層高まります。セルフコントロールを取り戻す確率が下がり、混乱した行動に至るリスクが上がります。

2. 低刺激アプローチ

　サービス・ユーザと接するときには、その人の情動を高めないようにする必要があります。同時に、私たちも強い情動反応をしないように自分をコントロールしていかなければなりません。低刺激アプローチには、以下のようなさまざまなやり方があります。詳細は順に述べていきます。

　　　　自分を制御して反応する
　　　　アイコンタクトを避ける
　　　　身体接触を避ける
　　　　適切な対人距離を保つ
　　　　自分を強く見せない
　　　　座る
　　　　穏やかに話す
　　　　譲る
　　　　スタッフを替える
　　　　"スヌーカー・トリック"を使う
　　　　待つ

自分を制御して反応する
　前に「表出感情（はっきりと表される強い感情）」について述べました。私たちが自分の感情を抑制していればサービス・ユーザはより心地よく感じます。表出感情が害となる理由は、サービス・ユーザも同じ感情を経験するからです。しかし本人は、どうしてそんな気持ちになるのかわかりません。まるでジェットコースターに乗っているように、次にどんな感情が来るのか見当がつかないのです。
　私自身が意識しているのは、落ち着きを保つことです。自分の呼吸をコントロールすると、落ち着いていきます。私にはさほど難しくはないのですが、同僚はとても難しいと言い、別な方法を使っています。外に

出て自分の呼吸と動きを調節し、他の人と一定の距離を保っていると、不安があっても落ち着きを取り戻せるそうです。いずれも効果的です。

「自分のやり方で、もう少しリラックスし、劇的な感情表現は避けましょう」と私はよく提案しています。そうすれば、サービス・ユーザはのびのびし、情動の爆発が誘発されずに済みます。

アイコンタクトを避ける

アイコンタクトが使われる目的と状況はさまざまです。ダニエル・スターンは「20秒以上アイコンタクトを取り続けると、その結末は必ず性的関係か暴力になる」と言っています。つまり、誰かを性的に誘惑したいとき、あるいは喧嘩をしたくなったら、人間は「感情の伝染を確実にしよう」とします。つまり、相手にも同じ情動が出るようにするのです。喧嘩も性的関係も相手の同意がなければ成立しないからです。

私たちが、薄暗い路上で怒っている男性と目を合わせないようにするのもそのためです。かかわればエスカレートした情動に巻き込まれてしまうと思い、接触を避けるのです。喧嘩に同意などしたくありません。私の息子のマティアスはこれに関してある実験をしました。バスに乗っているとき、隣に座っている人に突然アイコンタクトを求めたらどうなるか調べてみたのです。すると2、3秒でどの人も立ち上がって、別の席に移ったそうです。通常の情動が漂うバスの中で、知らない人からそれほど強度の親密さを示されるのはいやでしょう。

相手を支配したいと思うときにも、長い時間ではありませんが、アイコンタクトが使われます。「私が話しているときには顔を見なさい」と言うとき、私たちは自分がいかに本気であるかをわからせようとします。感情の伝染を期待している証拠です。私の目を見れば、どれだけ怒っているのか、あるいはどれだけ決意が固いかを読み取れるはずだ、経験している情動がどこからきているのかも理解できるはずだ、と考えています。

しかし、サービス・ユーザは、今経験している情動が自分と相手のどちらから始まったのか、わかりません。相手の目を見ると、伝染した情

動は強くなるばかりです。アイコンタクトは、すでに生じている感情の伝染を促進し、サービス・ユーザがセルフコントロールをできなくなる率を高めます。

アイコンタクトが対立を生じやすくさせるもう一つの理由に、情動の増大があります。50センチほど離れたところから相手の目を10秒見てみると、それがわかります。10秒はとても長く感じられるはずです。その10秒間、相手は笑わずにはいられなくなるでしょう。じっとしているのもつらくなるはずです。そして目を離したとたん、その経験を話したがるでしょう。私たちは単に自分の経験を処理したいのです。笑って反応するサービス・ユーザがいると書きましたが、私たちもそうです。笑ったり、話をすることで処理する場合があります。

対立の場面でアイコンタクトを使うと、サービス・ユーザは落ち着くどころか、逆に情動を高めてしまいます。その情動を笑い飛ばしたり、話をして処理できるサービス・ユーザはめったにいません。処理されない情動は一層強くなり、セルフコントロール力を奪います。サービス・ユーザは自傷行為やアクティングアウトを始めるでしょう。

身体接触を避ける

サービス・ユーザをつかむとき、ゆったりと柔らかくつかむ人はあまりいません。むしろ力を入れてコントロールしようとするのではないでしょうか。つかまれたサービス・ユーザはその力を感じ、情動が伝染します。激しい情動や感情に感染した人を落ち着かせたいなら、腕の力を抜いて優しく相手の肩に触れるとよいでしょう。腕をつかむのはよくありません。

神経発達障害のある人は、優しく肩に触れられただけでも、激しい反応を示すことが少なくありません。スタッフの接触がきっかけで多くのサービス・ユーザがパニックになっています。その結果、さらに激しい行動が起こり、スタッフはもっと強くつかむ羽目になります。

私が勧めているのは、対立の場では一切サービス・ユーザに触れないことです。その人のことをよく知っているのなら、肩に片手を置くだけ

ならかまいません。

　サービス・ユーザをつかまざるを得ないような状況は起こります。しかし、法律で認められている自己防衛の基準を超えてはいけません。つかむのは、サービス・ユーザ本人または他の人の命や健康が危機にさらされているときに限ります。そのような状況では、対立のリスクを話し合うどころではありません。現行の暴力的な衝突を何とかしなければなりません。それでも、身体はつかまないほうがよいでしょう。ただし、サービス・ユーザの安全に焦点を当てた低刺激アプローチ（訳注：強い刺激やかかわりを避け、話す調子や表情などをやわらげて穏やかに対応する方法）の訓練を受けた人は別です。私はイギリスのメソッド、Studio-III（訳注：挑戦的行動への対応のためのプログラム。低刺激アプローチを中心としている）を推奨しています。

　Studio-III のメソッドでは、サービス・ユーザにかかわる時間は非常に短く、5 秒から 10 秒です。サービス・ユーザと一緒に動き、落ち着かせるためにその人の動きを利用します。その後、離れるとサービス・ユーザは心地よい解放を経験します。ただし、このメソッドを使う前に、サービス・ユーザにどう触るか、どんな動きやつかみ方を避けるべきかをよく学び、練習を重ねることが不可欠です。サービス・ユーザに危害を加えないためにこれは何より重要です。このメソッドの訓練を受けていないなら、サービス・ユーザの身体にはまったく触れないほうが、より安全で効果的です。他のサービス・ユーザに危害が及ぶリスクがあれば、挑戦的行動をとっているサービス・ユーザをつかむのではなく、他の人たちを部屋の外に出してください。

　サービス・ユーザをつかむと、同じ部屋にいる他のサービス・ユーザに感情の伝染が起こります。つかまれているサービス・ユーザと同じ情動が彼らの中に強くなっていきます。情動を遮断できなければ、それが誰の情動なのかわかりません。1 人のサービス・ユーザに対する暴行は、他のサービス・ユーザにとっても暴行となるのです。つまり、サービス・ユーザ全員に精神的外傷をもたらすことになります。学校でも施設でもしてはいけないことです。

逆に、サービス・ユーザに腕をつかまれると、私たちには緊張のリスクが生じます。ということは、サービス・ユーザはもっと緊張するはずです。一緒にどこかに行きたいとき、あるいはどこかへ行ってほしいときにサービス・ユーザはよく私の腕をつかみます。そこで私が緊張し、何らかの抵抗を示すと、サービス・ユーザはもっと強くつかみます。状況は悪いほうへ向かいかねません。つかまれた腕をリラックスさせると、サービス・ユーザがつかむ力はすぐに弱くなります。そのまま一緒に歩き、様子を見ながら途中で離れることもできるようになります。

適切な対人距離を保つ

誰かといると、とても心地よく感じるときがあります。一方、私はあまり知らない人のそばにいるのは苦手です。ストレスや怒りを抱えているときには、よく知っている人でも近くにいてほしくないと思います。

私の同僚に、いつも立ち位置が少し近すぎる人がいます。大柄で、私より頭半分ほど背が高く、体重もたぶん20キロくらい多いと思います。以前から気になっていたのですが、2人きりで話をしていると、彼の話が頭に入ってきません。会話にもう1人加われば、問題なく理解できます。3人になると彼は適切に距離を保ちます。2人だけのときには、近すぎる距離が私にストレスを与え、情動が強くなるのです。その強度を弱める方法を探さなければなりません。私は通常、相手のことを意識しないようにして対処しています。しかし相手を意識しないようにすると会話ができなくなるし、相手の話もわからなくなります。

セルフコントロールの箇所でも述べましたが、不安が高まると、私たちは情動を弱めようとします。相手と距離を置くのは良い方法です。自分が守りたいパーソナルスペースに踏み込まれると情動の強度は増します。不安なときにはスタッフから2歩ほど離れるサービス・ユーザは多いです。これは素晴らしい対処法です。問題は、そのときスタッフや親が接近しがちなことです。相手が離れると、少しコントロールできなくなったように感じるからです。でも、接近したからといってコントロールしやすくなるわけではありません。むしろ、サービス・ユーザはセル

フコントロールができなくなり、パニックに至るリスクが非常に高くなります。パーソナルスペースに関しては、簡単な方法を2つ紹介します。

　　サービス・ユーザがあなたから離れたら、2歩後退する。

　　情動が高まっているサービス・ユーザの正面に立たない。

　2歩後退する方法は、本書で最も効果的な助言になると思います。サービス・ユーザが落ち着かないときには、少なくとも2メートルは離れたほうがよいでしょう。

　ここ何年か、私はアスペルガー症候群の子どものための特別支援学校に携わっています。開校したての頃、先生方は身体拘束をしていました。初めてスタッフと面談をしたとき、全校児童は25名でした。その日の午後、私は特に、身を引く方法を紹介しました。

　翌年、再び面談を行ったとき、重度の挑戦的行動のある男の子を担当していた先生が、こう話してくれました。「前はしょっちゅう拘束せざるを得ませんでした。でも研修を受けた次の日から、私たちは子どもと対立したときには前に踏み込むのではなく、後ろに下がることにしたのです。大きな効果がすぐにわかりました。以来、担当の子に対して拘束をせずに済んでいます」。私が最近スタッフに会ったときには、児童の数は75名に増えており、校長先生によると、ここ数年間、身体拘束は一切していないとのことでした。

　スタッフが詰め寄るのではなく、後ろに下がることで、サービス・ユーザはセルフコントロールを保つことができます。そこで生じた距離が情動の遮断を可能にし、情動の強度が下がるからです。スタッフにとっても、サービス・ユーザからの情動を遮断しやすくなり、自分自身も落ち着いていられるようになります。神経発達障害や知的障害がないから、感情の伝染に免疫があるとは言えません。ストレスがあると伝染を防ぐのは一層難しくなります。距離を置くと、私たちは、よりはっき

りと考え、よりバランスの取れた振る舞いができるようになります。

　ただし、サービス・ユーザが周りの人たちを攻撃する可能性が高いとき、この方法は無効です。その場合は、直ちに全員を避難させ、距離を保ってください。サービス・ユーザ同士の争いにも、２歩下がる方法は使えません。本章の後半で述べる、注意をそらす方法を使ってください。

　日常生活では、誰かの真正面に立つ機会は皆無と言っていいほどありません。正面ではあっても２人の間にカウンターなどの家具があったり、立ち位置がややずれていたりするものです。身体の前面を相手の真正面に向けるのは、キスやダンスをするとき、あるいは相手を挑発したり、支配しようとするときに限られます。試しに誰かの正面に立ってみてください。その人は急いで左右どちらかに動くはずです。最近、研修会の初日にこの話をしたところ、翌日、参加者の１人が体験を語ってくれました。研修から帰宅した彼女は、ボーイフレンドの正面に立ってみました。２、３秒後、ボーイフレンドは彼女の身体を２度押しました。彼女が動かずにいると、彼はキスをしたそうです。彼はとても動揺した様子で、なぜそういう反応をしたのか自分でわからず、説明もできませんでした。

　私たちがサービス・ユーザの正面に立つ理由は、アイコンタクトを使う目的と同じです。つまり、サービス・ユーザを支配しようとしているのです。そこには、いくつかの問題点があります。まず、私たちは誰をも支配するべきではありません。私たちの目標はサービス・ユーザに協力的になってもらうことです。威圧して行動させる方法は、情動的な対処法に由来しており特別支援の領域では効果がありません。

　サービス・ユーザの、やや斜めに立ち、視線もやや斜めに送ったときと、正面に立ったときを比べると、後者の場合、情動の強さは２倍になります。たとえ２メートル離れていてもそうなのです。

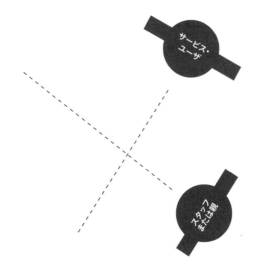

図5-2　正面を避けることで落ち着きを生み出す

　図5-2の位置に立つと、2者間の情動の高まりが減り、落ち着きが
生まれます。繰り返しますが、これはあなた自身が冷静でいられるため
に重要なのです。サービス・ユーザの情動を遮断できると、自分の情動
をよりうまく統制できるようになります（Hewett 1998; Whitaker 2001）。

自分を強く見せない

　これは、特に男性には難しい方法かもしれません。男性は、日ごろ威
圧感を出すために身体を使うのに慣れています。筋肉に力を入れ、肩を
いからせたりします。誰かに腕を触られたとき、腕の筋肉を緊張させな
い男性はほとんどいないでしょう。ビクッとする動作を見ると、いわゆ
る男らしさとはどれほどのものかと思うかもしれませんが。

　このように筋肉に力を入れると、多くの場合、サービス・ユーザも同
じように緊張します。感情は、あなたと私が使う筋肉が媒介になって伝
染します。脳はミラーニューロンを通して相手の筋肉の緊張を読み取り
ます。そのとき、自分の筋肉も緊張します。自分を強く見せようとする
とき、私たちは上半身全体に力を入れます。非常に大きな緊張です。そ

れを受けてサービス・ユーザの緊張も強くなり、アドレナリンが放出され、対立のリスクが高まります。

　私はコペンハーゲンの郊外にあるグループホームで仕事をしていました。入居者は自閉症と暴力行動のある人たちです。そこではヘルパーとして元警察官を2人採用していました。ホームとしては、元警察官なら攻撃されても自己防衛ができるという考えがあったのですが、それは裏目に出ました。実際に攻撃を受ける回数は、他の職員よりも彼らのほうがずっと多くなりました。彼らは威圧的な身体言語をかなりの頻度で使っていたからです。

　一方、デンマークのユトランドにあるグループホームでは、強度の挑戦的行動のある2名のサービス・ユーザのために国連の元兵士を雇っています。このケースでは非常に良い結果が出ています。前述の元警察官と違う点は、元兵士は待つこと（兵役ではこれを何度も行います）と、身を隠すことを習得していたことです。警察官は人目につかなければなりませんが、兵士は人目を避けなければなりません。どちらも自己防衛の訓練を積んでいますが、視点が違うのです。

　2008年、スウェーデンのマルメ市でヨーロッパ社会フォーラムが開かれました。その最中に行われたデモで、警察はできるだけ防具を使わないことになっていました。すると他のときよりも暴動が減ったという結果が出ました。挑戦的行動を避けるために力を誇示して相手を脅すと、期待とは反対の効果が出ることが多いのです（Blem 2007 a, 2007 b）。

　自分を大きく見せないほうがいいという考え方は、日常生活ではあまりしないでしょうが、例えば、夜道で体格の良い男性の集団に出会ったところを想像すると、納得できると思います。ほとんどの人は肩をすぼめて自分を小さく見せようとするでしょう。下を向いて、できるだけ、その集団の注意を引かないようにするはずです。このように自分を強く見せないやり方は、状況のコントロールというより、不安な経験と結びついているため、学校や施設ではなかなか活用されません。しかし実際は、夜道の場面でも私たちは自分を小さく見せるという簡単な身体言語を使って状況をコントロールしているのです。

座る

　あなたが座ると（床の上が望ましいです）、サービス・ユーザの心の中で
あなたが占める割合は小さくなります。あなたの身体の筋肉、特に腹部
の筋緊張がやわらぎ、サービス・ユーザの緊張もほぐれます。サービ
ス・ユーザに出ているアドレナリンのレベルが下がり、穏やかさをもた
らします。あなた自身も、立っているより座っているほうが、落ち着き
やすくなります。

　この話をすると、「とんでもない」と言うスタッフがときどきいま
す。床に座ると頭を蹴られると言います。「座るのが遅すぎるとそうな
ります」と、私はたいてい答えます。「この人はイライラし始めた」と
感じた段階で座らなければなりません。

　片膝を床につけるだけでも十分効果的なことがあります。筋肉はリ
ラックスしていないでしょうが、サービス・ユーザの心の中であなたの
存在は小さくなります。

穏やかに話す

　サービス・ユーザがセルフコントロールをできなくなったら、一言も
話さないほうがよいでしょう。私がよくかかわってきたある少年はこう
言っています。「スタッフが僕をつかむのは、まあいいんだけど、その
とき黙っていてほしい。いつもしゃべりすぎなんだ」。拘束するような
やり方でその子をつかむのはいいとは思いませんが、しゃべりすぎるス
タッフへの苛立ちはよくわかります。

　サービス・ユーザがセルフコントロールを失う前なら、話しかけるこ
とで良い効果が得られるかもしれません。ただし、落ち着くようなトー
ンで優しく話すことが大切です。大声や興奮した口調で話すとサービ
ス・ユーザはセルフコントロールができなくなります。優しく話しか
け、状況を字幕のように解説したり、慰めるのもよいでしょう。

　興奮しているサービス・ユーザは状況を理解していないことも多いで
す。例えば、あるサービス・ユーザが他のサービス・ユーザにコーヒー
カップや座席を取られて怒っているとしましょう。間もなく混乱は高ま

り、このサービス・ユーザはセルフコントロールの力を失います。ここで字幕をつけるように説明してあげるのです。「ピーターにコーヒーカップを取られてつらかったね。返してもらえるかどうか一緒にピーターに聞いてみましょうか？」。こうすると解説だけではなく、解決の可能性も提供できます。

　優しく話しかけるとサービス・ユーザは落ち着き、１つのことに集中できるようになります。サービス・ユーザの中には１人でイライラしている人もいます。その場合も、私たちが穏やかさを保ち、普段その人に話していることを語りかけると、鎮静することがあります。落ち着かせようとするときには、その場の対立には触れず、日常生活のことを話してください。

譲る

　負けのように聞こえるかもしれませんが、要求を出す場面で対立を避けるには、譲るのが非常に効果的です。指導法として過小評価されていますが、対立を恐れる人は皆、その価値を知っています。しかし譲り方が大事です。よくやりがちな「もしそうしたいなら、」と言うのではなく、相手が納得できる方法で譲るのです。これについては、第２章の「あきらめるのに遅すぎることはない！」の箇所でも述べています。

　納得する方法で譲るには、しばしば適切な要求を出す力が問われます。スケジュールが帳消しになったと感じさせないような要求を出してください。例えば、長距離の散歩に行く予定があるとしましょう。サービス・ユーザは行きたがりません。そのとき、スタッフは「じゃあ、すごく短い散歩にしましょう。家をぐるりと回るだけね」と言います。サービス・ユーザは予定を消すことなく、要求に応じることができます。

　本人に準備ができていないことを求め続けると、サービス・ユーザの感情レベルはたいてい高くなります。そうなると私たちは背筋を伸ばし、戦闘態勢に入ってしまいます。筋肉に力を入れ、サービス・ユーザを睨んだりします。一方、要求場面で譲っていくと、これまでに紹介し

た方法を使いやすくなります。

　譲ると言っても、毎回サービス・ユーザのしたいことを許すわけではありません。状況に対立を持ち込まないために譲るのです。譲った後、どうなったのかも検証してください。よくある例を紹介しましょう。

　モーガンは14歳、知的障害と自閉症があります。発達年齢は4歳ほどです。ある日、母親とスーパーに行ったときの出来事です。モーガンは母親とカートを押しながら歩いていました。カートがいっぱいになったので、レジへ向かいました。あと少しでレジというところで、2人はお菓子コーナーを通りました。モーガンはチョコレートをねだりましたが、母親は拒否しました。モーガンは大声を出し、床に寝ころびました。

　　母親はチョコレートを1つ取り、カートに入れました。モーガンは叫ぶのをやめて、起き上がりました。支払いを済ませると、モーガンはチョコレートを手にしました。

　ほとんどの人は、この母親の解決法は不適切だと思うでしょう。もちろん、モーガンはそうは思いません。母親も自分で決めてしたことです。もしモーガンが、障害のない4歳だったら、たぶん良くないやり方でしょう。しかし、モーガンは特別支援が必要な子どもです。チョコレートを買ってもらわなかったことから多くを学ぶ子ではありません。ただし、次にスーパーに行くとき、母親は前もってチョコレートは買わないことを伝えておく必要があります。いくつかの方法がありますが、例えば、「スーパーで泣き叫ばなかったらご褒美をあげる」と約束しておきます。説明にはスケジュールやソーシャルストーリー（訳注：漫画、絵、人形などを使い、適切な対人行動や集団行動を教えていく方法）が使えます。それでもモーガンが泣き叫ぶなら、そのスーパーには連れていくのをやめたほうがよいでしょう。一般的な子育ての原則を特別支援の領域に持ち込む際には、十分な注意が必要です。普通のやり方で効果があるなら、わざわざ時間をかけてこの本を読もうとは思わないはずです。

スタッフを替える

　ずっと替えるという意味ではありません。状況によって替えるのです。サービス・ユーザとスタッフが遊んでいると気持ちが高まりやすくなります。そのまま次の活動に入ると、高まった気持ちはそのまま持続されてしまいます。一番簡単な対策は、スタッフの交代です。引き継いだスタッフは冷静に、穏やかに入ってきます。その落ち着きは、あっという間にサービス・ユーザに伝わります。たとえパニックになっていてもそうです。

　　レオは31歳、重度の自閉症です。言葉はなく、長年、挑戦的行動を示してきました。現在、グループホームで暮らしています。いつも2人のスタッフが付き添っています。レオは力が強く、体格も良いのですが、運動機能はかなり不安定です。
　　飛行機の音がしても雲があって機体が見えないとき、レオは不安になって、よくスタッフを蹴ります。ターゲットとなったスタッフはドアから庭に出て、円周が18メートルの庭をぐるぐると歩き回ります。レオは追いかけますが、運動スキルの弱さからゆっくりとしか歩けません。レオはいつもそのスタッフから目を離さず、後を追います。そこで、そのスタッフは庭に続くドアを抜け、廊下に出て姿を消し、庭には別なスタッフが立ってレオを待つことになりました。レオが庭に入ると、待っていたスタッフはレオに手を差し出して「こんにちは、レオ」と言いました。レオも丁寧に挨拶を返しました。レオの不安はすぐに消えていきました。

　スタッフを替える方法は他にもいろいろあります。スケジュールを組んで、状況が緊迫したときにはいつでも交代できるようにするやり方もあります。「今、交代しましょうか？」とスタッフ同士で声がけをすることを決めておくのもよいでしょう。
　父親と母親も同様の取り決めができるでしょうが、実生活ではなかなか難しいと思います。両親が揃っている場合、私の経験では、たいてい

どちらかが、より穏やかです。しかし穏やかな人ばかりが、混乱状態を担当するわけにはいきません。また、パートナーのやり方を見て、うまくいっていないと思ったら、穏やかな性格かどうかは関係なく、口出しをしたくなるものです。もしかすると、父親、母親、どちらも効果的な方法を使っていないかもしれません。互いのやり方を信用していないこともあります。「うまくいかないのは、他の人のせいだ。私が悪いわけではない！」という思いについては、本書の最初、責任転嫁の箇所で記した通りです。他の人のせいにしてはいけません！　相手に不満を感じてきたら、敵対するのではなく、互いの負担を軽くすることをあらかじめ話し合って決めておきましょう。

　一人親の場合は交代する機会がありませんが、子どもと衝突しそうになったときには、身を引くことを選べます。それだけでも、うまくいくことがあります。

"スヌーカー・トリック"を使う

　スヌーカー・トリック（ビリヤードで別な球をついて目標の球を落とす技法）とは、私の同僚のハンネ・ヴァイが名づけた手法です。状況が困難になると、どんなかかわりも受け入れなくなるサービス・ユーザがいます。落ち着きとセルフコントロールを回復するには１人になるしかありません。そのような場合にはスタッフが自分の隣に座っている人と気持ちが安らぐ話をする、それがスヌーカー・トリックです。

　　ペーターは、そろそろ食事の時間だと思うと、いてもたってもいられなくなります。毎日昼食の30分前になるとそうなります。スタッフはそれをよくわかっています。その30分間に話しかけるとパニックになることも知っています。ただし、同じ部屋にいる他のサービス・ユーザに向かって「もうすぐ食べられるから嬉しいね」と言うと、ペーターは落ち着いていられます。

待つ

　多くの場合、ただ待ってあげるだけでサービス・ユーザは落ち着きます。特に、サービス・ユーザの行動が自分なりの対処法であるとき（引きこもる、自分の手を噛むなど）、効果的です。要求場面でもこの方法は使えます。スタッフが要求を出す、サービス・ユーザが激しい反応を示す、スタッフは離れて、しばらく待つ。するとサービス・ユーザは要求を受け入れるようになります。要求や課題を出したらすぐに応じなさいと迫るとき、私たちの身体の筋肉は緊張します。それは対立を生むだけです。

　以上の方法はすべてサービス・ユーザが落ち着くことを目標としています。サービス・ユーザの緊張を高めない手法と併用することで効果は確実になります。その結果、スタッフも自分の緊張の高まりに振り回されるリスクが少なくなります。サービス・ユーザの不安に感染しないように気をつけてください。逆に自分の穏やかさがサービス・ユーザに伝わるようにすることが大切です。サービス・ユーザの生活において、気持ちを落ち着かせられる人でいてください。

3. 注意をそらす

　1960 年代、アメリカでは、一見ばかばかしい行動をとってサービス・ユーザの注意をそらす方法がかなり研究されました。サービス・ユーザが不安になったり自傷を始めたりしたら、スタッフは、片足でぴょんぴょん跳んだり、鶏の鳴き声のような音を出して状況を変えるのです。私は個人的にこの方法が好きです。要求がサービス・ユーザにではなく、スタッフに出されているのが良いところです。この分野で人間味に欠ける手法が多かった時代に登場したのも嬉しいことでした。当時、知的障害や自閉症、精神疾患のあるサービス・ユーザに対する暴行や、施設での常習的な暴力は恐ろしいほどの数にのぼっていました。そんな

中、この方法は闇の中で光り輝くトーチのようでした。研究者たちは、逆立ちをして歩いたり、絶叫したり、サービス・ユーザが家具を壊すのを手助けするなどして、どんな行動が一番おかしく見えるのかを調べていました。

1970年代になると、この方法の中心は、ばかばかしい行為ではなく、注意の転換にあるという見識があがり、怒りや動揺の原因からサービス・ユーザの思いを別なものに移すことに関心が寄せられるようになりました。不安になったときには、お茶を出して注意をそらすなど、さまざまなことが行われました。この方法の大事な点は、必ずサービス・ユーザがセルフコントロールを失う前に注意をそらすことです。ほとんどのケースでは、気持ちが高まり始めたらすぐに行うと効果的です。私の研究では、注意の転換には2種類あります。情動の転換と具体物を使った転換です。

情動の転換

サービス・ユーザの情動を転換し、セルフコントロールを回復するには、情動に関する知識を活用してください。

ユーモアも使えます。先に述べた通り、笑いは過剰になった緊張を解放します。サービス・ユーザを笑わせると、激しい情動は去っていきます。笑わせるにはさまざまなやり方があります。私がしばらく担当している男の子は「では、現状についてどう思われますかな？」と言うと良い反応を見せます。繰り返しのおもしろさを使うと笑わせるコツが増えることもあります

以前参加した学会で、ミッシェル・ガルシア・ウィナーというアメリカ人の先生が、「ラバー・チキンメソッド」と呼ぶ方法を紹介してくれました。ミッシェルは、ラバー・チキン（鶏の姿をしたゴム製のおもちゃ）を買ってきて、クラスの教卓に置いているそうです。クラスには自閉症の子どもたちがいます。落ち着かなくなってきた子がいると、ミッシェルは「そろそろラバー・チキンがいるわね」と言ってその子の頭をチキンで触ります。子どもたちは笑わずにはいられなくなり、不安

はすぐに消えるそうです。ミッシェルは小さなラバー・チキンのついたキーホルダーも買い、子どもたちに与えて学校に持ってこさせています。不安になったら子どもたちはそれを握ります。これは問題の外在化という認知的な対応を、抽象的な事柄の理解が難しいサービス・ユーザに適応した賢明な方法です。（訳注：問題の外在化とは、悩みなどの心の問題をその人自身ではなく、その人の外にある他のものとして客観視し、対処しようとすること。例えば、イライラしている子どもに「怒り虫が住みついたみたいだから退治しよう」と言うなど。）

　スタッフや親として、サービス・ユーザの笑いのツボを心得ていれば、本人が不安になったときにそれを使ってください。大きな負荷となった情動が除去され、セルフコントロールが可能になります。

　ここでも特に大切なのは、いかに情動制御とセルフコントロールができるかです。笑うと溜まっていた情動が抜け、リラックスします。リラックスすると、喧嘩をしたいとは思いません。情動の除去の手助けとは、落ち着くための手助けなのです。

　注意の転換にユーモアを使うもう１つのメリットは、信頼のある環境を作りやすくなることです。セルフコントロールの維持には信頼が重要です。誠意と信頼に基づいた関係を築くと、衝突のリスクは小さくなります。私たちがたとえ手法からやや外れてしまっても大きな影響は出なくなります。信頼があれば、サービス・ユーザはスタッフが失敗しても動揺せずに済むでしょう。

　次に、情動の解放の仕方を見ていきましょう。情動が去ったことをサービス・ユーザ自身が感じられるようにする方法です。やり方はいくつもあります。

　　ピエールは 12 歳、自閉症です。機能レベルは１歳６カ月に相当します。ピエールは「ドア閉めの人」です。ピエールにとって、ドアは必ず閉めておくもの、椅子はテーブルの横にあるものなのです。椅子が部屋に散らばってあるのは許せません。ピエールは、よくイライラして、大きな声を出し、目を激しくこすりながら同じところをぐるぐる

と回ります。そのうち自分の顔を激しく殴り始めることも多いです。

　ピエールが落ち着かなくなると、スタッフは椅子をひっくり返して置き、2、3メートル離れます。ピエールはその椅子を見ると、矢も楯もたまらなくなります。床に座っていても立ち上がって、椅子を持ち上げ、テーブルのそばに運びます。椅子が定位置に戻ると、ピエールは明らかに安らいだ表情になり、大きなため息をつきます。激しい情動は去り、落ち着きが生まれたからです。

　身体を使って注意をそらす方法のいくつかは、この原則に基づいています。目標は、あくまでも情動の解放とセルフコントロールの回復です。

　こちらが自分の身を守ることを優先せざるを得ないほどの危機的状況では、拘束よりも身体的に注意の転換を行い、情動を解放させるほうが安全です。以下の方法は私の同僚のアンディ・マクダネルが考案したものです。サービス・ユーザ本人あるいは他の人に危険が切迫しているときにのみ使います。

　まず、サービス・ユーザの両腕をゆるくつかみ、本人の身体の前で5〜8秒間、回します。その後、手を離し、すぐに3メートル離れます。できればサービス・ユーザの後方に行ってください。最初、サービス・ユーザは動揺しますが、スタッフが手を離すまでの時間があまりにも短いので激しく反応できません。スタッフが手を離すとサービス・ユーザは解放感を覚え、ほとんどの場合、穏やかになります。それでも、まれに危険な行動を続けるサービス・ユーザがいます。その際も、同じことを繰り返します。2回以上必要なケースもごくまれにありますが、たいていは1度で十分効果が出ます。

　サービス・ユーザが自分の頭を叩くときにも、同じような方法が使えます。しかし、その場合は、サービス・ユーザの腕をつかまないように注意してください。腕をつかむ代わりに、サービス・ユーザと同じ動作をします。その際、ほんの少しだけサービス・ユーザの手を押し、頭につかないようにします。するとサービス・ユーザは2、3秒、自分の腕

を振り回すでしょう。その後、サービス・ユーザから離れます。

　繰り返しますが、上記の方法はいずれも情動の解放を体験させること
が目的です。スタッフが力を抜くと、サービス・ユーザは単純に心地よ
く感じます。とは言え、サービス・ユーザが苛立っている状況で力を抜
くのは簡単ではありません。身体的な制御をしないでいるのは、たいへ
んなことなのです。もしサービス・ユーザを強くつかまざるを得なく
なったときには、いつでもすぐに手を離せるようにしてください。これ
は非常に重要です。そうしなければ、あなた自身が危険な状況を作り出
すことになり、サービス・ユーザとスタッフ双方の安全が脅かされます。

具体物を使って注意をそらす

　具体物による注意の転換も非常に効果があります。おそらくほとんど
の人にとって使いやすい方法です。目的は不安や緊張の高まり以外のこ
とに思いを向けさせることです。要求の代替案として考慮に入れるとよ
いでしょう。

　　ウノは11歳、ADHDです。2歳年下の弟、ディオとしょっちゅう喧
　嘩をしています。ディオには神経発達障害はありません。ウノは一旦
　喧嘩を始めると、そこからなかなか抜け出すことができません。その
　ため喧嘩はしょっちゅう何時間にも及びます。ディオは、その年頃の
　男子によく見られるように、力や上下関係に興味があり、兄に対抗し
　がちです。勉強面でも、全体的な発達においても多くの領域でディオ
　はウノを追い越しつつあります。それもまた喧嘩の種であり、ウノの
　不満とイライラにつながっています。

　　きょうだい喧嘩が始まると、両親はたいてい「2人とも喧嘩をやめ
　なさい。ウノもディオも自分の部屋に行きなさい」と命じますが、めっ
　たに効き目はなく、結局ウノとディオを離しておくしかありません。

　　ある日、母親はこう言ってみました。「ホットチョコレートを作ら
　ない？　そんなところで寝ころんで喧嘩する代わりに、台所へ下りて
　きたら？」。するときょうだいは喧嘩をやめ、台所へやってくるとそ

れぞれテーブルの両端の席に座りました。2人とも、まだ少し怒って
はいましたが、喧嘩をせずにいられました。

　この例では、喧嘩をやめなさいという要求よりも、子どもたちの注意
をそらすほうが有効でした。サービス・ユーザが落ち着かなくなったと
きに、この方法は一層効果的です。他のことを考えさせると、落ち着き
と十分なセルフコントロールが回復します。
　中には自分から積極的に他のことを求めるサービス・ユーザもいま
す。

　　ジャスミンは6歳、ADHDです。興奮しやすく、その度合いがしば
　　しば過剰になります。興奮が高まるとジャスミンはセルフコントロー
　　ルができなくなり、はっきりとした理由がないのに突然他の子を噛ん
　　だり、喧嘩を始めたりします。
　　　自分で自分が手に負えなくなると、ジャスミンは母親にこう頼むよ
　　うになりました。「ママ、今すぐソファーに行って一緒に座りましょ
　　うって言って」。

　ジャスミンは気をそらしたいのですが、自分ではそれができません。
母親に頼むことで、注意が転換し、自分をコントロールできるように
なっています。つまり、内側の情動調整が十分にできないとき、外側か
らの調整を求めるのです。
　サービス・ユーザの注意を積極的に、はっきりと転換させると、従来
のかかわり方が変えられることを私は学校でも施設でも実際に見てきま
した。身体拘束をしなくても、注意をそらすことで劇的に改善する可能
性もあります。ただし、注意の転換には常に相当の労力が伴います。集
中力とすぐに動ける俊敏さが必要です。状況がエスカレートする前に介
入しなければなりません。
　本章の冒頭に提示した情動の強度を表した図によると（図5-1）、
注意の転換は激しい感情が起きた後に、そしてサービス・ユーザがセル

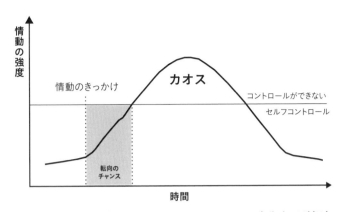

図5－3　情動の生起からセルフコントロールの喪失までが転向を行うチャンス

フコントロールを失う前に、行わなければなりません（図5－3）。その間は、1秒のこともあれば、数時間にわたるときもあり、個人によってさまざまです。

　他の方法を併用せず、注意の転換のみを唯一の対処法として使うのは困難です。ただし、コツはあります。私は身体拘束を多用しているスタッフグループにスケジュールの使用や要求の調整を紹介してきましたが、何年も前にとうとうあきらめました。彼らには抽象的すぎて理解できないようでした。そこで、注意の転換の仕方を指導することにしました。1カ月後の面談で効果を尋ねると、どの人からも同じ答えが返ってきました。「とてもうまくいっています。もうほとんど拘束せずに済んでいます。ただ、家に帰るとクタクタで困っています。タイミングよく注意をそらすには、いつでも動けるように構えていなければならないのですから」。それを聞いた後、私は次に要求の調整とスケジュールに取り組むようにと伝えます。そこで初めて彼らは、それらがなぜ予防策として効果があるのかわかるのです。

　注意の転換は緊急的な手法として考えてください。低刺激アプローチ、スケジュールなど、いろいろな予防策の1つとして注意の転換があ

り、それらが共に機能するのが望ましいのです。目的の焦点はあくまで
サービス・ユーザのセルフコントロールです。

「物を出して注意を転換すると、問題行動をご褒美で強化するリスク
がある」と心配する声をときどき聞きます。この件についてはすでに述
べましたが、大切なことですので繰り返します。私は、強化のリスクは
特に大きいとは思いません。それほど簡単に問題行動が強化されるので
あれば、良い行動もすぐに強化されるはずです。それなら時間をかけて
本書を読む意味もありません。特別な支援が必要な人にご褒美を使う場
合、なぜそれが与えられるのかをしっかりと伝え、ご褒美は行動の直後
に出さなければなりません。しかし、注意の転換ではいずれも不要で
す。「喧嘩しているから、ココアをもらえますよ」などと言う人はいま
せん。またサービス・ユーザは、状況の置き換えが苦手です。一度起
こったことは似たような状況にも当てはまると、必ずしも理解できるわ
けではありません。

注意をそらすものとしては、食べ物や飲み物（アイスクリーム、クッ
キー、チョコレート類、炭酸飲料、コーヒー、紅茶など）の他に、本の
読み聞かせ、散歩、ドライブなどの活動も使えます。しかし、たいてい
はそれほど手のこんだ用意をしなくても、サービス・ユーザの思考を別
なことに向けるだけで十分です。「見て、鳥だ！」と言ったり、少し考
えないと答えられないような質問をするのもよいでしょう。

本人にとって落ち着くことが使える場合もあります。

ヴィンスは 10 歳、重度の知的障害があります。「ちっちゃなクモさ
ん」という手遊び歌が大好きで、不安になったときにハミングしてあ
げると、すぐに落ち着きます。

ヴィンスは好きな歌で慰められ、不安な情動から解放されます。穏や
かな気持ちになるのでセルフコントロールが保たれ、スタッフに協力で
きるようになります。

4. 衝突か介入か

　本書で挙げた低刺激アプローチと注意の転換を使えば、衝突のない日常生活が可能になります（Pryor 2006）。つまり、スタッフはより良い環境で仕事ができるのです。職務上の怪我は減り、同じサービス・ユーザを長年担当できるようにもなるでしょう。それはサービス・ユーザ自身にも過ごしやすい生活を意味します。将来への安心も増すはずです。効果はまだあります。神経発達障害のある子どもたちは親やスタッフへの信頼を維持できるようになり、思春期になって家族以外の人に自分を認めてもらおうとやっきにならずに済みます。暴行を受けたり、犯罪にかかわるリスクが大きく減ります。

　しかし、低刺激アプローチなどとても考えられないという親御さんやスタッフもいます。そんなことをすれば自分は力を失ったようになるし、周りの人から呆れられると思うのです。私たちの社会には、厳しくしなければならない、行動に応じた罰を与えなければならないという妄信的な考えがあります。そのため、スーパーのお菓子コーナーでパニックになっている子どもを落ち着かせるためにチョコレートを買うには、親としてそれなりの覚悟が必要です。

　英国自閉症協会では「私は行儀が悪いのではなく、自閉症です」と書かれたバッジを販売しています。このバッジをつけていれば、周りの人たちは「あの子の行動は自閉症が原因で、あのやり方はたぶん特別支援の方法なのだろう」と考えるでしょう。悪くないアイデアですが、私は、他の人から見られるとき一番つらいのは親御さんだと思います。自分が選んだやり方でも、信念がなければ実行できません。親のあなたは、勇気を出して覚悟を決め、子どもを連れて世の中に出なければいけません。結果的に子どもが挑戦的行動を起こしてしまうような育て方を続けるより、楽しい1日を過ごすほうが良いに決まっていると信じるのです。

　私の同僚が診断評価を行った、ある若い男性は、他の人たちから挨拶をされるとき、自分がおかしく見えるのではないかと恐れていました。握手を求められても、彼は応じることができません。正しく握手ができ

なかったら、変な人だと思われると心配なのです。それで彼は別な行動をとることにしました。実際はそちらのほうがずっと変わっているのですが、彼自身にはそれがわかりません。同じように、スーパーでチョコレートを買ってほしくて泣き叫ぶ15歳の子と争うなら、周りの人の目にはそちらのほうが奇異に見えるのです。そのときにはチョコレートを買ってあげて、その後、次回同じ店に出かけたときにはどうしたらよいかを考え、効果的なスケジュールを作ってはどうでしょう。

　衝突したとき、私たちは勝つべきではありません。勝つのではなく、サービス・ユーザのQOL（生活の質）の向上につながる介入をするべきなのです。支配するのではなく、セルフコントロールができるようにしてあげてください。

5. 衝突したがるサービス・ユーザ

　勝ちたいがために衝突したがるサービス・ユーザには、引き込まれないように注意しなければなりません。この場合も、注意の転換と低刺激のアプローチが使えます。効果はあるでしょう。ただし、サービス・ユーザが挑戦的になっているとき、私たちは自分のやり方を貫くのがいつもより難しくなります。相手が引くことを求める行動は、対立関係が長年続いた結果であることが多いです。そのようなサービス・ユーザは敵対に慣れており、周りの人たちを信頼していません。私たちの課題は、信頼を高め、協力し合う可能性を生み出すことです。そのため、対立が起きたときにはわかりやすく率直なコミュニケーションが最も大事です。「私はあなたと喧嘩をしたくない。あなたに協力してほしい。それを自分で決めてほしい。私が正しいやり方で接すれば、あなたはきっと協力したいと思うはずだ」と伝えてください。

　サービス・ユーザの多くは、単刀直入な話し合いに慣れていません。まして婉曲な表現は理解しません。私たちは対立しないように話しているつもりでも、その趣旨はなかなか通じません。尊敬を込めた姿勢は、

しばしばサービス・ユーザの信頼を高めます。また、サービス・ユーザが落ち着いているときに、不安になったらスタッフにどんなことをしてほしいのかを尋ねるのも良いでしょう。神経発達障害のあるサービス・ユーザは自分にとってどんなことが一番落ち着くかをよくわかっている人が多いです。彼らからの提案を考慮に入れると、信頼が増す上、私たちは支配者ではなく支援者であることがはっきりします。

　長年、押さえつけられ、それが唯一の落ち着く方法だと教え込まれているサービス・ユーザは自ら拘束を求めることがあります。まず誰かに支配されてからでないとセルフコントロールができないように学習してしまったのです。社会で自由に動き回れるサービス・ユーザの場合、これは深刻な問題です。

レニーは16歳で、トゥレット症候群です。長い間、身体的に押さえつけられる対応を経験してきました。最近、転校し、バス通学をしています。初めての経験です。初日、レニーは見晴らしの良い座席を見つけました。そこに座ればどこで降車ボタンを押せばよいか、すぐにわかります。登校後、楽しく過ごしたレニーは帰りのバスでも同じ座席に座りました。

　翌朝、バスに乗ると、その席にはすでに男の人が座っていました。レニーは「そこ、僕の席なんだけど」と言いましたが、その人は聞き流し、「このバスに予約席はないよ」と答えました。レニーは怒って、その人を鼻血が出るほど殴りました。他の乗客たちが寄ってきて、レニーはパニック状態になり、周りの人たちにもやみくもに殴りかかりました。数分後、警察官が駆けつけ、レニーを取り押さえました。レニーは穏やかになり、警察官に「落ち着かせてくれてありがとう」と言いました。

　次の日、レニーはいつもの席が空いていたので喜んで座りました。帰りのバスでは、そこに小柄の高齢の女性が座っていました。レニーが丁寧に頼むと、その女性は席を譲ってくれました。レニーは180センチ、80キロの体格なので、女性は怖かったのです。

さらにその次の朝、座席は空いていませんでした。レニーはそこに座っていた若い男性に移動してほしいと頼みましたが、侮辱する仕草であしらわれました。レニーは運転手に「警察を呼んで！　自分で自分を止められないから」と言うと、若い男性の頭を激しく殴りました。

　不安になったときには他の人に抑制してもらいなさいと、誰かが教えたのでしょう。新しい学校では、たとえレニーが床に寝ころび「助けて！」と叫んでも誰も起こさないというかかわり方をとっていました。そのうち、レニーは自分自身をコントロールすることを学びました。今では、介助なしでバス通学ができています。お気に入りの座席に誰かが座っていたら、丁寧に譲ってくださいと頼みます。断られたときには、呼吸のエクササイズを行い、セルフコントロールができる状態かどうか自分で判断します。できると思ったら、バスに乗り続け、できないときにはバスを降りて、次のバスを待ちます。

まとめ

　衝突はサービス・ユーザがセルフコントロールを失ったときに起こります。また、スタッフが強い感情を表していると生じやすくなります。ここで中心的となる概念は、感情は伝わるということです。ある人が、怒り、恐れ、不安、喜びなどを感じていると、その気持ちは周りの人たちにも影響を及ぼします。知的障害や神経発達障害がある場合、自分と他者の感情の区別がつきにくく、他の人の気持ちに対してあたかも自分の気持ちのように反応してしまいます。学校でも施設でも、スタッフの対立的な姿勢は、サービス・ユーザの感情を非常に激しくし、セルフコントロールの可能性をほぼすべて奪います。

　サービス・ユーザが落ち着いていられるためには、スタッフも親も自分自身が穏やかでいる必要があります。サービス・ユーザが興奮してい

るときには、距離を保つ、アイコンタクトや接触を避けるなど、穏やか
な振る舞いを心がけてください。中立的な身体言語と穏やかな話し方
で、サービス・ユーザの暴力や自傷、大きな不安は避けられます。激化
した状況でスタッフと親御さんに求められるのは、サービス・ユーザの
セルフコントロールの維持と回復を促す行動です。

第6章

未来を見つめて

Looking to me Future

　もう少しで本書は終わりです。これまで挑戦的行動を管理する上での原則をいくつか紹介しました。かなり抽象的なものもあれば、非常に具体的なものもあります。この最終章ではその中で最も重要な原則を取り上げます。特別支援教育の場や施設から非人間的な手法が消えますように。その希望を託して本書を締めくくりたいと思います。

1. 基本原則

行動できる人は行動する

　これは基本的な人間観であり、サービス・ユーザと私たちとの関係を破壊するような見方（動機に悪意がある、否定的な意思があるなど）を排除します。この原則をまず念頭に置くと、サービス・ユーザを尊重したかかわりが可能になり、相手のせいにするのではなく、私たち自身が責任をもって仕事ができるようになります。「あの人は頑固だから」、「やる気がないから」、「いじわるだから」と言って自分の責任をサービス・ユーザに転嫁するのは、もってのほかだと思えるようになります。

「あの人が変わらなければダメだ」と考えているうちは問題を解決できません。その事実を私たちは認める必要があります。サービス・ユーザの周りを変え、自分自身のかかわり方を変えて初めて、私たちは本人に影響を与えることができるのです。挑戦的行動が起きているときには、何がそうさせているのかを突き止めてください。それがわかれば状況は改善できます。

知的障害や神経発達障害のある人には、一般的な子育てのやり方は効果がない

ほとんどの人たちは、まず従来の子育ての方法を使います。そしてそれがうまくいかないと「あの子はどこかおかしい」と言います。その結果、子どもは心理士や精神科医から検査を受けることになります。一般的な指導方法が通用するなら、サービス・ユーザに診断名がつくことはありません。他のやり方が必要なのです。

使う方法は、サービス・ユーザのセルフコントロールを基盤にしたものでなければならない

サービス・ユーザを支配するかかわり方は、多くの衝突を生み、良くない展開につながります。自分をコントロールするための本人なりのやり方を認め、落ち着くための努力を積極的に支援していくと、日常生活は穏やかになり、やがてサービス・ユーザは私たちが毎回手助けをしなくても自分で落ち着きを取り戻せるようになります。

使う方法は信頼を高めるものでなければならない

信頼できる人といるとき、私たちはセルフコントロールを維持しやすくなります。現行の対応方法がサービス・ユーザの信頼を損ねていないかどうか、そのサインによく気をつけてください。例えば、サービス・ユーザが不公平だと感じるのは信頼が低下しているしるしです。

要求はサービス・ユーザがイエスと言える方法で出す

ノーと言う権利は誰にでもあります。サービス・ユーザが驚かないように、適切な要求を適切に出すことが大切です。スケジュールを使い、要求に応じたときには、時間がかかっても完了させてあげましょう。何かが明らかにうまくいかないときには、サービス・ユーザの希望を受け入れることも覚えておいてください。

気持ちを高ぶらせないようにする

あなた自身が、まず落ち着いてください。前に踏み出さなければと焦るときには、必ず一歩後ろに下がってください。そうするとサービス・ユーザはセルフコントロールを維持しやすくなります。

注意をそらす……アイスクリームは衝突より良い

衝突ではなく介入を心がけてください。今日、衝突を1つ避けられたなら、明日はもっと避けられるでしょう。逆に今日、衝突を1つ起こしたなら、明日も衝突を覚悟しなければなりません。衝突かアイスクリームかと問われれば、私なら迷うことなく、アイスクリームを選びます。

2. 過去は後ろに追いやりましょう

この20年間、社会は特別支援教育と福祉活動の発展を目の当たりにしてきました。50年前には誰も予測できなかったでしょう。施設でサービス・ユーザを落ち着かせるために必要だと信じられていた対処法には非常に荒々しいものがあります。それについては本書の冒頭で触れました。

ここ数年、見方は変わってきています。施設に入っている人たちには手厚い待遇が求められています。これは知的障害、神経発達障害にかかわらず、高齢者であってもそうです。しかし残念ながら、ヨーロッパのほとんどの国では、社会の見解は変わっても、実際の対応はそれについ

ていっていないのが現状です。拘束や、ねじ伏せなどの方法が使われる不祥事は続いています。国際的にも、施設職員やセラピーに携わるスタッフがサービス・ユーザに暴行を加え、刑事上の有罪判決を受けた事例はいくつもあります。ヨーロッパでは、重傷には至らなかったものの有罪になったケースもあります。

　15年ほど前からインターネットのおかげで多くの虐待事件が明らかになっています。それまでは、地方新聞を全紙集めて隅から隅まで読まなければ、虐待の実態はわかりませんでした。障害のある人への虐待は、全国レベルで大衆の関心を引くようなニュースではなかったのです。現在は暴行事件の記録が数多く集められています。特にCAICA（Coalition Against Institutionalized Child Abuse：施設入所児童の虐待に反対する連合）は、学校や施設で亡くなった子どもたちの情報を収集しています。

　インターネットで私たちが目にする虐待のニュースは残酷で、極めて恐ろしいものです。私たちは虐待につながっている対処法に代わる方法を見つけなければなりません。それが何より重要であることを虐待のニュースは示しています。本書が議論を促し、サービス・ユーザの困難、長所、その人独自のストラテジーを考慮したかかわり方を導入する助けとなることを私は心から願っています。教育の場でも施設でも、私たちは、尊敬、配慮、権利、快適さに基づいた枠組みを作り出す必要があります。

　その思いを込め、本書を次の方々に捧げます。

　クリスター・マグヌッセン（2006年、スウェーデン、ウプサラで死亡。享年32歳）、

　アンジェリカ・アルント（2006年、アメリカで死亡。享年7歳）、

　その他、非人道的なメソッドの被害者となった多くの方々へ。

訳者あとがき

この本を手にとられた方の多くは、挑戦的行動を初めて目にしたときの衝撃、そしてそれが繰り返されるたびに湧き上がる何とも言えない憤りや非力感を実際にご存じだと思います。私もその一人です。挑戦的（チャレンジング）なのは行動であり、その人自身ではないとわかってはいても、動揺は起こります。どうしてそんなことをするのか、どうしたらやめてくれるのか？　という問いはなかなか消えないでしょう。

「はじめに」で述べられている通り、本書は、行動をどう理解し、どう管理していくかという視点で書かれています。定義や理論が続きます。そして、かかわる側の責任について厳しい記述もあります。ページをめくってすぐに「どうして？」への答えが書いてあるわけではありません。しかし、私は読み進んでいくうちに、はっと目が覚めるような思いがしました。見解が変わりました。なぜ著者が第1章、第2章に多くのページを費やしたかが、よくわかりました。

挑戦的行動のある人たちの残酷な歴史的背景、かかわる私たちの習慣的な考え方の根深さ、安易に自分の経験や洞察に頼る危うさ。挑戦的行動に関して私たちはそこまで考えたことがあったでしょうか。自分自身のストレスは心配しても、当事者の個人的なストレスレベルをどれだけ気にかけ、どれだけ知っているでしょうか。

日々、対応に精一杯で余裕がないからこそ、立ち止まって、自分の考え方と支援の在り方を根本的に精査する必要があることを著者のエルヴェンは強く語っています。

本書は非常に画期的な一冊です。個別の調整が要求されるので効果の有無は一概に測ることはできないと書かれていますが、私の子どもの場合は明らかに効果がありました。

本書のベースには、エルヴェンの虐待防止に対する切実な願いがあります。挑戦的行動のある人への暴行事件が報道されると、必ずと言っていいほど「たいへんな仕事なのだから仕方がなかったのだろう」という意見が出ます。その考えがいかに大きな誤りであるか、私たちは本書からはっきりと学ぶことができます。

発達障害や挑戦的行動に対する新たな見方が関係者だけにではなく、社会全体に広がりますように。また、感染の脅威が続く中、障害のある人たちの日常を懸命に守り、指導や介助を続けておられる皆様にも良い支えがありますように、心よりお祈りしています。

最後に、専門用語についてわかりやすく教えてくださいました宮本信也先生、本書をご紹介くださいました東京書籍の植草武士様、編集の金井亜由美様に深く感謝申し上げます。

テーラー幸恵

[No authors listed.] (2006) 'Nurses monitor self-harm – UK trial.' *Australian Nurses Journal 13*, 10, 42. 1 May 2006.

Adewuya, A.O. and Famuyiwa, O.O. (2007) 'Attention deficit hyperactivity disorder among Nigerian primary school children: Prevalence and co-morbid conditions.' *European Child and Adolescent Psychiatry 16*, 1, 10–15.

Allik, H., Larsson, J.O. and Smedje, H. (2006) 'Insomnia in school-age children with Asperger syndrome or high-functioning autism.' *BMC Psychiatry 6*, 18.

Antonovsky, A. (1991) *Unraveling the Mystery of Health: How People Manage Stress and Stay Well.* Stockholm: Jossey-Bass.

Attwood, T. (2006) 'Asperger's Syndrome and Problems Related to Stress.' In M.G. Baron, J. Groden, G. Groden and L.P. Lipsitt (eds) *Stress and Coping in Autism.* Oxford: Oxford University Press.

Attwood, T. (2008) *The Complete Guide to Asperger's Syndrome.* London: Jessica Kingsley Publishers.

Bay, J. (2006) *Konsekvenspædagogik.* København: Borgen.

Blem, K.B. (2007a) Vold – Soldater på vagt. *Socialpædagogen* 2007–12.

Blem, K.B. (2007b) Vold – En vej til færre magtanvendelser. *Socialpædagogen* 2007–12.

Bowlby, J. (1973) *Attachment and Loss: Vol. 2. Separation: Anxiety and Anger.* London: Hogarth Press.

Bowlby, J. (1980) *Attachment and Loss: Vol. 3. Loss: Sadness and Depression.* London: Hogarth Press.

Bowlby, J. (1999) *Attachment and Loss: Vol. 1. Attachment* (2nd edn). New York, NY: Basic Books. (Original work published 1969)

Brøsen S.K. (2008) *Do You Understand Me?* London: Jessica Kingsley Publishers.

Caspi, A., McClay. J., Moffitt, T.E., Mill, J., Martin, J., Craig. I.W., Taylor, A. and Poulton, R. (2002) 'Role of genotype in the cycle of violence in maltreated children.' *Science 297*, 851–854.

Caspi, A. and Moffitt, T. (2006) 'Gene–environment interactions in psychiatry: Joining forces with neuroscience.' *Nature Reviews Neuroscience 7*, 583–590.

Cederblad, M. (1996) 'The children of the Lundby study as adults: A salutogenic perspective.' *European Child and Adolescent Psychiatry 5*, Suppl 1, 38–43.

Cernerud, L. (2004) 'Humour seen from a public health perspective.' *Scandinavian Journal of Public Health 5*, 396–398.

Claësson, B.H. and Idorn, U. (eds) (2005) *Holdingterapi: En familieterapeutisk metode til styrkelse af tilknytningen mellem børn og forældre.* Virum: Dansk Psykologisk Forlag.

Cooper, S.A., Smiley, E., Morrison, J., Allan, L., Williamson, A., Finlayson, J., Jackson, A. and Mantry, D. (2007) 'Psychosis and adults with intellectual disabilities: Prevalence, incidence, and related factors.' *Social Psychiatry and Psychiatric Epidemiology 42*, 7, 530–536.

Damasio, A.R. (1994) *Descartes' Error*. New York, NY: Putnam.

Darwin, C. (1998) *The Expression of Emotion in Man and Animals* (3rd edn). New York, NY: Oxford University Press. (Original work published 1867)

Deb, S., Clarke, D. and Unwin, G. (2006) *Using Medication to Manage Behaviour Problems among Adults with a Learning Disability: Quick Reference Guide*. Birmingham: University of Birmingham.

Detillion, C.E., Craft, T.K., Glasper, E.R., Prendergast, B.J. and DeVries, A.C. (2004) 'Social facilitation of wound healing.' *Psychoneuroendocrinology 29*, 8, 1004–1011.

Ditzen, B., Schmidt, S., Strauss, B., Nater, U.M., Ehlert, U. and Heinrichs, M. (2008) 'Adult attachment and social support interact to reduce psychological but not cortisol responses to stress.' *Journal of Psychosomatic Research 64*, 5, 479–486.

Ekman, P. (2003) *Emotions Revealed: Understanding Faces and Feelings*. London: Weidenfeld & Nicolson.

Emerson, E. (2001) *Challenging Behaviour* (2nd edn). Cambridge: Cambridge University Press.

Esbensen, A.J. and Benson, B.A. (2006) 'A prospective analysis of life events, problem behaviours and depression in adults with intellectual disability.' *Journal of Intellectual Disability Research 50*, 248–258.

Feldman, M.I. (ed.) (2002) *Sleisenger & Fordtran's Gastrointestinal and Liver Disease* (7th edn). Philadelphia, PA: WB Saunders.

Fisher, W.W., Bowman, L.G., Thompson, R.H. and Contrucci, S.A. (1998) 'Reductions in self injury reduced by transcutaneous electrical nerve stimulation.' *Journal of Applied Behavior Analysis 31*, 493–496.

Frank, E.D. (1983) 'Effects of parental disciplinary practices on characteristics of children: A review of the literature.' *The Southern Psychologist 1*, 2, 77–83.

Frith, U. (2003) *Autism: Explaining the Enigma* (2nd edn). Oxford: Blackwell.

Gershoff, E.T. (2002) 'Corporal punishment by parents and associated child behaviours and experiences: A meta-analytic and theoretical review.' *Psychological Bulletin 128*, 4, 539–579.

Ghaziuddin, M. (2005) *Mental Health Aspects of Autism and Asperger Syndrome*. London: Jessica Kingsley Publishers.

Ghaziuddin, M., Weidmer-Mikhail, E. and Ghaziuddin, N. (1998) 'Comorbidity of Asperger syndrome: A preliminary report.' *Journal of Intellectual Disability Research 42*, 4, 279–283.

Gneezy, U. and Rustichini, A. (2000) 'A Fine is a price.' *Journal of Legal Studies 29*, 1, 1–18.

Greenberg, J.S., Seltzer, M.M. and Hong, J. (2006) 'Bidirectional effects of expressed emotion and behaviour problems and symptoms in adolescents and adults with autism.' *American Journal of Mental Retardation 111*, 4, 229–249.

Greene, R.W. (1998) *The Explosive Child: A New Approach for Understanding and Parenting Easily Frustrated, Chronically Inflexible Children*. New York, NY: HarperCollins.

Groden, J., Baron, M.G. and Groden, G. (2006). 'Assessment and Coping Strategies.' In M.G. Baron, J. Groden, G. Groden and L.P. Lipsitt (eds) *Stress and Coping in Autism*. Oxford: Oxford University Press.

Hamilton, D., Sutherland, G. and Iacono, T. (2005) 'Further examination of relationships between life events and psychiatric symptoms in adults with intellectual disability.' *Journal of Intellectual Disability Research 49*, 839–844.

Hanley, G.P., Piazza, P.C., Keeney, K.M., Bakely-Smith, A.B. and Worsdell, A.F. (1998) 'Effects of wrist weights on self injurious and adaptive behaviors.' *Journal of Applied Behavior Analysis 31*, 307–310.

Harter, K. (2007, 12 March) 'Wisconsin clinic fined $100,000 in girl's death; employee gets 60 days jail.' *Pioneer Press Twin Cities.*

Hastings, R.P., Daley, D., Burns, C. and Beck, A. (2006) 'Maternal distress and expressed emotion: Cross-sectional and longitudinal relationships with behaviour problems of children with intellectual disabilities.' *American Journal of Mental Retardation 111*, 48–61.

Hejlskov Jørgensen, B., Jensen, L., Uhrskov, T., Bang-Neerup, T. and Prætorius, K. (2005) *Pubertet og løsrivelse.* Virum: Videnscenter for Autisme.

Hewett, D. (ed.) (1998) *Challenging Behaviour: Principles and Practices.* London: David Fulton.

Holmes, T.H. and Rahes, R.H. (1967) 'The social readjustment rating scale.' *Journal of Psychomatic Research 11*, 213–218.

Hurley, A.D., Folstein, M. and Lam, N. (2003) 'Patients with and without intellectual disability seeking outpatient psychiatric services: Diagnoses and prescribing pattern.' *Journal of Intellectual Disability Research 47*, 39–50.

Isen, A.M. and Levin, P.F. (1972) 'The effect of feeling good on helping: Cookies and kindness.' *Journal of Personality and Social Psychology 21*, 384–388.

James, W. (1884) 'What is an emotion?' *Mind 9*, 188–205.

Johansson, P., Hall, L., Gulz, A., Haake, M., Watanabe, K. (2007) 'Choice blindness and trust in the virtual world. Technical report of IEICE.' *HIP 107*, 60, 83–86.

Kadesjö, B. (2001) *Barn med koncentrationssvårigheter.* Stockholm: Liber.

Kanner, L. (1943) 'Autistic disturbances of affective contact.' *Nervous Child 2*, 217–250.

Kessler, R.C., Adler, L.A., Barkley, R. *et al.* (2006) 'The prevalence and correlates of adult ADHD in the United States: Results from the National Comorbidity Survey Replication.' *American Journal of Psychiatry 163*, 716–723.

Kiecolt-Glaser, J.K., Loving, T.J., Stowell, J.R. *et al.* (2005) 'Hostile marital interactions, proinflammatory cytokine production, and wound healing.' *Archives of Genetic Psychiatry 62*, 12, 1377–1384.

Kierkegaard, S. (1843) *Frygt og bæven.* København: Reitzel.

Kleibeuker, J.H. and Thijs, J.C. (2004) 'Functional dyspepsia.' *Current Opinion in Gastroenterology 20*, 6, 546–550.

Lam, D., Giles, A., and Lavander, A. (2003) 'Carers' expressed emotion, appraisal of behavioural problems and stress in children attending schools for learning disabilities.' *Journal of Intellectual Disability Research 47*, 456–463.

Langdon, P.E., Swift, A. and Budd, R. (2006) 'Social climate within secure inpatient services for people with intellectual disabilities.' *Journal of Intellectual Disability Research 50*, 828–836.

Lange, C.G. (1887) *Über Gemutsbewegungen.* Leipzig: no publisher listed.

LaVigna, G.W. and Willis, T.J. (2002) 'Counter-intuitive Strategies for Crisis Management Within a Non-aversive Framework.' In D. Allen (ed.) *Ethical Approaches to Physical Intervention.* Plymouth: BILD.

Lazarus, R. (1999) *Stress and Emotion: A New Synthesis.* New York, NY: Springer.

Linna, S.L., Moilanen, I., Ebeling, H., Piha, J., Kumpulainen, K., Tamminen, T. and Almqvist, F. (1999) 'Psychiatric symptoms in children with intellectual disability.' *European Journal of Child and Adolescent Psychiatry 8*, Suppl 4, 77–82.

Lueti, M., Meier, B. and Sandi, C. (2008) 'Stress effects on working memory, explicit memory, and implicit memory for neutral and emotional stimuli in healthy men.' *Frontal Behavioural Neuroscience 2*, 5.

Marucha, P.T., Kiecolt-Glaser, J.K. and Favagehi, M. (1998) 'Mucososal wound healing is impaired by examination stress.' *Psychosomatic Medicine 60*, 362–365.

Maughan, B. (1995) 'Annotation: Long-term outcomes of developmental reading problems.' *Journal of Child Psychology and Psychiatry 36*, 357–371.

McDonnell, A., Waters, T. and Jones, D. (2002) 'Low Arousal Approaches in the Management of Challenging Behaviours.' In D. Allen (ed.) *Ethical Approaches to Physical Intervention.* Plymouth: BILD.

McDonnell, A.A. (2010) *Managing Aggressive Behaviour in Care Settings: Understanding and Applying Low Arousal Approaches.* Chichester: Wiley-Blackwell.

Mercer, J., Sarner, L. and Rosa, L. (2006) 'Attachment Therapy on Trial: The Torture and Death of Candace Newmaker.' In G. Costa (ed.) *Child Psychology and Mental Health.* Westport, CT: Praeger Publishers.

Merrick, J. (2005) 'National survey 1998 on medical services for persons with intellectual disability in residential care in Israel.' *Journal of Endocrine Genetics 4*, 139–146.

Moffitt, T.E. (2005) 'The new look of behavioral genetics in developmental psychopathology: Gene–environment interplay in antisocial behaviors.' *Psychological Bulletin 131*, 4, 533–554.

Muris P., Steerneman, P., Merckelbach, H., Holdrinet, I. and Meesters, C. (1998) 'Comorbid anxiety symptoms in children with pervasive developmental disorders.' *Journal of Anxiety Disorders 12*, 4, 387–393.

Nathanson, D.L. (1992) *Shame and Pride: Affect, Sex, and the Birth of the Self.* New York, NY: W.W. Norton.

Nuechterlein, K.H. and Dawson, M.E. (1984) 'A heuristic vulnerability/stress model of schizophrenic episodes.' *Schizophrenia Bulletin 10*, 2, 300–312.

O'Farrell, T.J., Hooley, J., Fals-Stewart, W. and Cutter, H.S.G. (1998) 'Expressed emotion and relapse in alcoholic patients.' *Journal of Consulting and Clinical Psychology 66*, 744–752.

Paavonen, E.J., Nieminen-von Wendt, T., Vanhala, R., Aronen, E.T. and von Wendt,, L. (2003) 'Effectiveness of melatonin in the treatment of sleep disturbances in children with Asperger disorder.' *Journal of Child and Adolescent Pharmacology 13*, 1, 83–95.

Pinker, S. (2002) *The Blank Slate: The Modern Denial of Human Nature.* London: Allen Lane.

Pryor, J. (2006) 'What do nurses do in response to their predictions of aggression?' *Journal of Neuroscience Nursing 38*, 3, 177–182.

Revstedt, P. (2002) *Motivationsarbete* (3rd edn). Stockholm: Liber.

Rose, D. and Rose, J. (2005) 'Staff in services for people with intellectual disabilities: The impact of stress on attributions of challenging behaviour.' *Journal of Intellectual Disability Research* 49, 827–838.

Sandi, C. and Pinelo-Nava, M.T. (2007) 'Stress and memory: Behavioral effects and neurobiological mechanisms.' *Neural Plasticity*, 78970.

Schumacher, J., Hoffmann, P., Schmäl, C., Schulte-Körne, G. and Nöthen, M.M. (2007) 'Genetics of dyslexia: The evolving landscape.' *Journal of Medical Genetics 44*, 289–297.

Shalev, R.S., Manor, O., Kerem, B., Ayali, M., Badichi, N., Friedlander, Y. and Gross-Tsur, V. (2001) 'Developmental dyscalculia is a familial learning disability.' *Journal of Learning Disabilities 34*, 1, 59–65.

Sigsgaard, E. (2003) *Utskälld*. Stockholm: Liber.

Sigsgaard, E. (2007) *Skæld mindre ud*. København: Hans Reitzels Forlag.

Simoneau, T.L., Miklowitz, D.J. and Saleem, R. (1998) 'Expressed emotion and interactional patterns in the families of bipolar patients.' *Journal of Abnormal Psychology 107*, 497–507.

Sinkbæk, A. (2002) *Den romerske brobygger*. Bagsværd: Center for Autisme.

Skynner, R. and Cleese, J. (1993) *Families and How to Survive Them*. London: Random House.

Smiley, E. and Cooper, S.A. (2003) 'Intellectual disabilities, depressive episode, diagnostic criteria and diagnostic criteria for psychiatric disorders for use with adults with learning disabilities/mental retardation (DC-LD).' *Journal of Intellectual Disability Research 47*, 62–71.

Smolderen, K.G.E., Vingerhoets, A.J.J.M., Croon, M.A. and Denollet, J. (2007) 'Personality, psychological stress, and self-reported influenza symptomatology.' *BMC Public Health 7*, 339.

Solomon, R. and Serres, F. (1999) 'Effects of parental verbal aggression on children's self-esteem and school marks.' *Child Abuse and Neglect 23*, 4, 339–351.

Spreat, S., Conroy, J.W. and Jones, J.C. (1997) 'Use of psychotropic medication in Oklahoma: A statewide survey.' *American Journal of Mental Retardation 102*, 80–85.

Stern, D. (1985) *The Interpersonal World of the Infant: A View from Psychoanalysis and Development*. New York, NY: Basic Books.

Stern, D. (2004). *The Present Moment in Psychotherapy and Everyday Life*. New York, NY: W.W. Norton.

Stewart, M.E., Barnard, L., Pearson, J., Hasan, R. and O'Brien, G. (2006) 'Presentation of depression in autism and Asperger syndrome: A review.' *Autism 10*, 1, 103–116.

Sukhodolsky, D.G., Scahill, L., Gadow, K.D., *et al.* (2008) 'Parent-rated anxiety symptoms in children with pervasive developmental disorders: Frequency and association with core autism symptoms and cognitive functioning.' *Journal of Abnormal Child Psychology 3*, 1, 117–128.

Sung, V., Hiscock, H., Sciberras, E. and Efron, D. (2008) 'Sleep problems in children with attention-deficit/hyperactivity disorder: Prevalence and the effect on the child and family.' *Archives of Pediatric Adolescent Medicine 162*, 4, 336–342.

Tani, P., Lindberg, N., Nieminen-von Wendt, T., von Wendt, L., Alanko, L., Appelberg, B. and Porkka-Heiskanen, T. (2003) 'Insomnia is a frequent finding in adults with Asperger syndrome.' *BMC Psychiatry 3*, 12.

Tantam, D. (2003) 'The challenge of adolescents and adults with Asperger syndrome.' *Child and Adolescent Psychiatry Clinics of North America 12*, 143–163.

Tomkins, S.S. (1962) *Affect, Imagery, Consciousness. Vol I*. London: Tavistock.

Tomkins, S.S. (1963) *Affect, Imagery, Consciousness. Vol II, The Negative Affects*. New York, NY: Springer.

Tomkins, S.S. (1991) *Affect, Imagery, Consciousness. Vol III. The Negative Affects: Anger and Fear*. New York, NY: Springer.

Tosone, C. (2003) 'Living everyday lies: The experience of self.' *Clinical Social Work Journal 3*, 335–348.

Turk, J. (2003) 'Melatonin supplementation for severe and intractable sleep disturbance in young people with genetically determined developmental disabilities: Short review and commentary.' *Journal of Medical Genetics 40*, 11, 793–796.

Tsakanikos, E., Bouras, N., Costello, H. and Holt, G. (2007) 'Multiple exposure to life events and clinical psychopathology in adults with intellectual disability.' *Social Psychiatry and Psychiatric Epidemiology 42*, 24–28.

Turner, T.H. (1989) 'Schizophrenia and mental handicap: An historical review, with implications for further research.' *Psychological Medicine 19*, 301–314.

Uhrskov, T. and Hejlskov Jørgensen, B. (2007) 'Stress and Autism.' Paper presented at the conference Meeting of Minds II, Herning, Denmark.

van der Heijden, K.B., Smits, M.G., Van Someren, E.J., Ridderinkhof, K.R. and Gunning, W.B. (2007) 'Effect of melatonin on sleep, behavior, and cognition in ADHD and chronic sleep-onset insomnia.' *Journal of the American Academy of Child and Adolescent Psychiatry 46*, 2, 233–241.

van Duijvenvoorde, A.C.K., Zanolie, K., Rombouts, S.A.R.B., Raijmakers, M.E.J. and Crone, E.A. (2008) 'Evaluating the negative or valuing the positive? Neural mechanisms supporting feedback-based learning across development.' *Journal of Neuroscience 28*, 38, 9495–9503.

Wehmeyer, M.J. (2001) 'Self-determination and mental retardation.' *International Review of Research in Mental Retardation 24*, 1–41.

Weigel, L., Langdon, P.E., Collins, S. and O'Brien, Y. (2006) 'Challenging behaviour and learning disabilities: The relationship between expressed emotion and staff attributions.' *British Journal of Clinical Psychology 45*, 205–216.

Whitaker, P. (2001) *Challenging Behaviour and Autism*. London: National Autistic Society.

World Health Organization (1992) *International Classification of Diseases* (ICD-10). New York, NY: WHO.

索 引

著　者　**ボー・ヘイルスコフ・エルヴェン**（Bo Hejlskov Elvén）

スウェーデンを拠点として活躍する臨床心理士。自閉症や挑戦的行動のカウンセリングと講師を務め、Studio-III（挑戦的行動への対応のためのプログラム）の公認トレーナーでもある。2009年には、挑戦的行動に関する講演とカウンセリング活動に対してスウェーデン自閉症協会より Puzzle Piece of the Year 賞を受賞。また、20年以上にわたり自閉症に適した住居づくりの支援も続けている。挑戦的行動を主題にした数々の著書は15ヶ国語に翻訳されている。

監修者　**宮本 信也**（みやもと しんや）

青森県弘前市に生まれる。金沢大学医学部卒業。白百合女子大学副学長・人間総合学部発達心理学科教授、小児科医、医学博士。自治医科大学小児科入局、同助手、講師を経て、筑波大学心身障害学系助教授、教授、附属聴覚特別支援学校校長、附属特別支援教育研究センター長、副学長、白百合女子大学人間総合学部発達心理学科学科長を経て、2020年4月より現職。専門は、発達行動小児科学。発達障害の特性や支援についての臨床研究活動を展開。主な著書に『LD学習症（学習障害）の本』2017年　主婦の友社、『学習障害の子どもを支援する』2019年 日本評論社、『LDの医学的診断の現在』（日本LD学会監修：LDの定義を再考する）2019年 金子書房、『愛着障害とは何か』2020年 エンパワメント研究所ほか多数。共著に『十人十色なカエルの子 特別なやり方が必要な子どもたちの理解のために』2003年 東京書籍など。

訳　者　**テーラー 幸恵**（Taylor／テーラー ゆきえ）

北海道に生まれる。フリーライターを経て、現在は翻訳に携わる。
主な訳書に、『レット症候群ハンドブック』（監共訳）2002年、『レット症候群ハンドブックⅡ』（監共訳）2013年 日本レット症候群協会、『アスペルガー症候群への支援：小学校編』2005年、『アスペルガー症候群への支援：思春期編』2006年、『アプローチ＆メソッド 世界の言語教授・指導法』（共訳）2007年、『自閉症の子どもの指導法－子どもに適した教育のためのガイド』2008年、『眼を見なさい！ アスペルガーとともに生きる』2009年、『自閉症スペクトラムの少女が大人になるまで』2010年、『アスペルガーの男性が女性について知っておきたいこと』2013年、『自閉症スペクトラムへのABA入門　親と教師のためのガイド』2015年、いずれも東京書籍がある。

もう、あばれない、かみつかない、さけばない

2021年3月9日　第1刷発行

著　者　　ボー・ヘイルスコフ・エルヴェン
監修者　　宮本信也
訳　者　　テーラー幸恵

発行者　　千石雅仁
発行所　　東京書籍株式会社
　　　　　〒114-8524　東京都北区堀船 2-17-1
　　　　　電話　03-5390-7531（営業）
　　　　　　　　03-5390-7512（編集）
印刷・製本　株式会社リーブルテック

ブックデザイン……難波邦夫 (mint design)
装丁イラスト………立澤あさみ
DTP・図版作成……越海辰夫 (越海編集デザイン)
編集協力……………柴原瑛美、小池彩恵子 (東京書籍)
編　　集……………金井亜由美 (東京書籍)

https://www.tokyo-shoseki.co.jp
乱丁本・落丁本はお取替えいたします。
定価はカバーに表示してあります。
本書の内容を無断で複製・複写・放送・データ配信などをすることは固くお断りします。

ISBN978-4-487-81360-5 C0037
Japanese Text Copyright© 2021 by.Yukie Taylor, Tokyo Shoseki Co.,Ltd.
All rights reserved. Printed in Japan.